职业教育汽车类专业理实一体化教材
职业教育改革创新教材

汽车机械制图习题册

主　编　谭红江　曹　静
副主编　何　芬　向应军　杨　波
参　编　唐　芳　黎东兰　覃有实　叶　龙　李银英

机械工业出版社

本习题册与《汽车机械制图》（杨小刚、柴彬堂、曹静主编）配套使用，本习题册采用现行的技术制图与机械制图国家标准。编排顺序遵循由简到繁、由浅入深、循序渐进的原则，与《汽车机械制图》教材体系完全一致。习题册中采用选择、填空、改错等题型，改变单一的绘图作业模式，以提高学生学习的积极性并巩固学生对理论知识的了解与掌握程度。本习题册中图形准确、清晰、秀美，以利于看图、方便画图，提高学习效果。

本习题册适用于职业院校汽车类各专业的制图教学，也可供职工培训使用。

为方便教学，本书配有答案，凡选用本书作为授课教材的教师均可以教师身份注册、登录机工教育服务网（www.cmpedu.com）免费下载。

图书在版编目（CIP）数据

汽车机械制图习题册/谭红江，曹静主编. —北京：机械工业出版社，2018.11（2025.1 重印）
职业教育汽车类专业理实一体化教材　职业教育改革创新教材
ISBN 978-7-111-61186-8

Ⅰ. ①汽… Ⅱ. ①谭… ②曹… Ⅲ. ①汽车-机械制图-职业教育-习题集 Ⅳ. ①U462-44

中国版本图书馆 CIP 数据核字（2018）第 239364 号

机械工业出版社（北京市百万庄大街 22 号　邮政编码 100037）
策划编辑：于志伟　责任编辑：于志伟
责任校对：张晓蓉　封面设计：鞠　杨
责任印制：常天培
北京机工印刷厂有限公司印刷
2025 年 1 月第 1 版第 8 次印刷
260mm×184mm · 14 印张 · 394 千字
标准书号：ISBN 978-7-111-61186-8
定价：37.00 元

电话服务　　　　　　　　　网络服务
客服电话：010-88361066　　机　工　官　网：www.cmpbook.com
　　　　　010-88379833　　机　工　官　博：weibo.com/cmp1952
　　　　　010-68326294　　金　书　网：www.golden-book.com
封底无防伪标均为盗版　　机工教育服务网：www.cmpedu.com

前 言

　　本习题册与《汽车机械制图》（杨小刚、柴彬堂、曹静主编）配套使用。其编排顺序与《汽车机械制图》完全一致，遵循由简到繁、由浅入深、循序渐进的原则。
　　本习题册具有以下几个特点：
　　1. 采用现行的技术制图与机械制图国家标准。
　　2. 图形准确、清晰、秀美，以利于看图、方便画图，提高学习效果。
　　3. 内容详实，题型丰富。本习题册中采用了选择、填空、改错、判断等题型，改变单一的绘图作业模式，使学生在有限的时间内，完成更多的习题，获得更多的信息，对提高思维判断能力可起到事半功倍的效果。
　　4. 零件图和装配图大量地采用了汽车行业典型的图例，以增强习题册的实用价值。
　　5. 突出了识图能力的培养。自投影作图起，即将识图与画图糅合在一起，并以轴测图为媒介，引导学生逐步掌握正确的看图方法，通过有效方法的引入和试做层次渐进的习题，使学生把握开启画图、识图之门的两把钥匙，强化识图能力。
　　6. 为了加强学生绘制草图的能力，特别是绘制轴测图的能力，习题册中设计了大量的网格纸，以引导学生初步掌握徒手画图的技能，以利于提高学习效率。
　　本习题册由谭红江、曹静担任主编，何寸、向应军、杨波担任副主编，唐芳、黎东兰、覃有实、叶龙、李银英参加编写。
　　由于编者水平有限，书中难免有疏漏之处。敬请使用本习题册的师生和广大读者提出宝贵意见和建议（可发送电子邮件至caojingxy@163.com，或通过QQ：704225738与主编交流），以便在以后修订的过程中及时调整补充，使其更趋完善。

编者

目 录

前　言

项目一　绘制平面图形 …………………………………… 1
　　任务一　认知图样中国家标准有关规定 ………… 2
　　任务二　绘制简单的平面图形 ………………………… 8
　　任务三　绘制复杂的平面图形 ……………………… 14

项目二　绘制与识读立体的三视图 …………… 17
　　任务一　认知投影法及三视图 ……………………… 18
　　任务二　认知立体上点、线、面的投影 ………… 30
　　任务三　绘制与识读基本体的视图 ……………… 38
　　任务四　绘制与识读平面切割体的视图 ……… 49
　　任务五　绘制与识读曲面切割体的视图 ……… 54
　　任务六　绘制与识读相贯体的视图 ……………… 63

项目三　绘制轴测图 ……………………………………… 67
　　任务一　绘制平面体的正等轴测图 ……………… 68
　　任务二　绘制曲面体的正等轴测图 ……………… 71
　　任务三　绘制斜二轴测图 …………………………… 72

项目四　绘制与识读组合体的视图 …………… 77
　　任务一　绘制组合体的三视图 ……………………… 78

　　任务二　识读组合体的三视图 ……………………… 91
　　任务三　补画组合体的视图 ………………………… 96
　　任务四　补画组合体视图中的缺线 …………… 100
　　任务五　标注与识读组合体的尺寸 …………… 106

项目五　选择与识读机件的基本表达方法 ………… 108
　　任务一　选择机件的视图表达方法 …………… 109
　　任务二　绘制机件的剖视图 ………………………… 118
　　任务三　识读机件的剖视图 ………………………… 130
　　任务四　认知机件的其他表达方法 …………… 137

项目六　认知标准件与常用件的特殊表达方法 ………… 147
　　任务一　认知螺纹及其表达方法 ………………… 148
　　任务二　认知螺纹紧固件及其连接画法 …… 151
　　任务三　认知齿轮及其传动 ………………………… 154
　　任务四　认知其他标准件和常用件 …………… 156

项目七　认知零件图 ……………………………………… 160
　　任务一　选择零件的表达方案 ……………………… 161
　　任务二　识读零件图的尺寸 ………………………… 167
　　任务三　认知零件上的工艺结构 ………………… 169
　　任务四　识读零件图的技术要求 ………………… 172

项目八　识读零件图 ·· 176

任务一　识读轴套类零件图 ······················· 177
任务二　识读盘盖类零件图 ······················· 183
任务三　识读叉架类零件图 ······················· 188
任务四　识读箱壳类零件图 ······················· 193

项目九　识读装配图 ·· 200

任务一　认知装配图 ······························ 201
任务二　识读简单的装配图 ······················· 204
任务三　识读复杂的装配图 ······················· 209

参考文献 ·· 218

项目一

绘制平面图形

→ 任务一 认知图样中国家标准有关规定

1-1-1 字体练习（一）

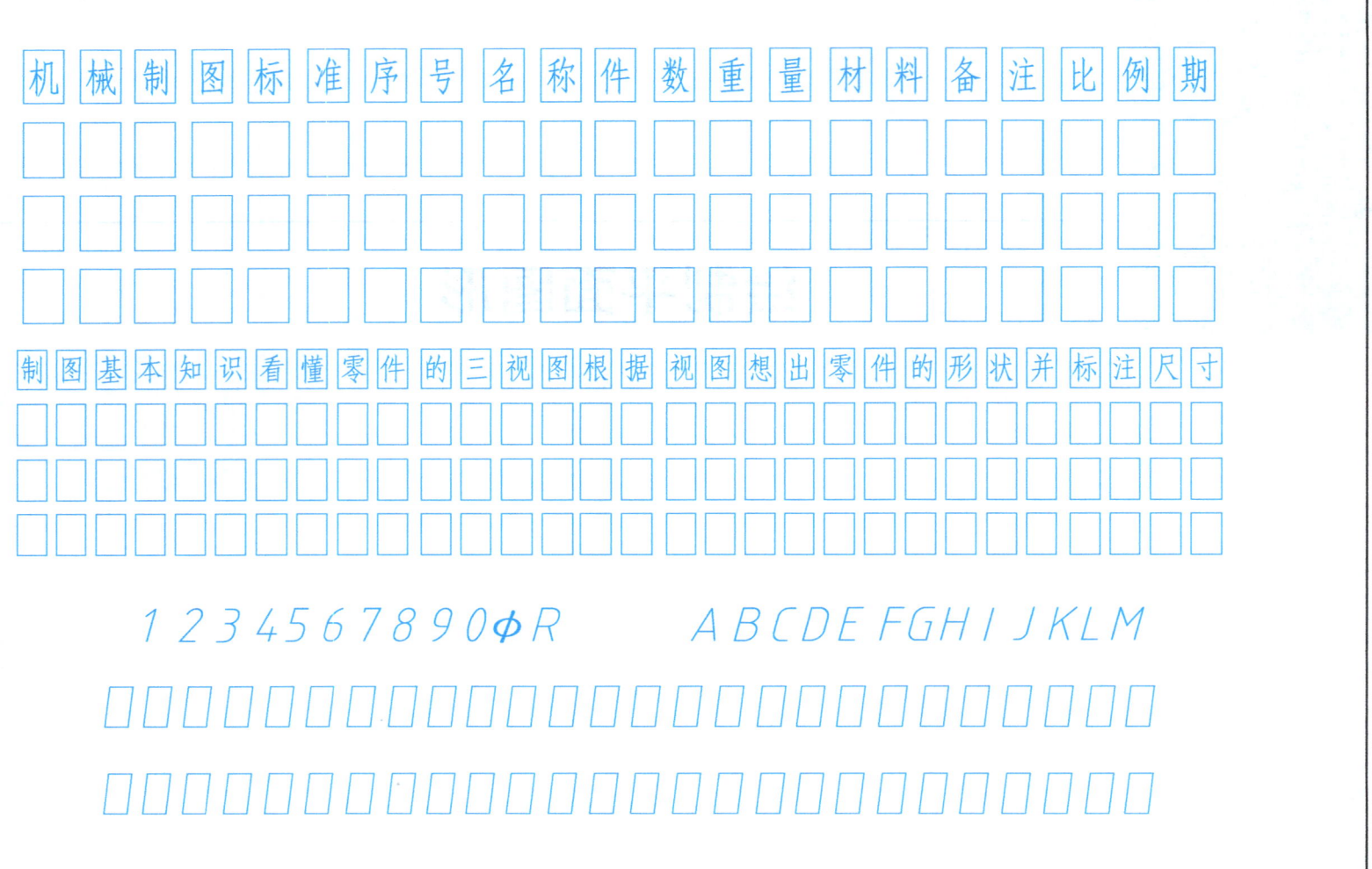

班级_____ 姓名_____ 学号_____

1-1-2 字体练习（二）

技术圆柱锥齿轮蜗杆叶螺栓钉母弹簧垫圈开口销

结构分析箱体盖板轴承瓦挡圈套筒尾架体定位套密封盖单向阀活塞球

a b c d e f g h i j k l m n o p q r s t u v w x y z

班级_____ 姓名_____ 学号_____

1-1-3　图线练习

1. 在指定位置分别画出下列示范图线的平行线。

（1）

（2）

2. 完成图形中左右对称的各种图线。

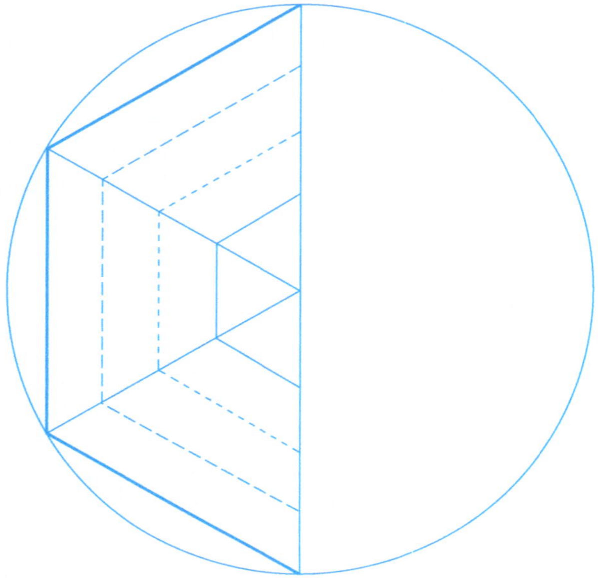

3. 以中心线的交点为圆心，过线上给出的 5 个点，由大到小依次画出粗实线圆、细实线圆、细点画线圆、细虚线圆、粗实线圆。

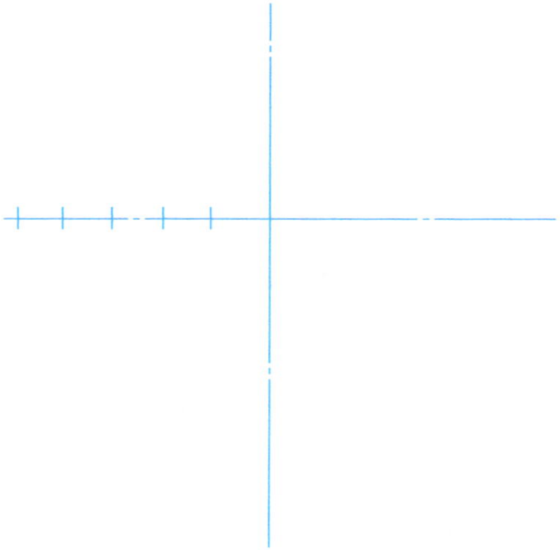

班级_____　姓名_____　学号_____

1-1-4 按左图示样在右边画出相同的图线

班级_____ 姓名_____ 学号_____

1-1-5　尺寸标注（一）：标注图中各尺寸（尺寸数值从图中按1:1量取，取整数）

（1）线性尺寸。

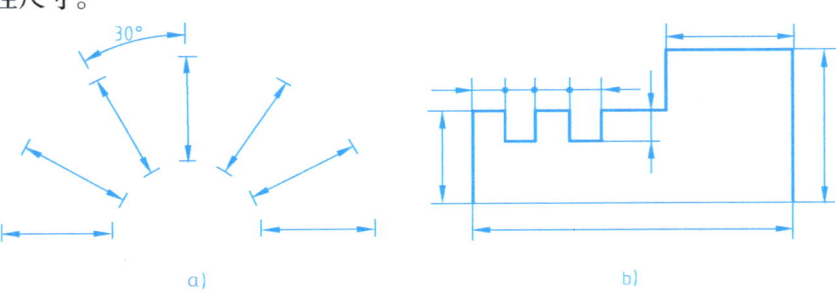

（2）角度尺寸。

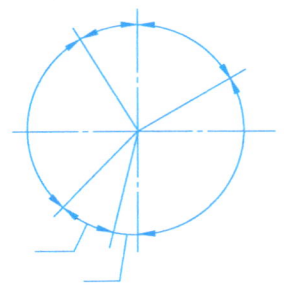

（3）圆的直径。

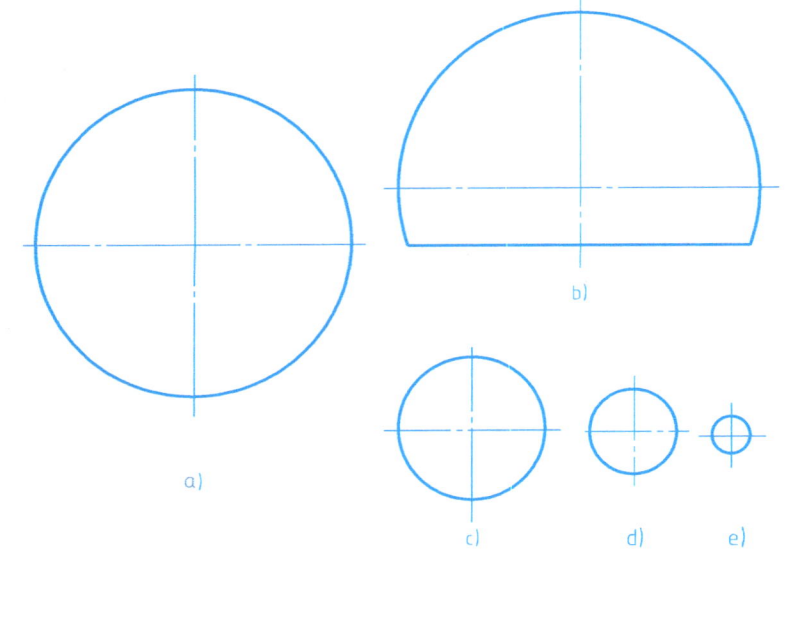

（4）圆弧半径。

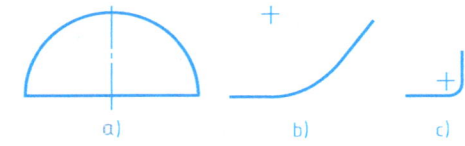

（5）小尺寸。

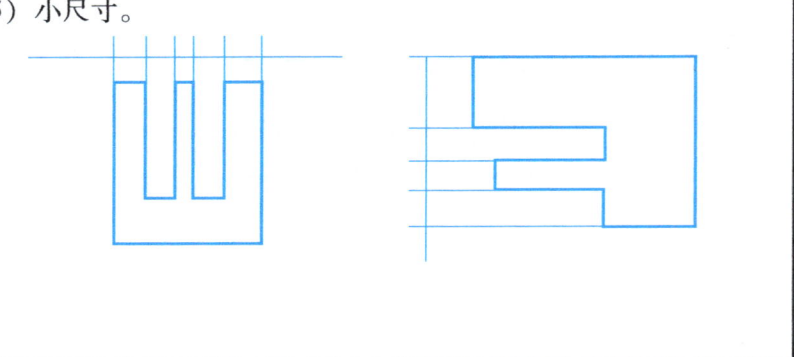

班级_____　姓名_____　学号_____

1-1-6 尺寸标注（二）

（1）左图中尺寸标注有错误，请在右图中标注正确的尺寸。

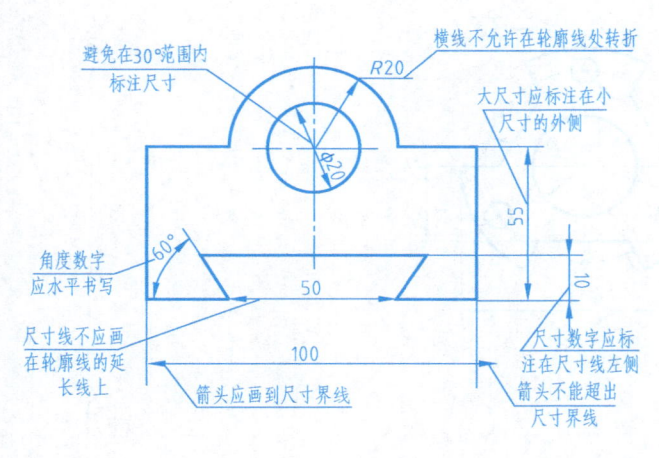
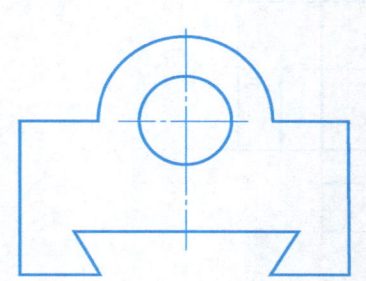

（2）指出左图中尺寸注法的错误之处，并在右图中标注正确的尺寸。

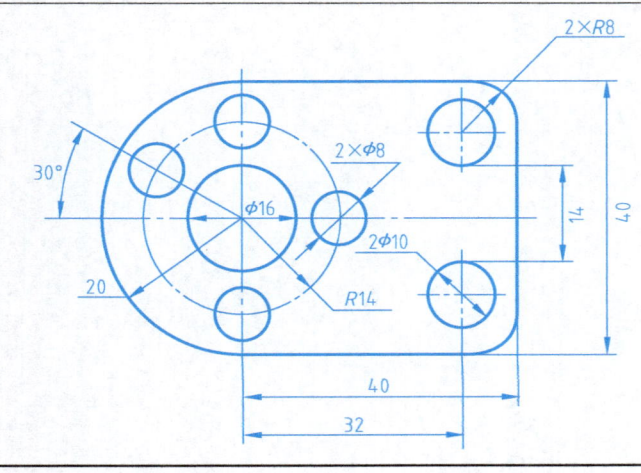
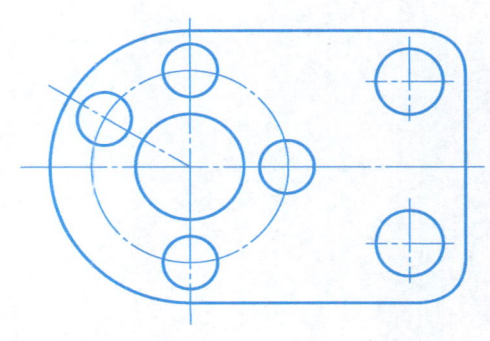

班级_____ 姓名_____ 学号_____

→ **任务二** 绘制简单的平面图形

1-2-1　参照上方图形，用给定的比例在下方位置画出图形，并标注尺寸（左图比例1：2，右图比例1：1）

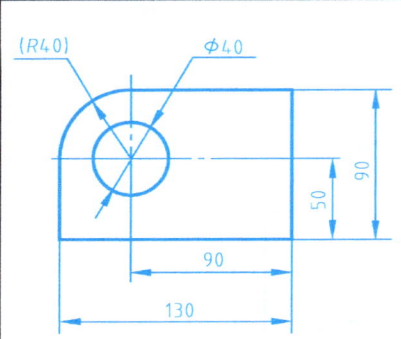
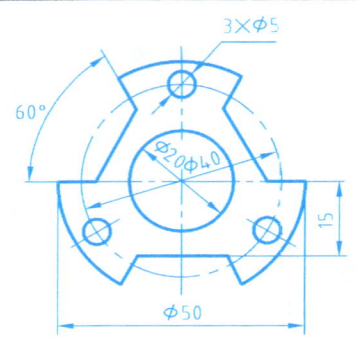

班级_____　姓名_____　学号_____

1-2-2 按要求作图

1. 将线段 AB 五等分。

2. 按右上角的图例，完成下图。

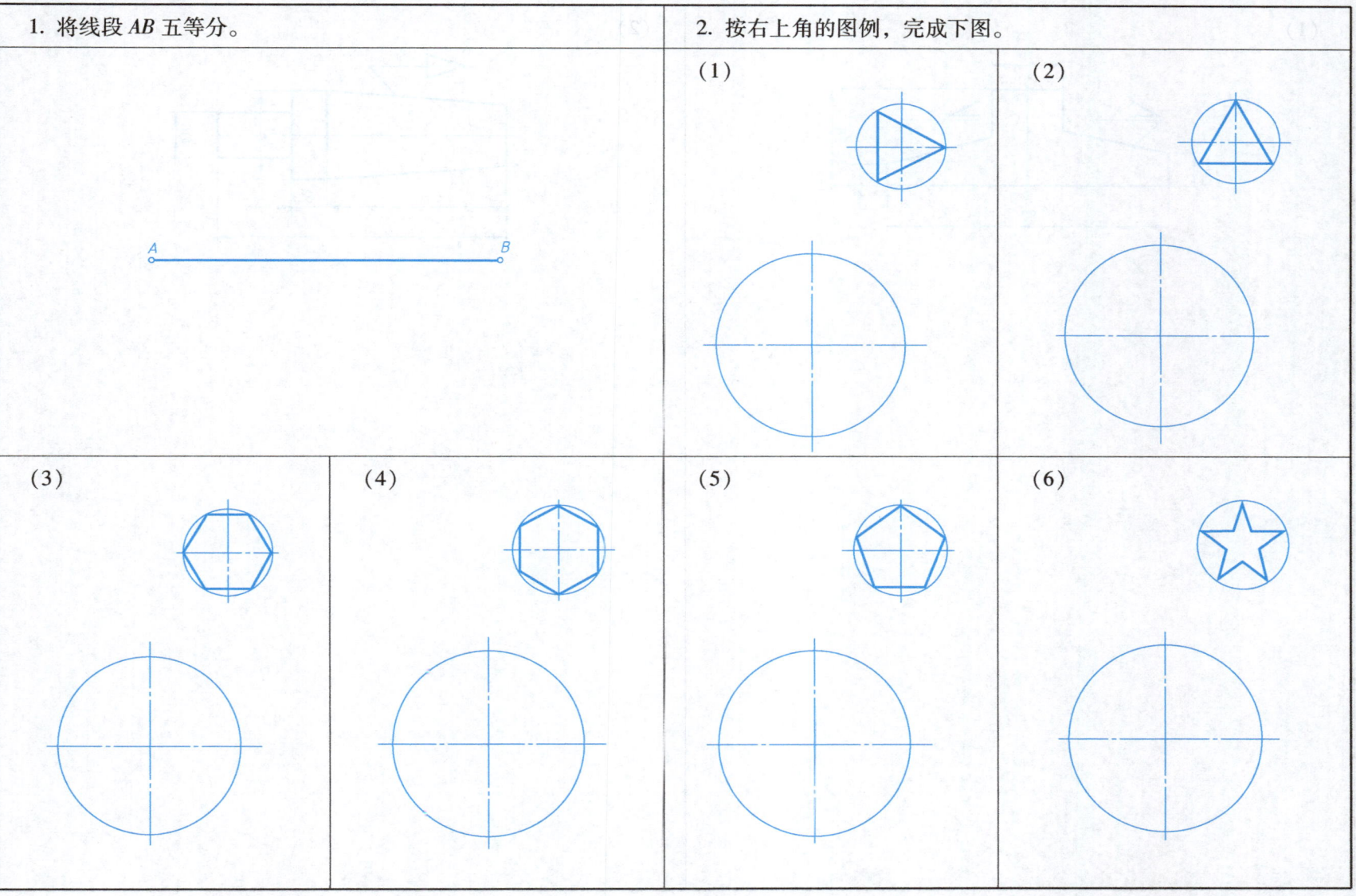

1-2-3　按 1∶1 的比例抄画下列图形，并标注尺寸和符号

(1)

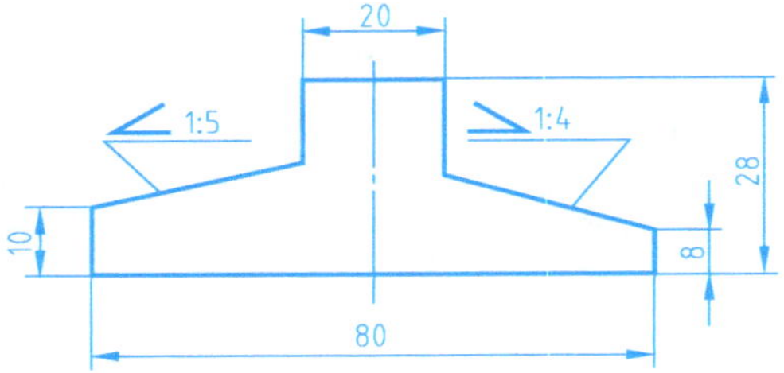

(2)

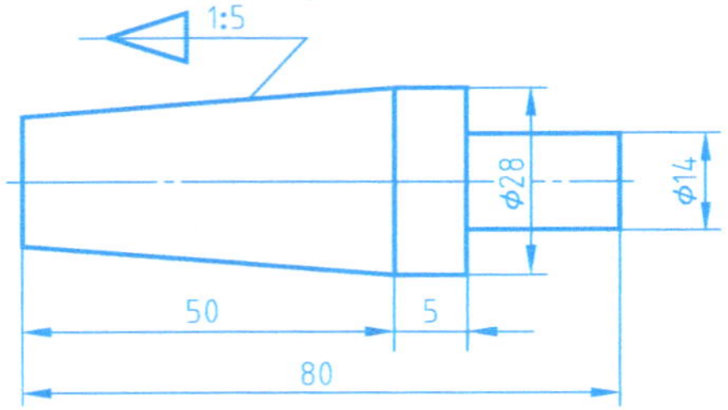

班级_____　姓名_____　学号_____

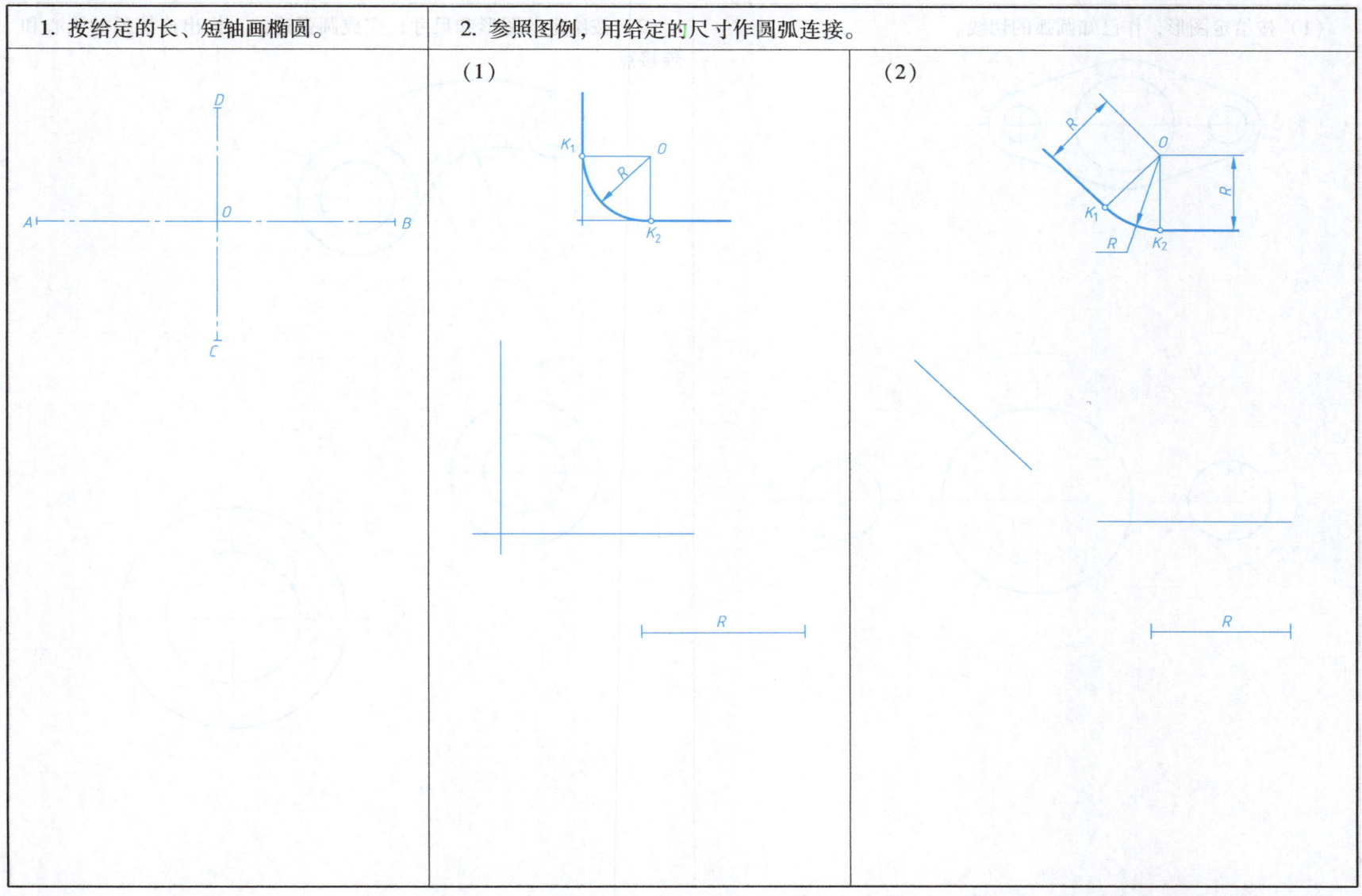

1-2-5 按要求作图

（1）按给定图形，作已知圆弧的切线。

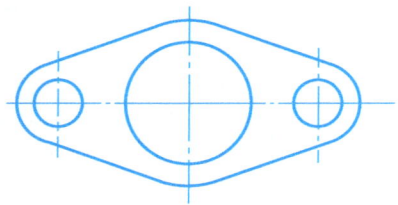

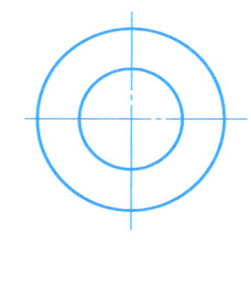

（2）按给定的图形和尺寸，完成圆弧连接，标出连接弧的圆心和连接点。

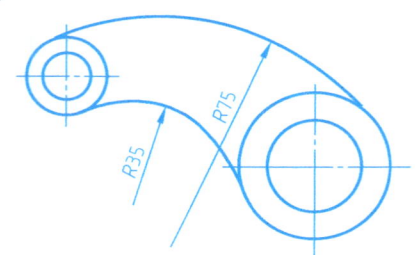

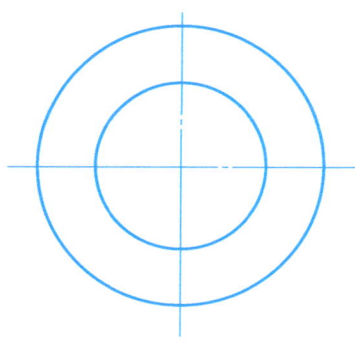

班级_____ 姓名_____ 学号_____

1-2-6　按给定图形，以1∶1比例完成线段与圆弧连接（保留作图线）

(1)　(2)

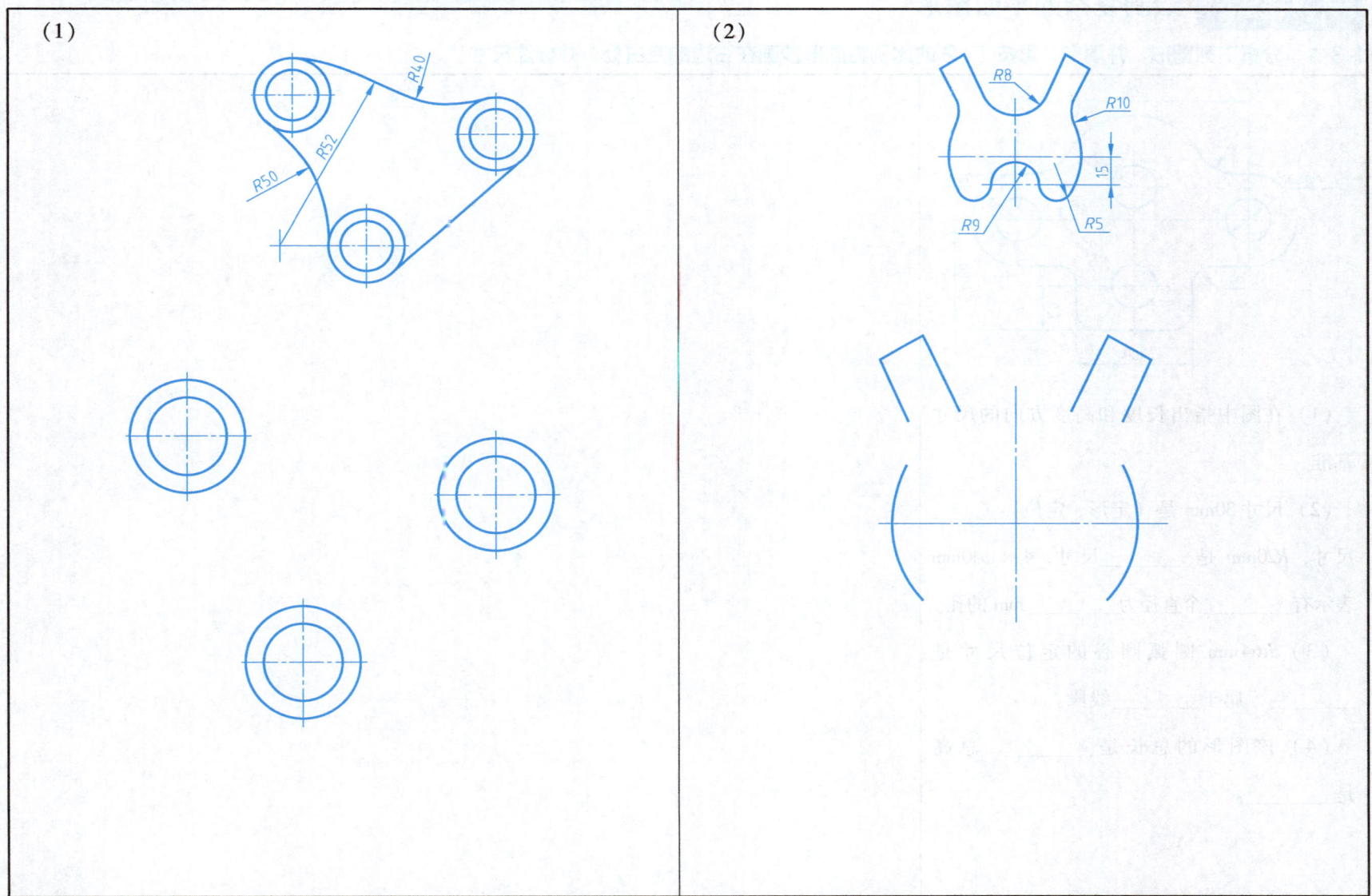

→ 任务三　绘制复杂的平面图形

1-3-1　分析下列图形，并填空；再按 1∶2 的比例将图形抄画在右边的空白处，并标注尺寸

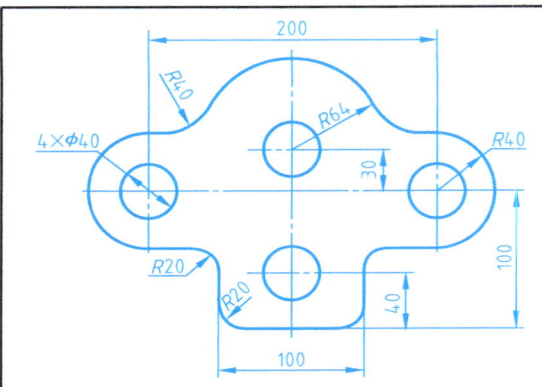

（1）在图中指出长度和高度方向的尺寸基准。

（2）尺寸 30mm 是（定形、定位）_____尺寸，R20mm 是_____尺寸，4×ϕ40mm 表示有_____个直径为_____mm 的孔。

（3）R64mm 圆弧圆心的定位尺寸是_____，属于_____线段。

（4）该图形的总长是_____，总高是_____。

班级_____　姓名_____　学号_____

1-3-2　分析下列图形，并填空；再按1：1的比例将图形抄画在右边的空白处，并标注尺寸

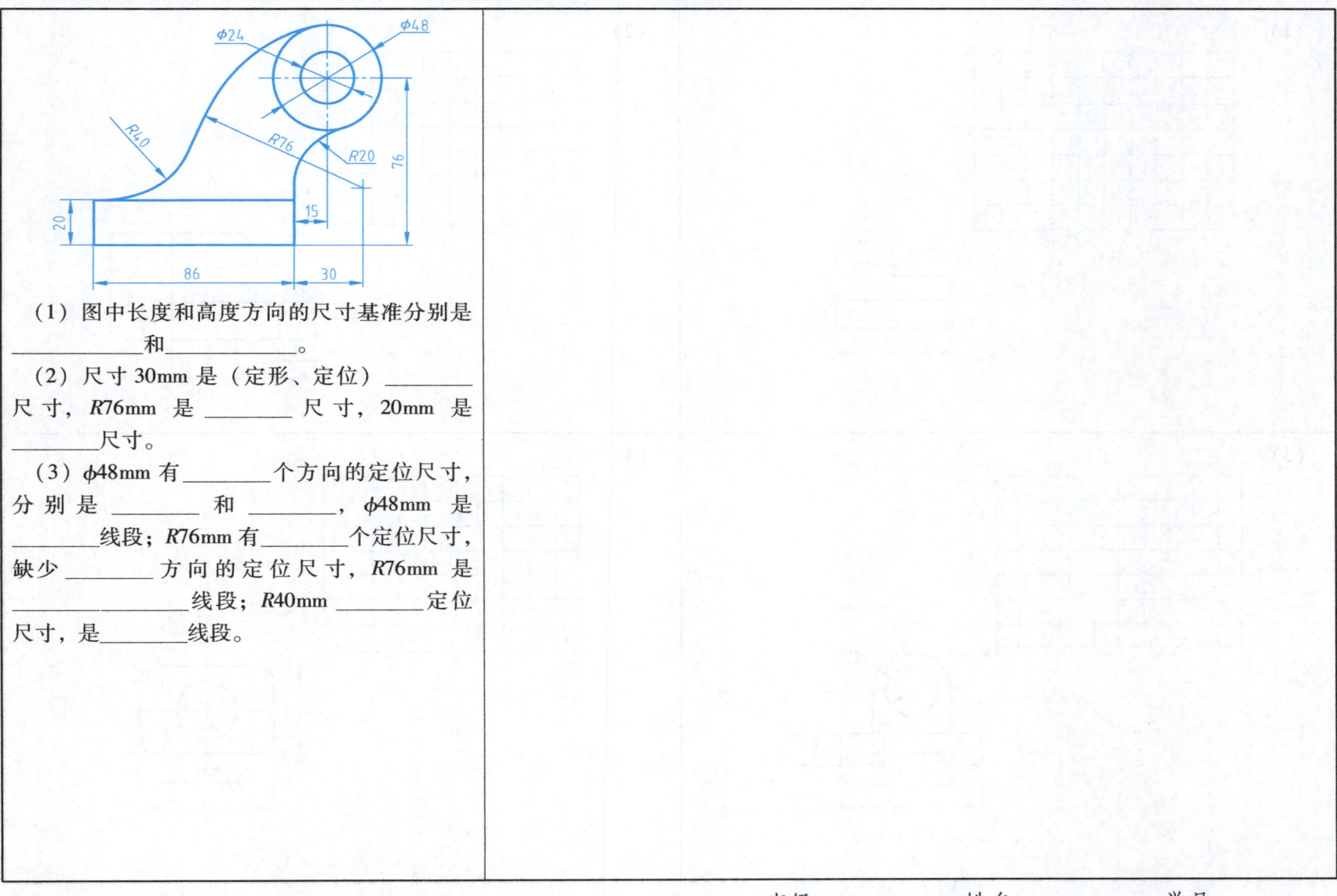

（1）图中长度和高度方向的尺寸基准分别是_____和_____。

（2）尺寸30mm是（定形、定位）_____尺寸，R76mm是_____尺寸，20mm是_____尺寸。

（3）φ48mm有_____个方向的定位尺寸，分别是_____和_____，φ48mm是_____线段；R76mm有_____个定位尺寸，缺少_____方向的定位尺寸，R76mm是_____线段；R40mm_____定位尺寸，是_____线段。

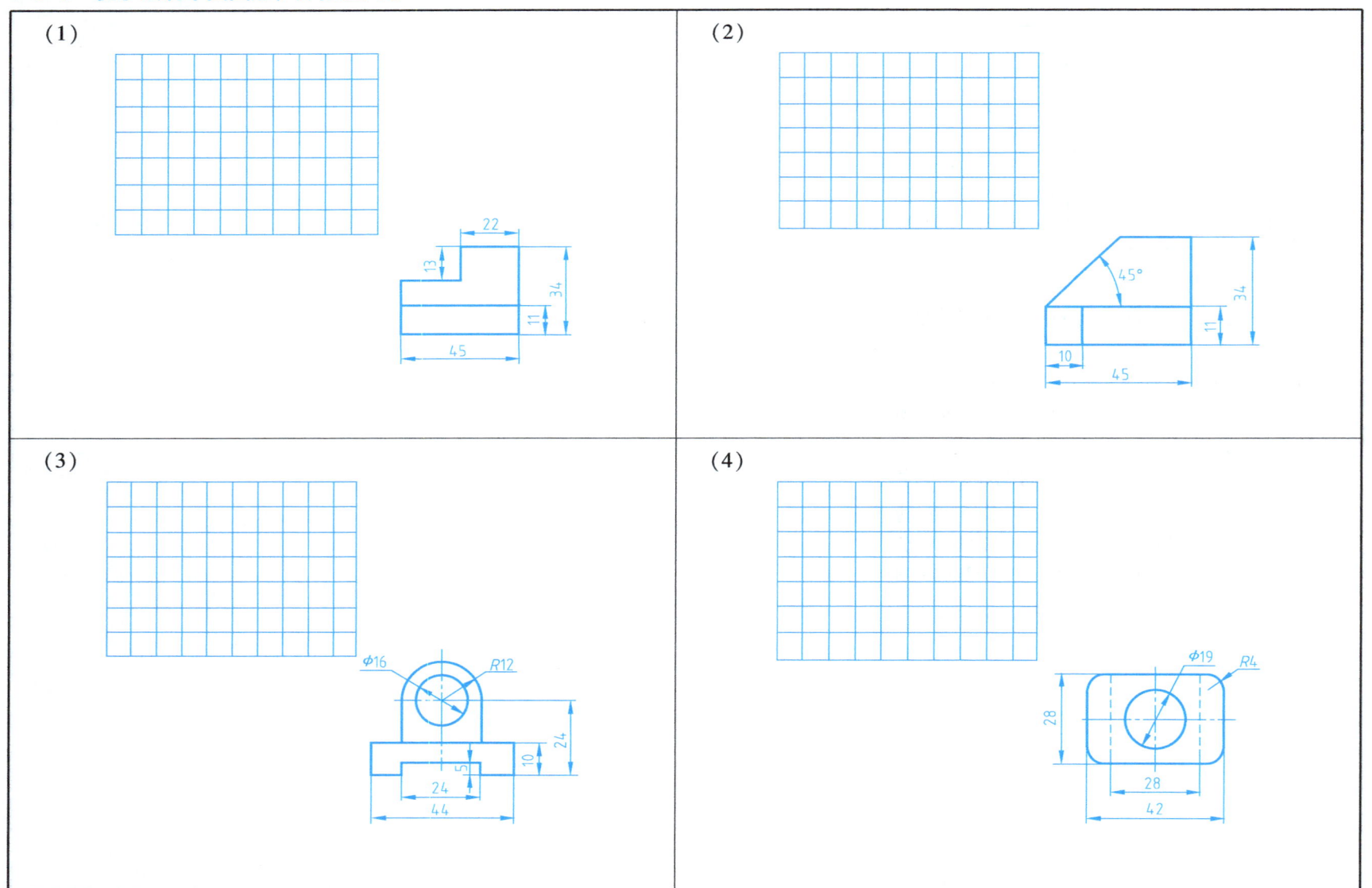

项目二

绘制与识读立体的三视图

→ 任务一 认知投影法及三视图

2-1-1 对照轴测图，在尺寸线的括号内填写长、宽、高的字样

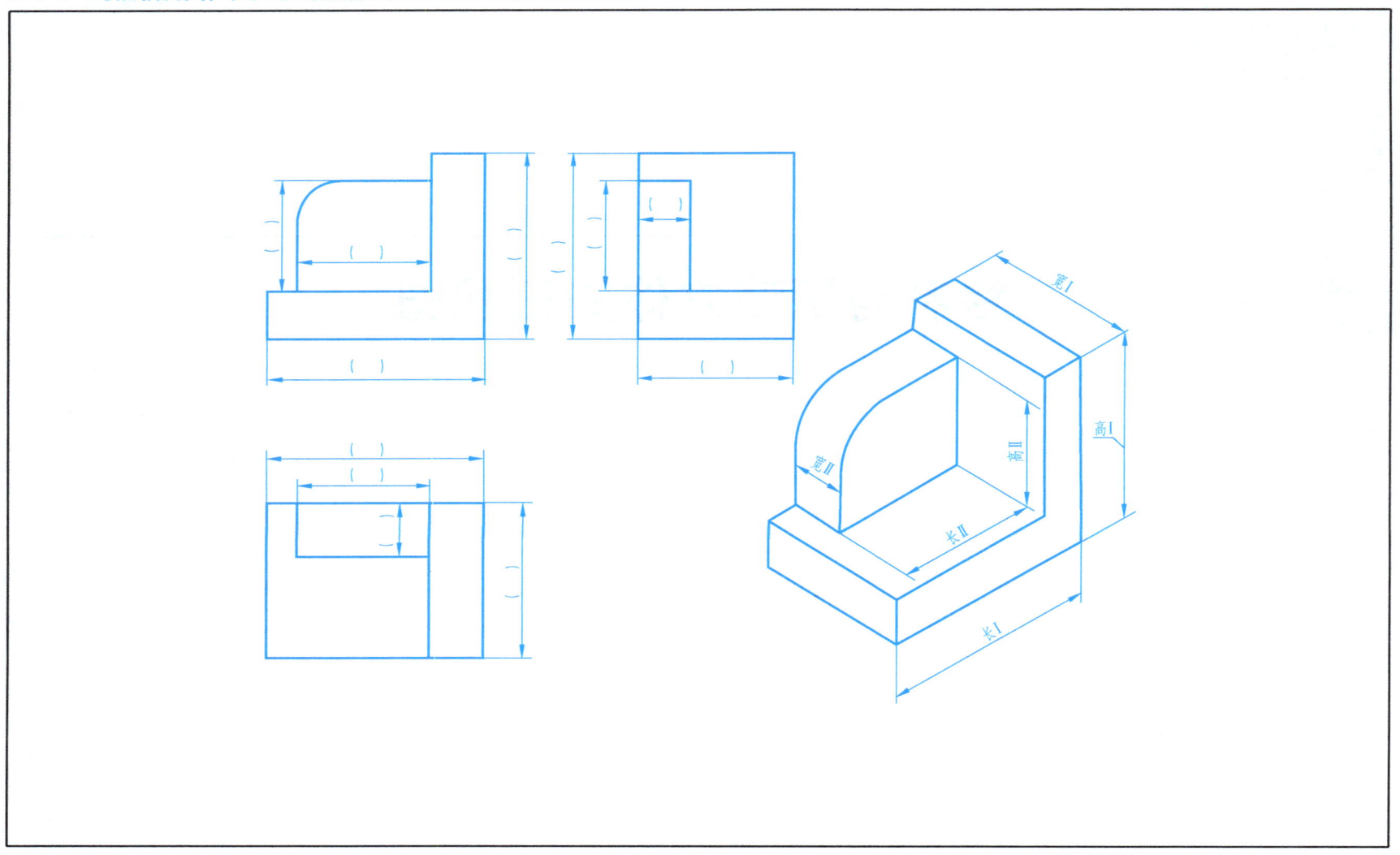

班级_____ 姓名_____ 学号_____

2-1-2 对照轴测图，在括号内填写立体的"六向"方位，并完成填空题

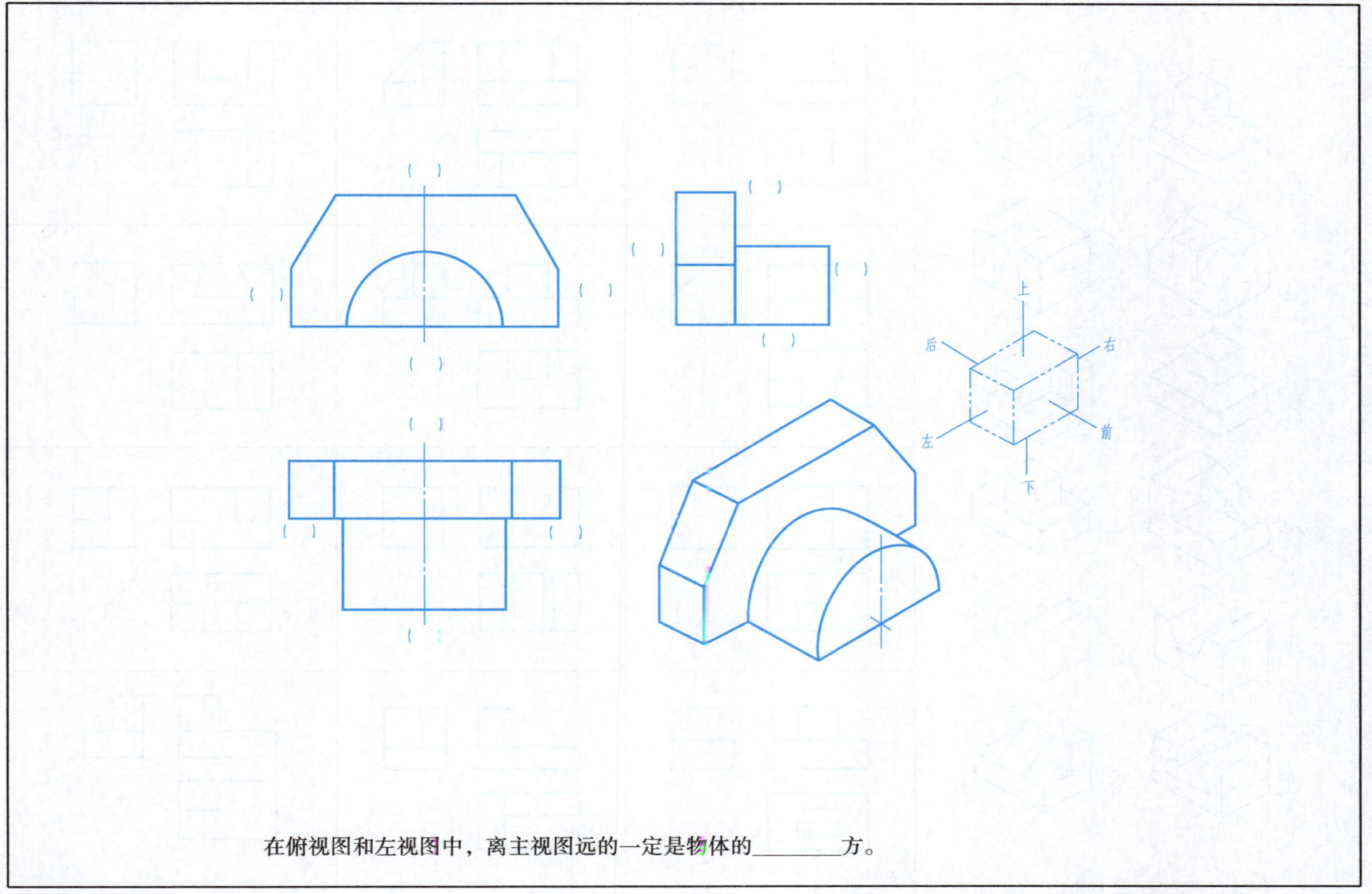

在俯视图和左视图中，离主视图远的一定是物体的_____方。

2-1-3　根据物体的轴测图，找出对应的三视图，并在括号内填写相应的序号

2-1-4 根据物体的三视图，找出对应的轴测图，并在括号内填写出相应的序号

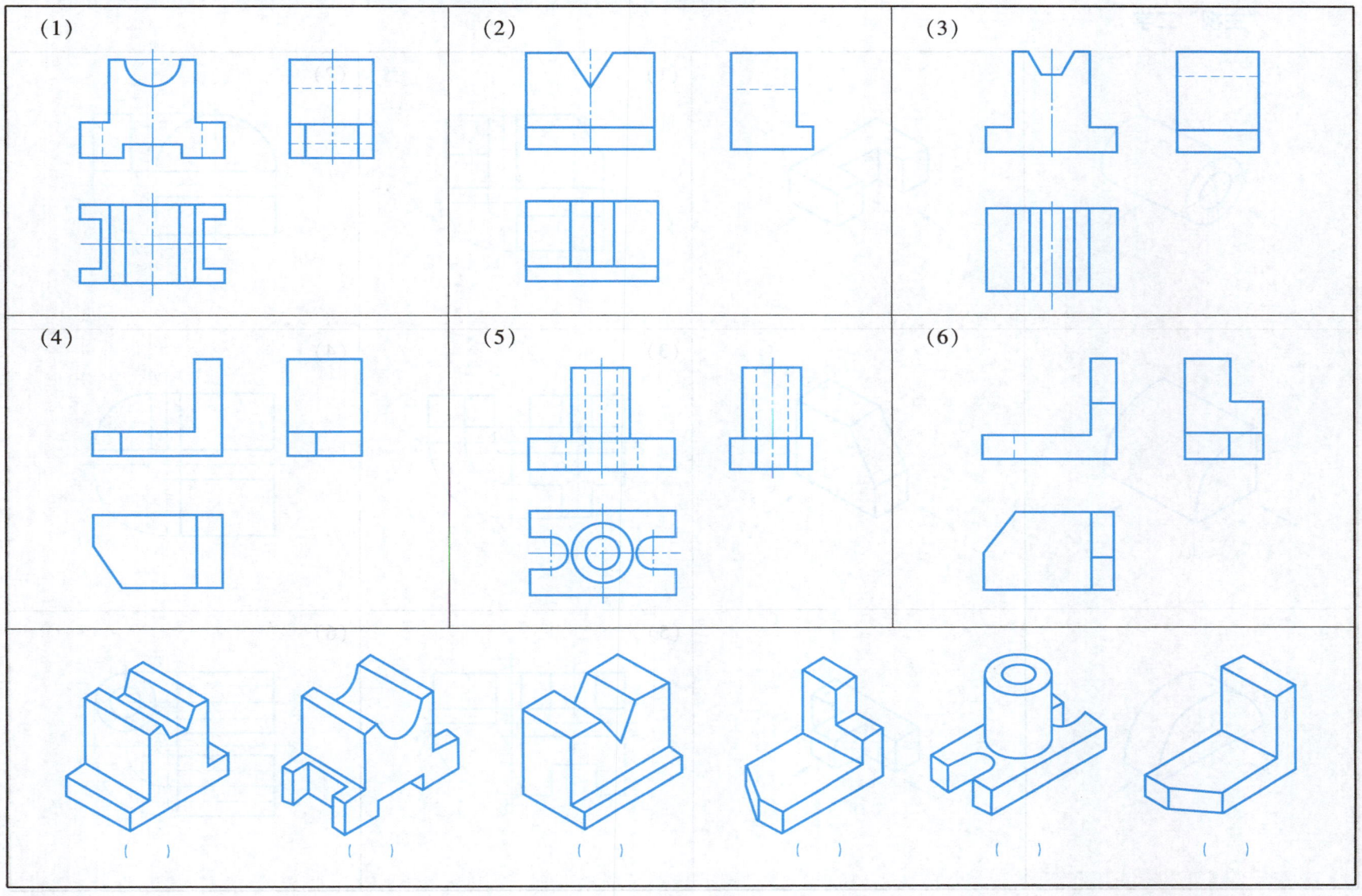

2-1-5 根据物体的轴测图，找出对应的三视图，在括号内填写相应的字母，并在轴测图上找出主视图的投射方向，在箭头上填写"主视"二字

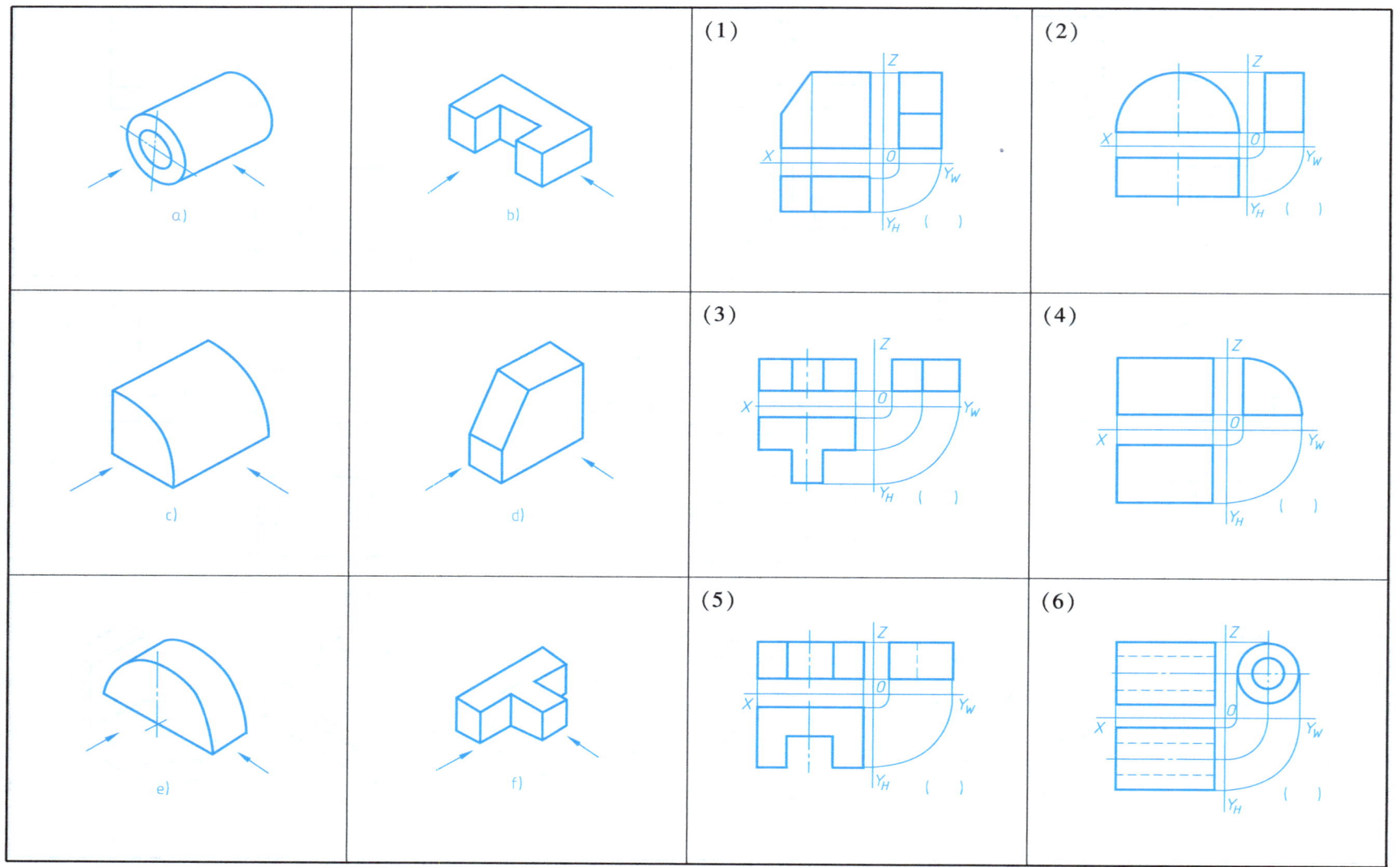

2-1-6 根据物体的三视图及轴测图，将对应各视图的图号填入表中

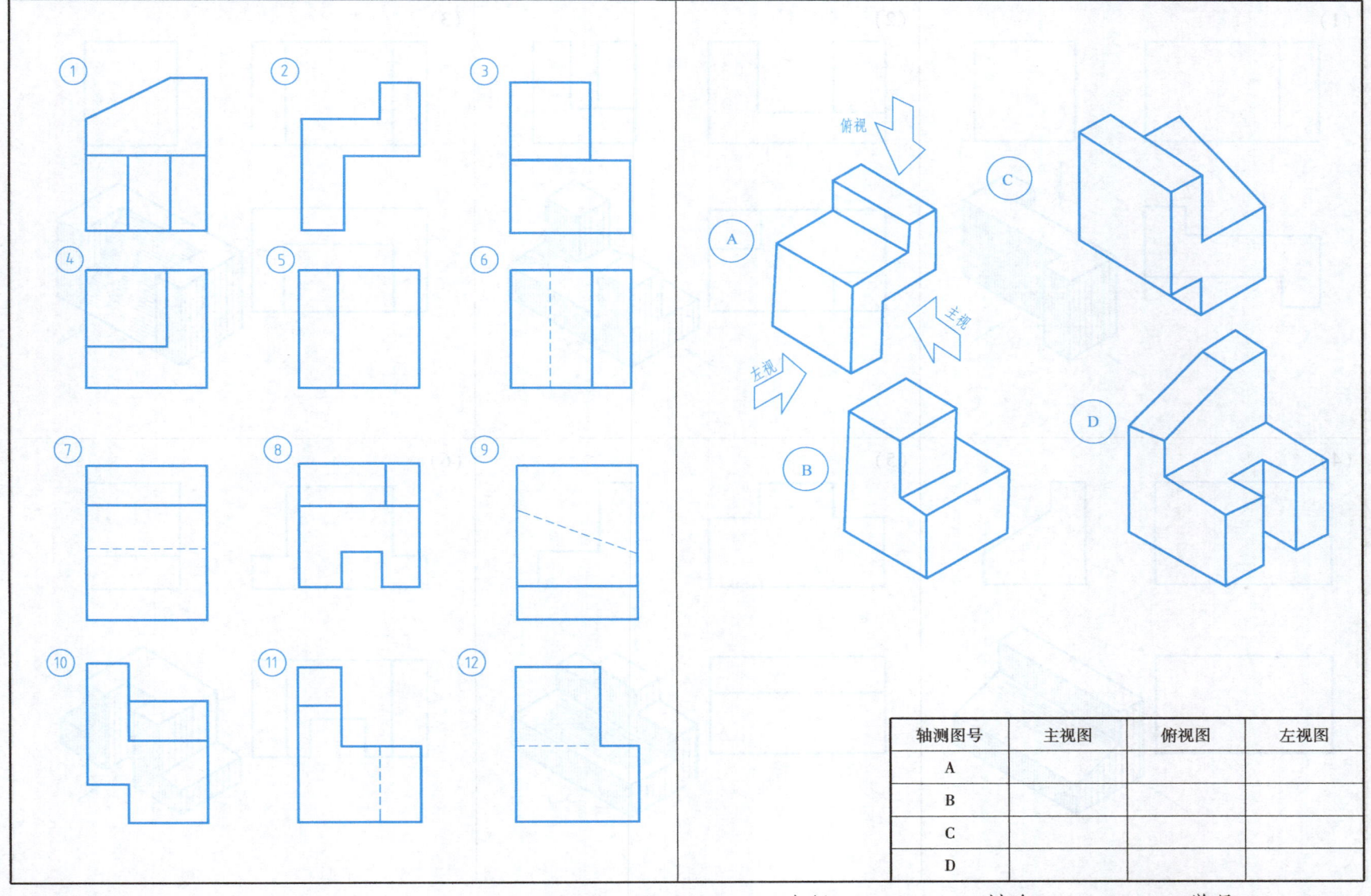

轴测图号	主视图	俯视图	左视图
A			
B			
C			
D			

班级_____ 姓名_____ 学号_____

2-1-7 根据物体的三视图及轴测图，在箭头上填写"主视""俯视"或"左视"，并补画视图中漏画的图线

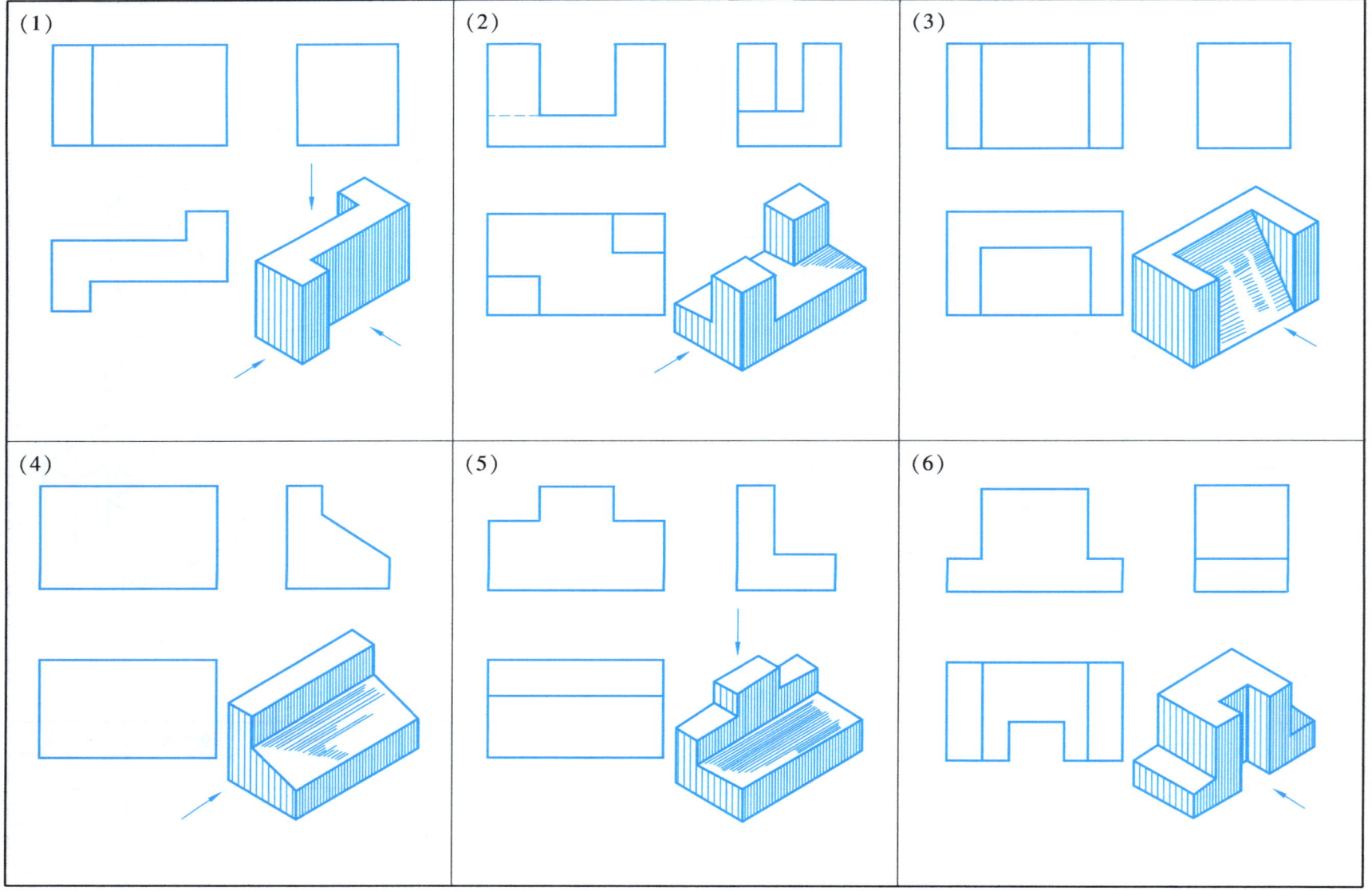

2-1-8 根据给出的三视图，并参照轴测图，补画视图中漏画的图线，并完成填空

(1)

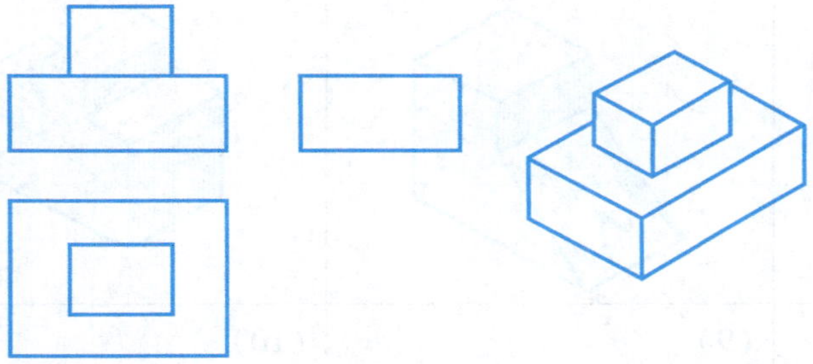

主视图与俯视图长_____。
主视图与左视图高_____。
俯视图与左视图宽_____。

(2)

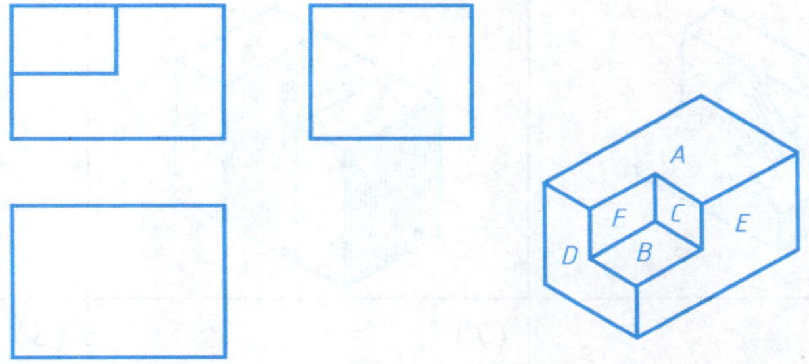

比较上下：A 面在_____，B 面在_____。
比较左右：C 面在_____，D 面在_____。
比较前后：E 面在_____，F 面在_____。

(3)

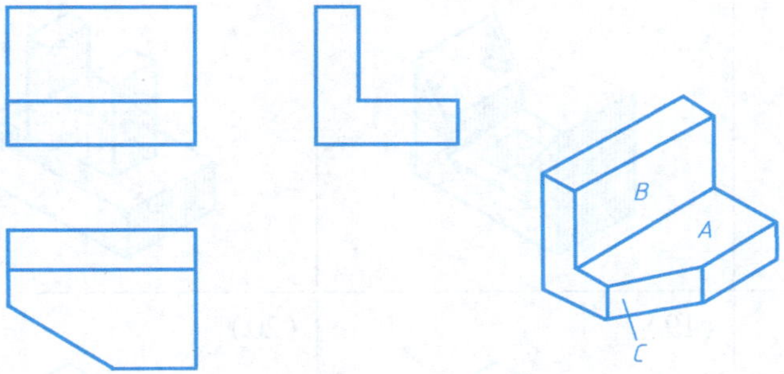

A 面平行于_____投影面。
B 面平行于_____投影面。
C 面垂直于_____投影面，在_____投影面投影积聚成直线。

(4)

A 面与 B 面平行于_____投影面。
C 面垂直于_____投影面，在_____投影面投影积聚成直线。

班级_____ 姓名_____ 学号_____

2-1-9 根据给出的轴测图，在后续的栅格中徒手画出三视图（自选18题画出）

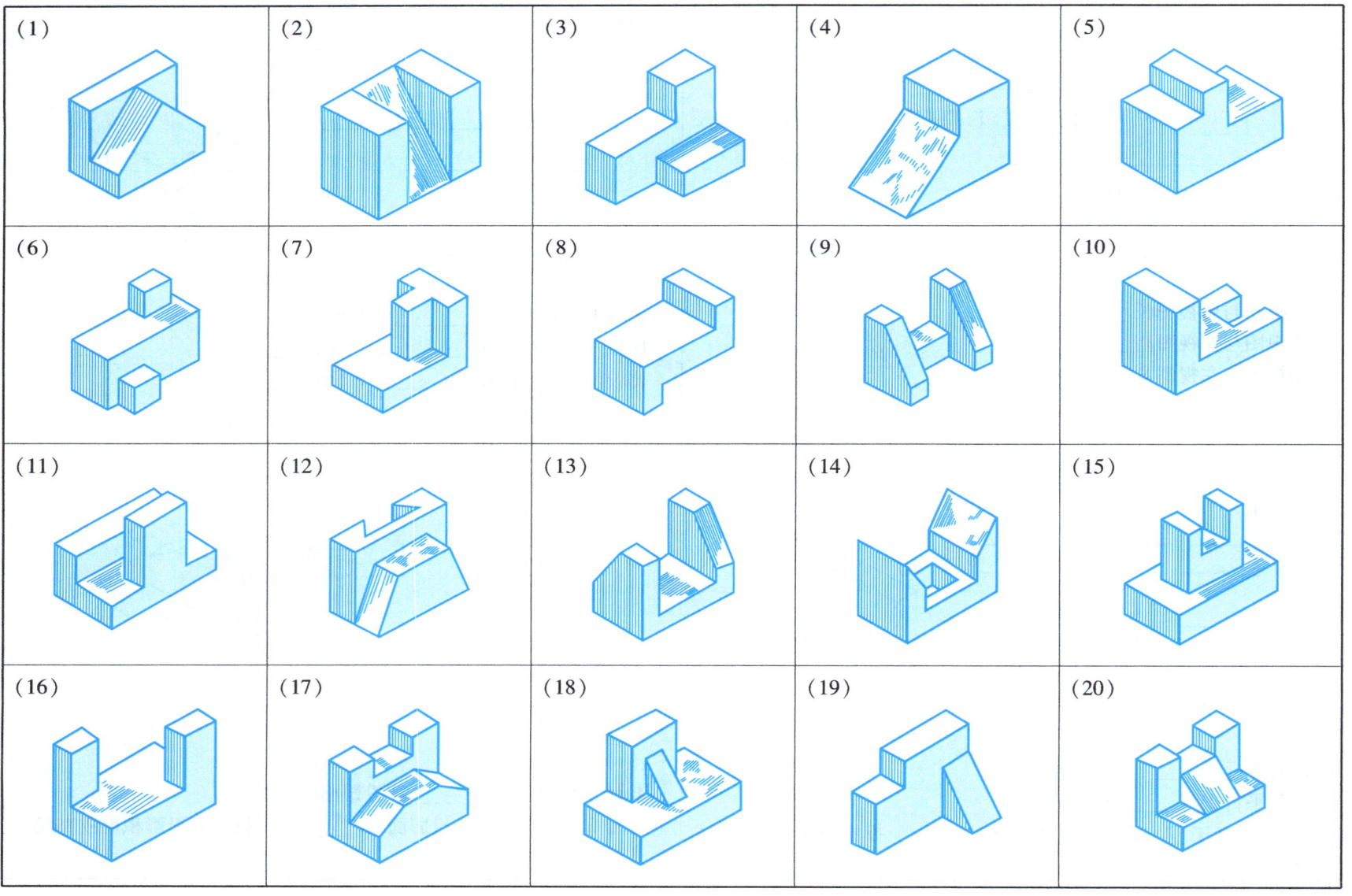

2-1-10 根据 2-1-9 给出的轴测图,徒手画出三视图(在左上角空白处写出轴测图的序号)

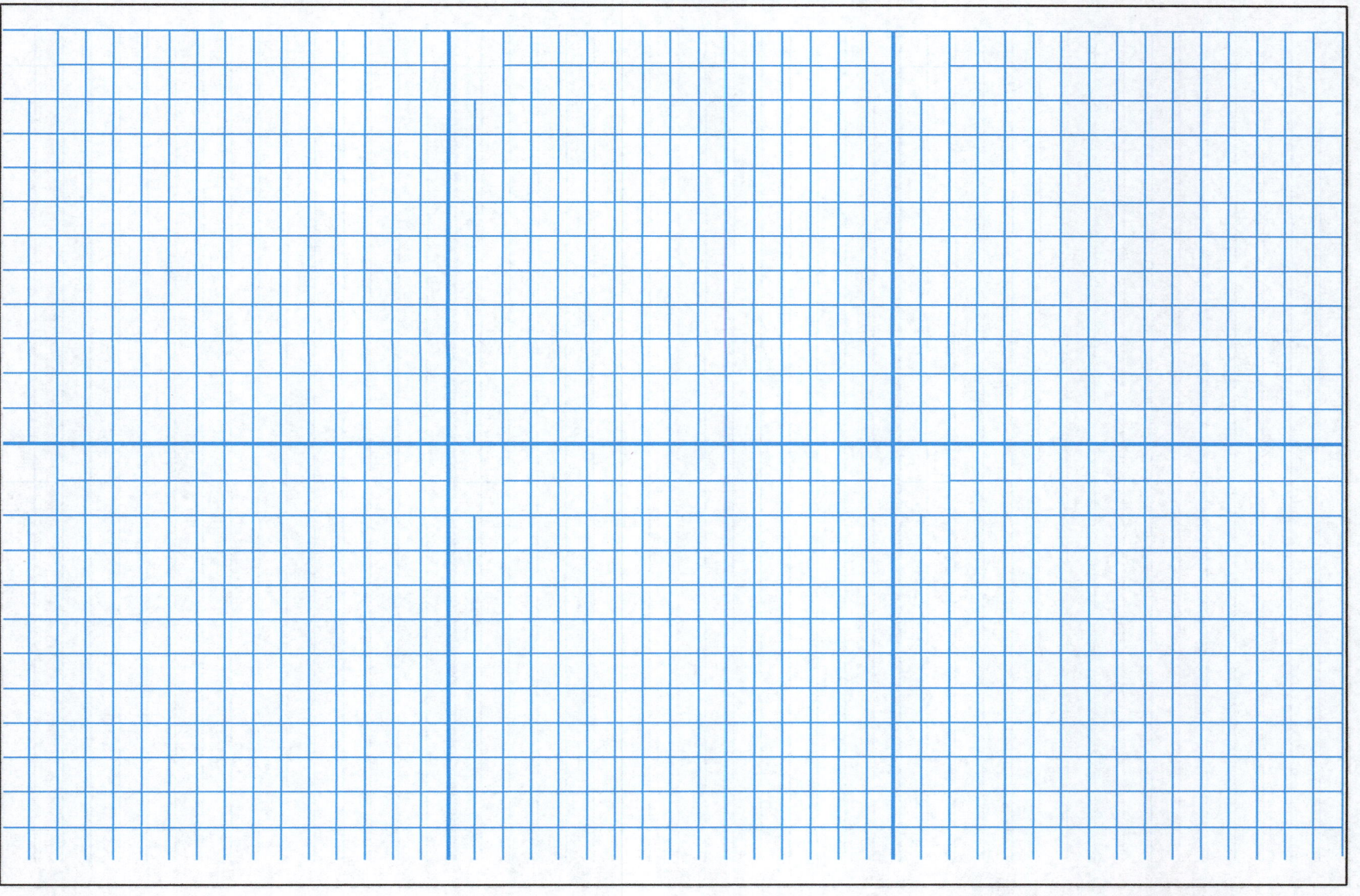

班级_____ 姓名_____ 学号_____

2-1-11　根据 2-1-9 给出的轴测图，徒手画出三视图（续前页）

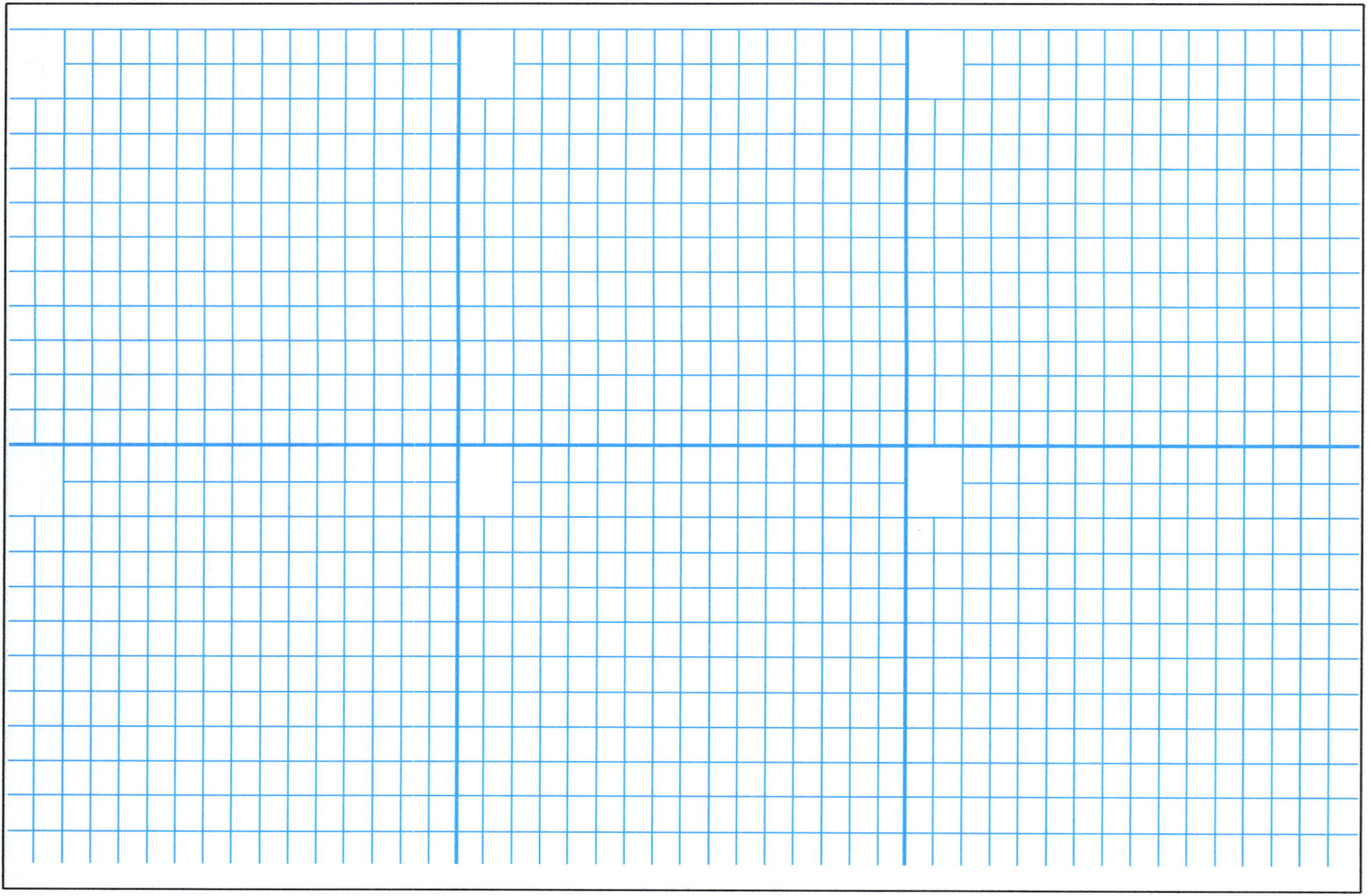

班级_____　姓名_____　学号_____

2-1-12 根据 2-1-9 给出的轴测图，徒手画出三视图（续前页）

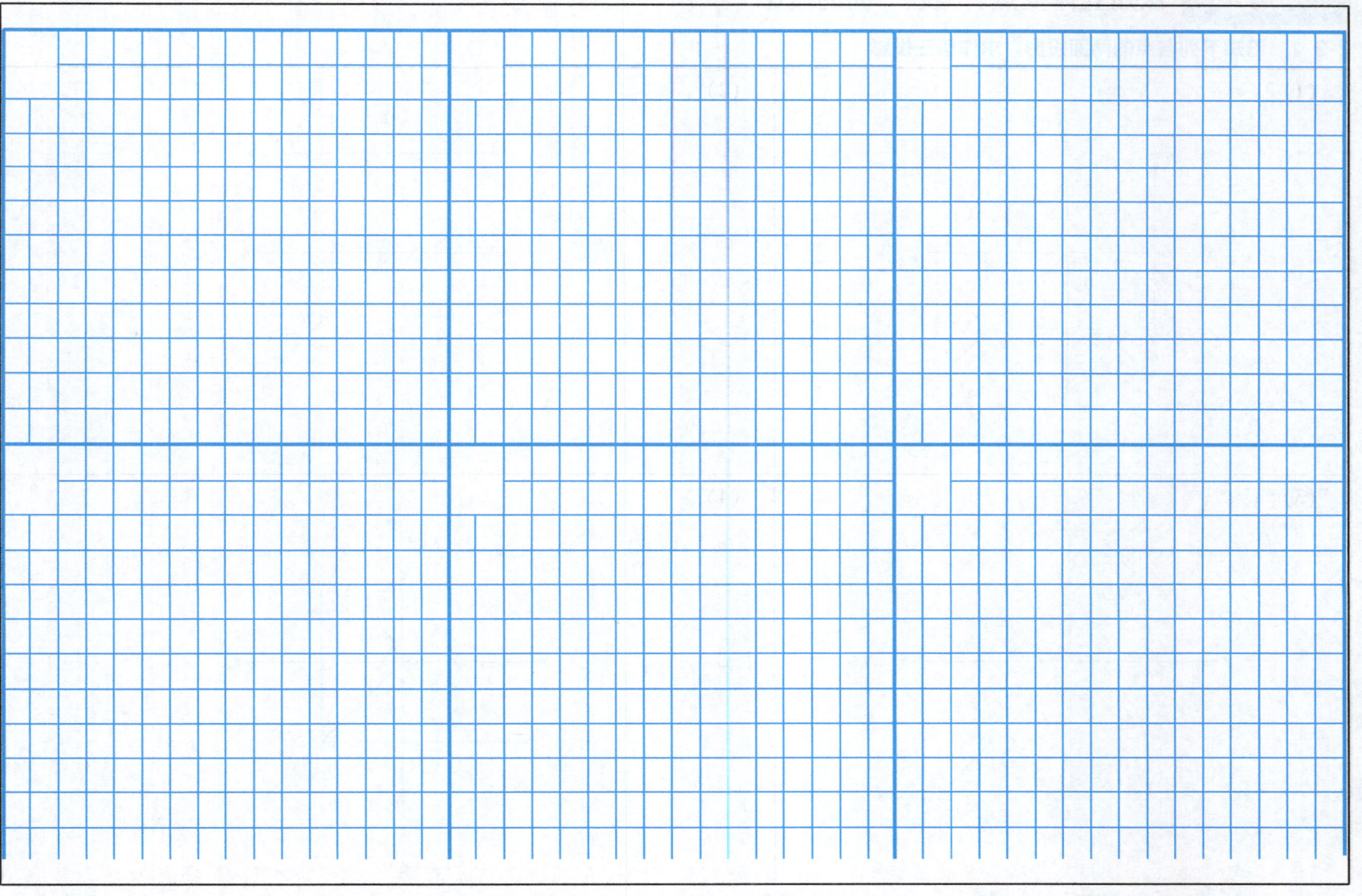

班级_____ 姓名_____ 学号_____

→ **任务二** 认知立体上点、线、面的投影

2-2-1 已知下列各点的两面投影，求作第三投影

(1)

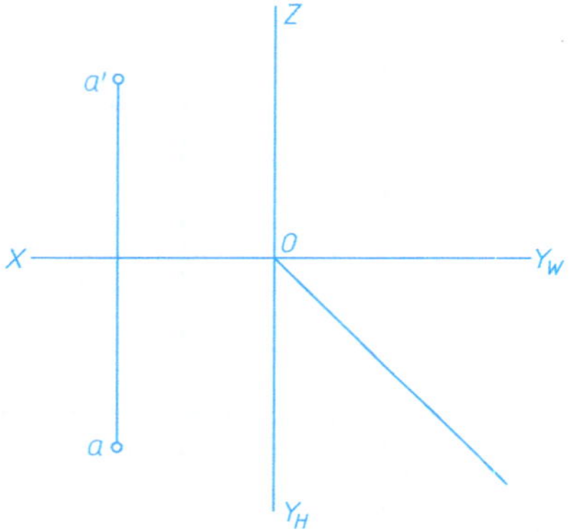

(2)

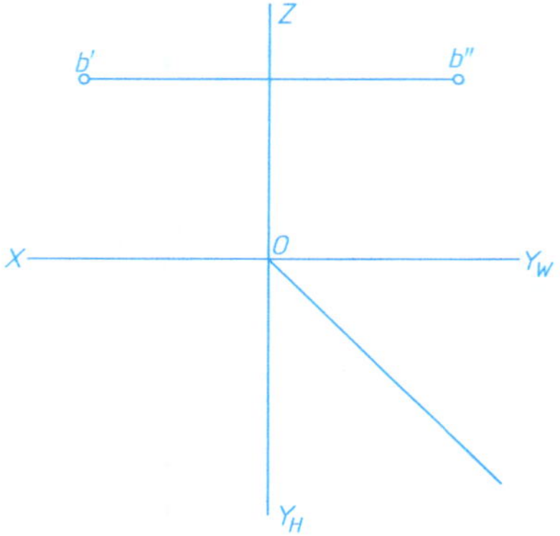

(3)

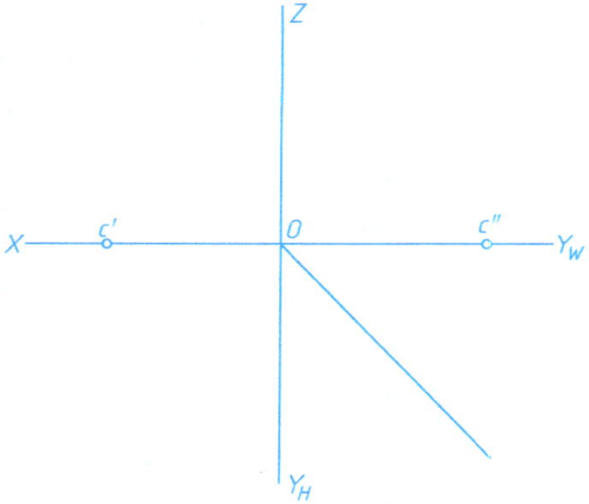

(4)

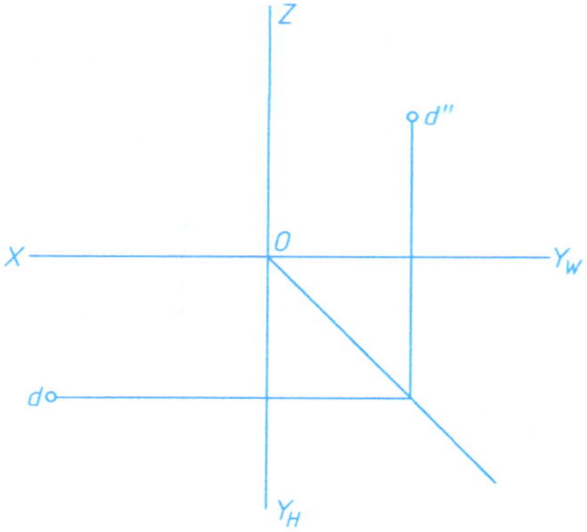

班级_____ 姓名_____ 学号_____

2-2-2 按要求完成作图和填空

(1) 作出 A (20, 16, 10)、B (15, 0, 20) 两点的三面投影。

(2) 根据 A 点的轴测图作其三面投影(尺寸从图中量取,取整数)。

(3) 已知 D 点到正面的距离为 10mm,到水平面的距离为 18mm,到侧面的距离为 15mm,画出 D 点的三面投影。

(4) 比较 A、B 两点的相对位置。

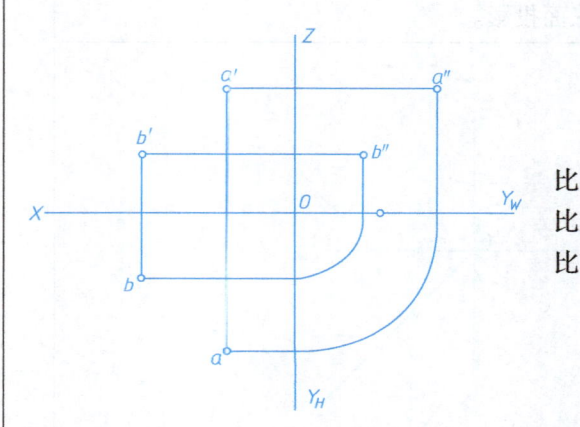

比高低：A 比 B _____。

比左右：A 在 B _____。

比前后：A 在 B _____。

2-2-3 根据已知条件，作出直线的投影

1. 已知线段两端点分别为 $A(20, 12, 6)$ 和 $B(5, 5, 20)$，求作 AB 的三面投影。

2. 已知线段 AB，端点 A 在 H 面上方 5mm，V 面前方 5mm，W 面左方 20mm，端点 B 在 A 点右方 12mm，前方 10mm，比 A 点高 15mm，求作线段 AB 的三面投影。

3. 已知直线的两面投影，求第三面投影。

(1)

(2)

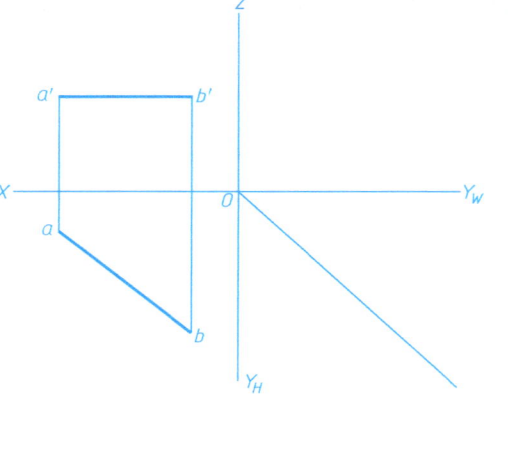

班级_____ 姓名_____ 学号_____

2-2-4 根据已知条件，完成填空和作图

1. 看图分析直线 AB 对投影面的相对位置，并按要求填空，以（1）为例。

2. 已知直线 AB 的投影，试过 A 点按给定条件作出直线 AB 的三个投影　长度及对投影面的倾斜度自定，以（1）为例。

（1）

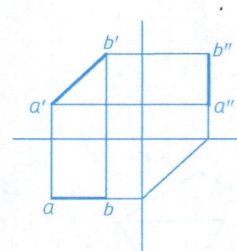

AB 与 V 面<u>平行</u>，与 H 面<u>倾斜</u>，与 W 面<u>倾斜</u>。AB 是<u>正平线</u>，<u>a'b'</u>为实长。

（1）作侧平线。

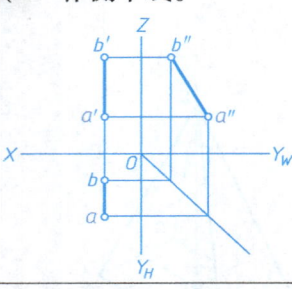

（2）

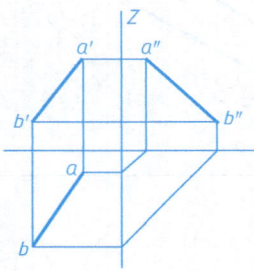

AB 与 V 面_____，与 H 面_____，与 W 面_____。AB 是_____线，_____实长。

（2）作铅垂线。

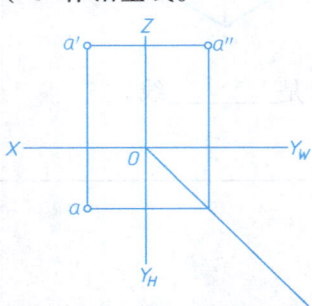

（3）

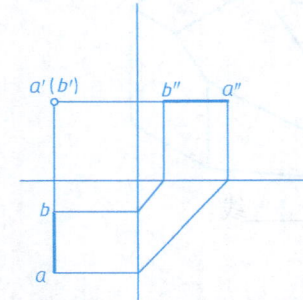

AB 与 V 面_____，与 H 面_____，与 W 面_____。AB 是_____线，_____为实长。

（3）作一般位置直线。

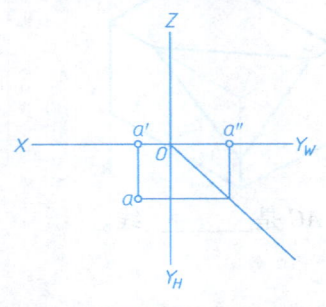

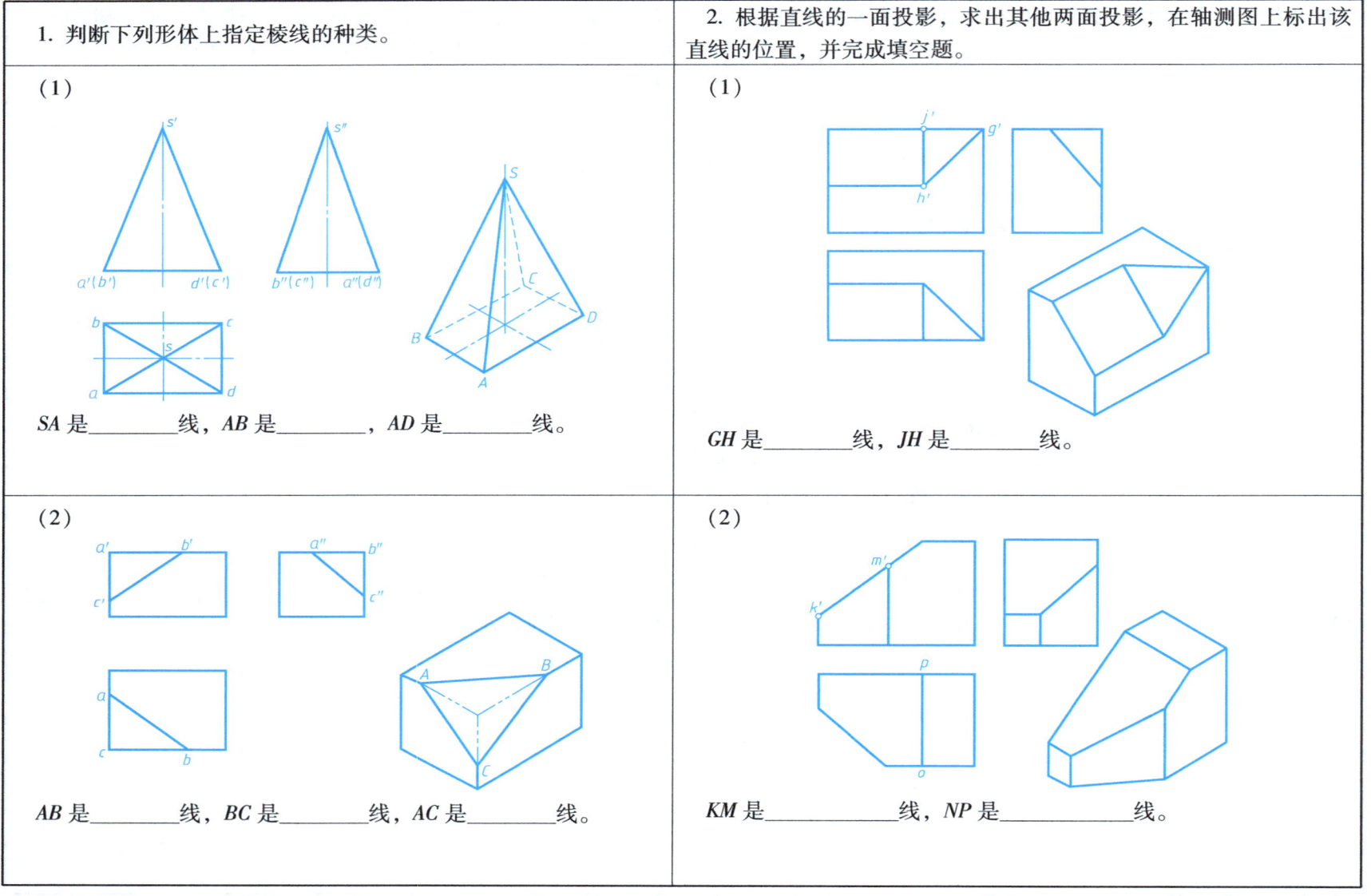

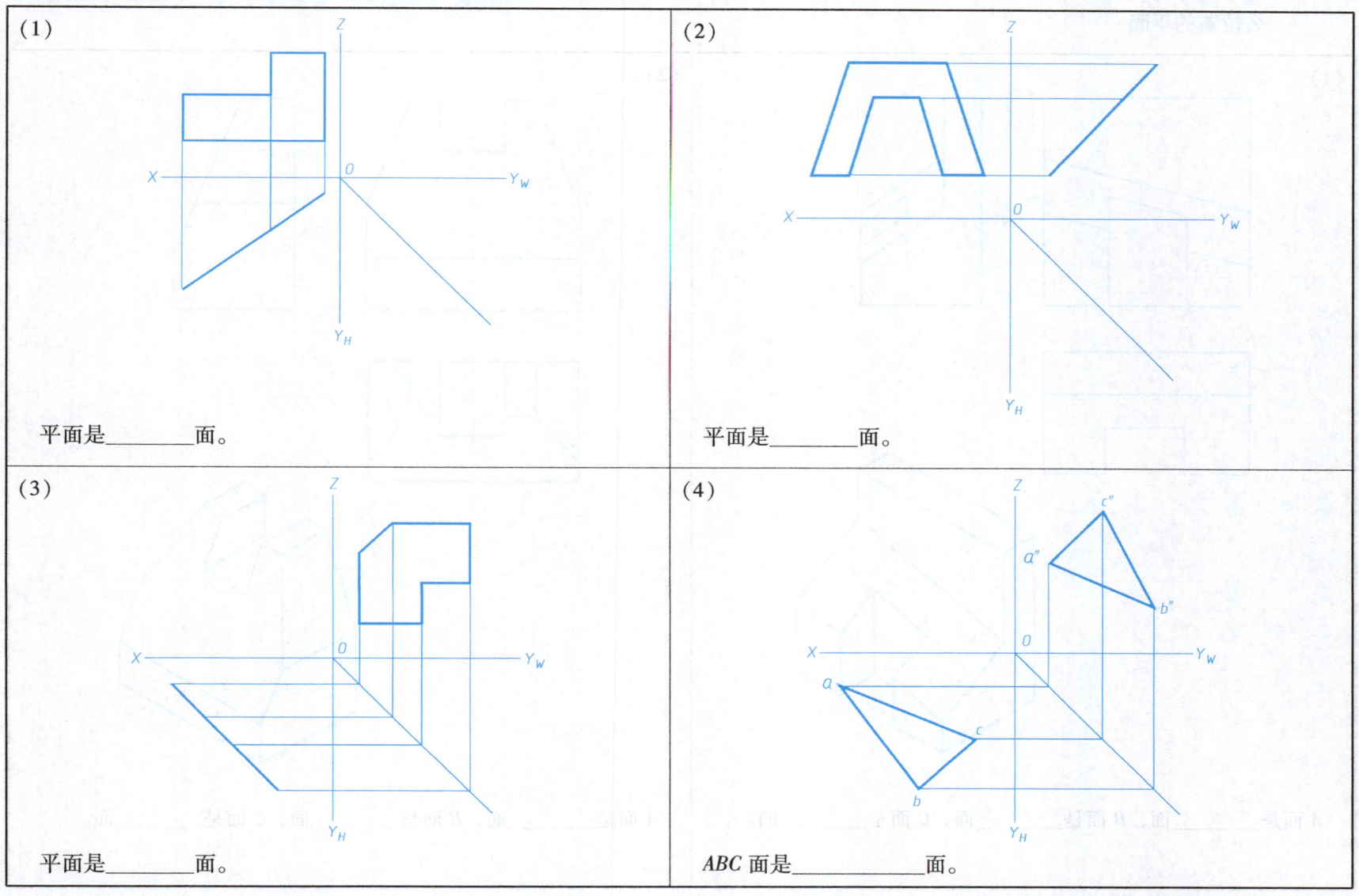

2-2-7 用不同颜色涂出下列物体上的表面 A、B、C 的三面投影,在轴测图中相应的表面上也涂出相同的颜色,并说明它们各是什么位置的平面

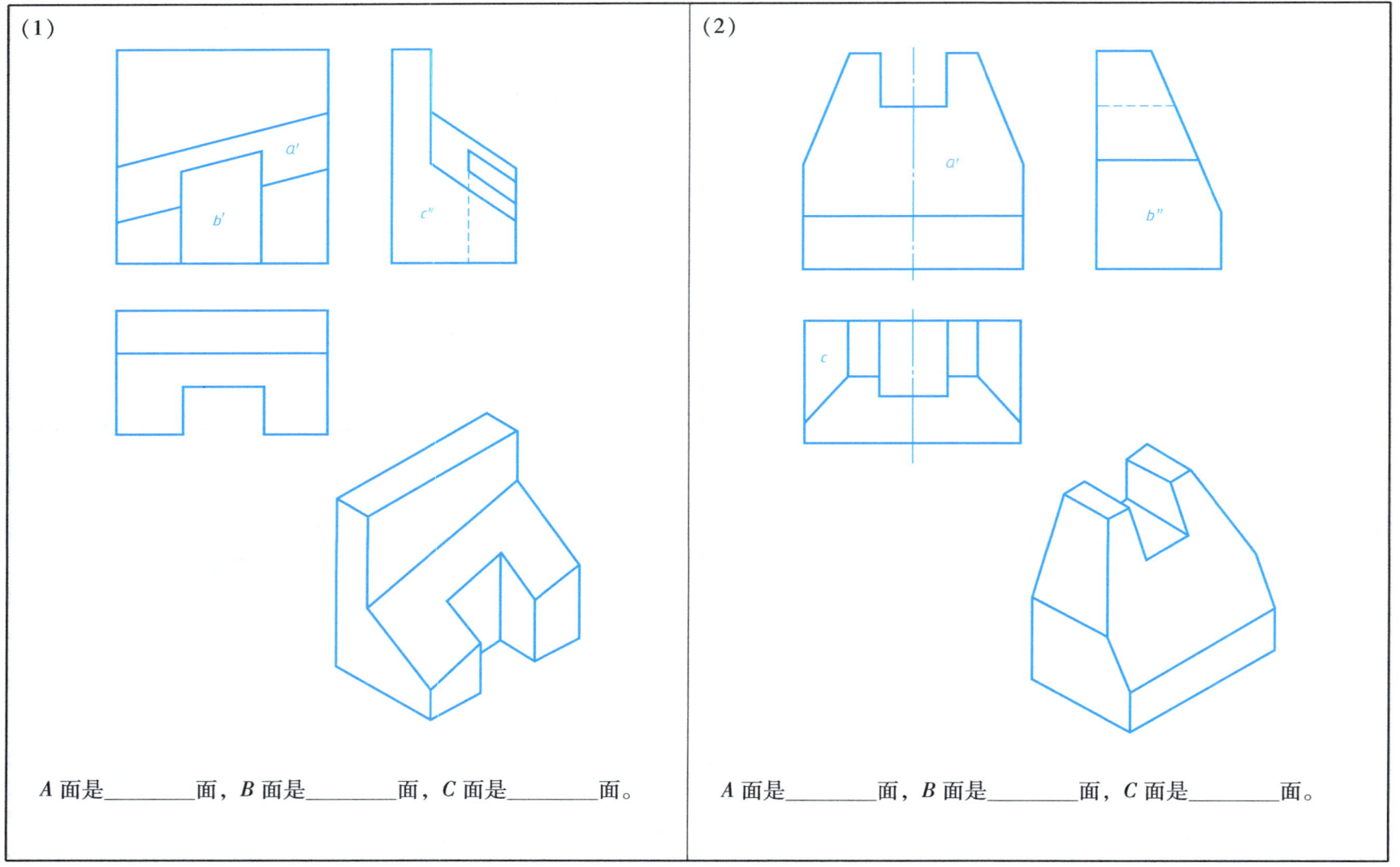

(1) A 面是_____面,B 面是_____面,C 面是_____面。

(2) A 面是_____面,B 面是_____面,C 面是_____面。

2-2-8 按要求完成下列物体的投影

(1) 正四棱柱的左端面为一铅垂面，试完成该棱柱的 V 面投影。

(2) 正六棱柱的上端面为一正垂面，试完成该棱柱的 W 面投影。

(3) "工"字形棱柱左端面为一正垂面，试完成该棱柱的 H 面投影。

(4) 正四棱柱的前端面为一侧垂面，底部开有通槽，试完成该棱柱的 H 面投影。

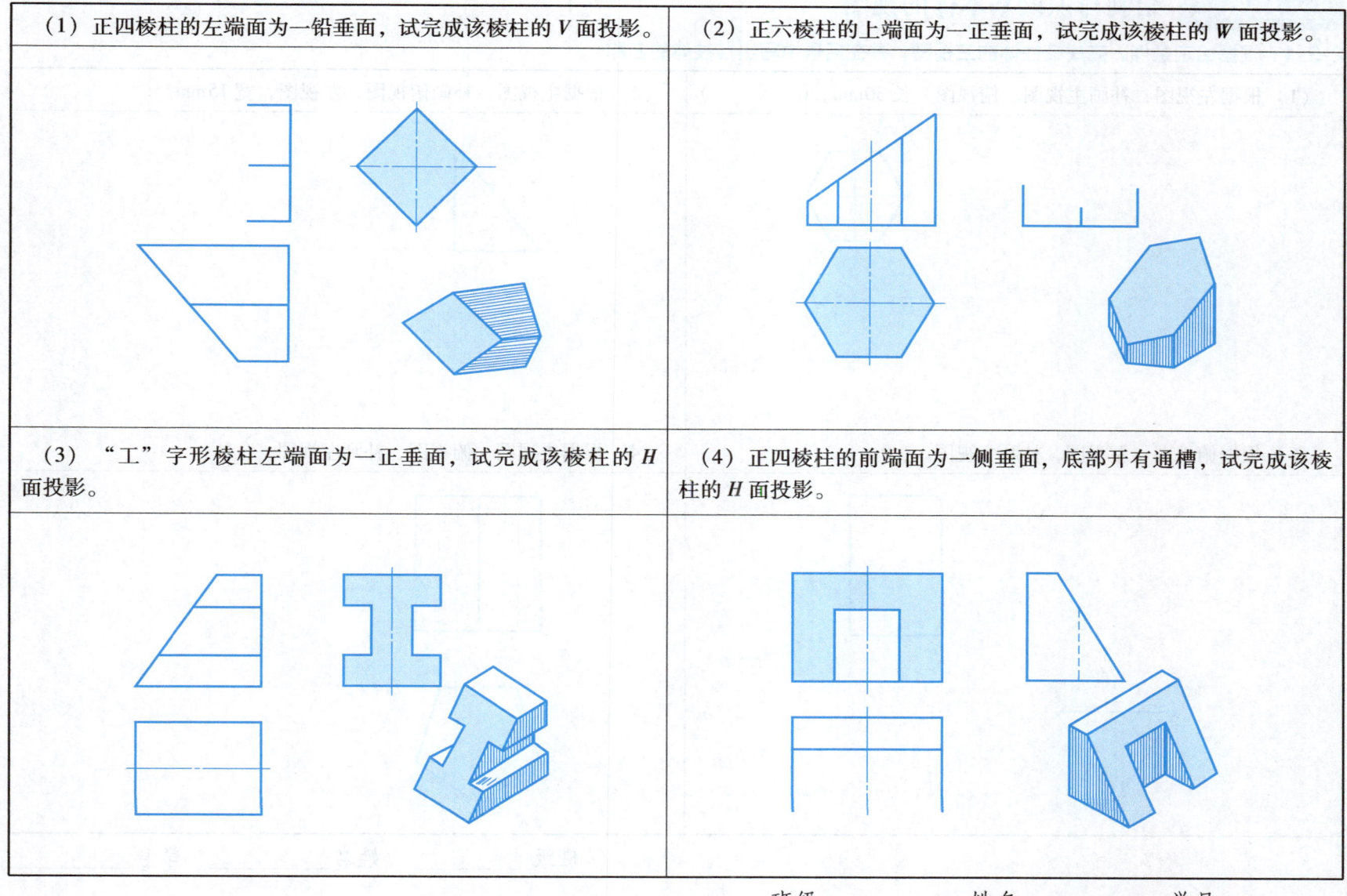

→ **任务三** 绘制与识读基本体的视图

2-3-1 根据给定条件，完成棱柱体的三视图，并在括号中写出棱柱体的名称

（1）根据左视图，补画主视图、俯视图，长 30mm。（　　　　）

（2）根据主视图，补画俯视图、左视图，宽 15mm。（　　　　）

（3）根据俯视图、左视图，补画主视图。（　　　　）

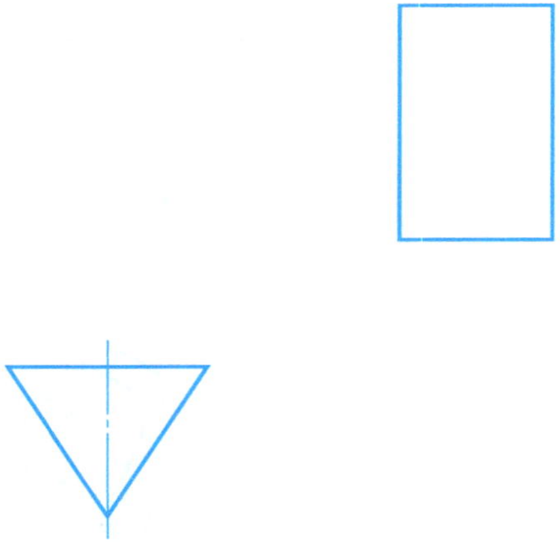

（4）根据主视图、俯视图，补画左视图。（　　　　）

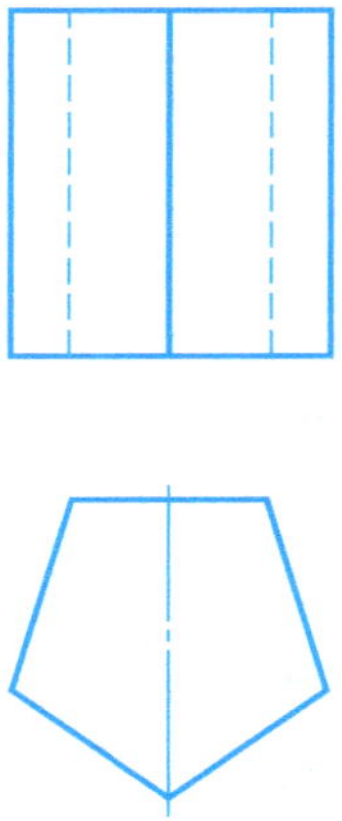

班级_____ 姓名_____ 学号_____

2-3-2 根据给定条件，完成棱锥（台）的三视图，并在括号中写出棱锥（台）的名称

（1）根据正四棱锥的主视图，补画俯视图、左视图。

（2）根据主视图、俯视图，补画左视图。

（3）根据轴测图，画出三视图。

（4）根据主视图、俯视图，补画左视图。

班级_____ 姓名_____ 学号_____

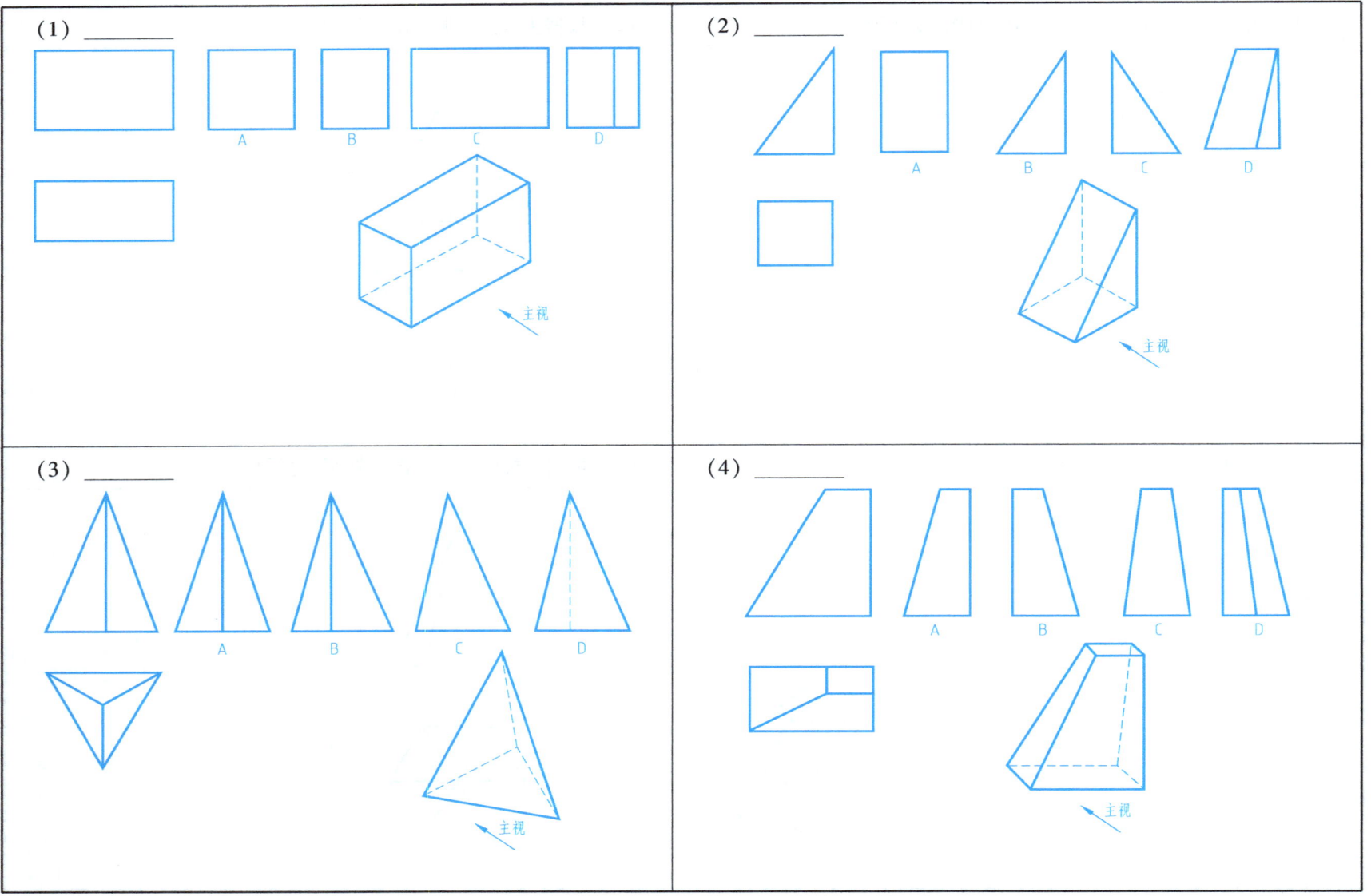

2-3-4 根据三视图想象几何体的形状，补画视图中所缺的图线，选择轴测图，并将正确答案写在图下的括号内

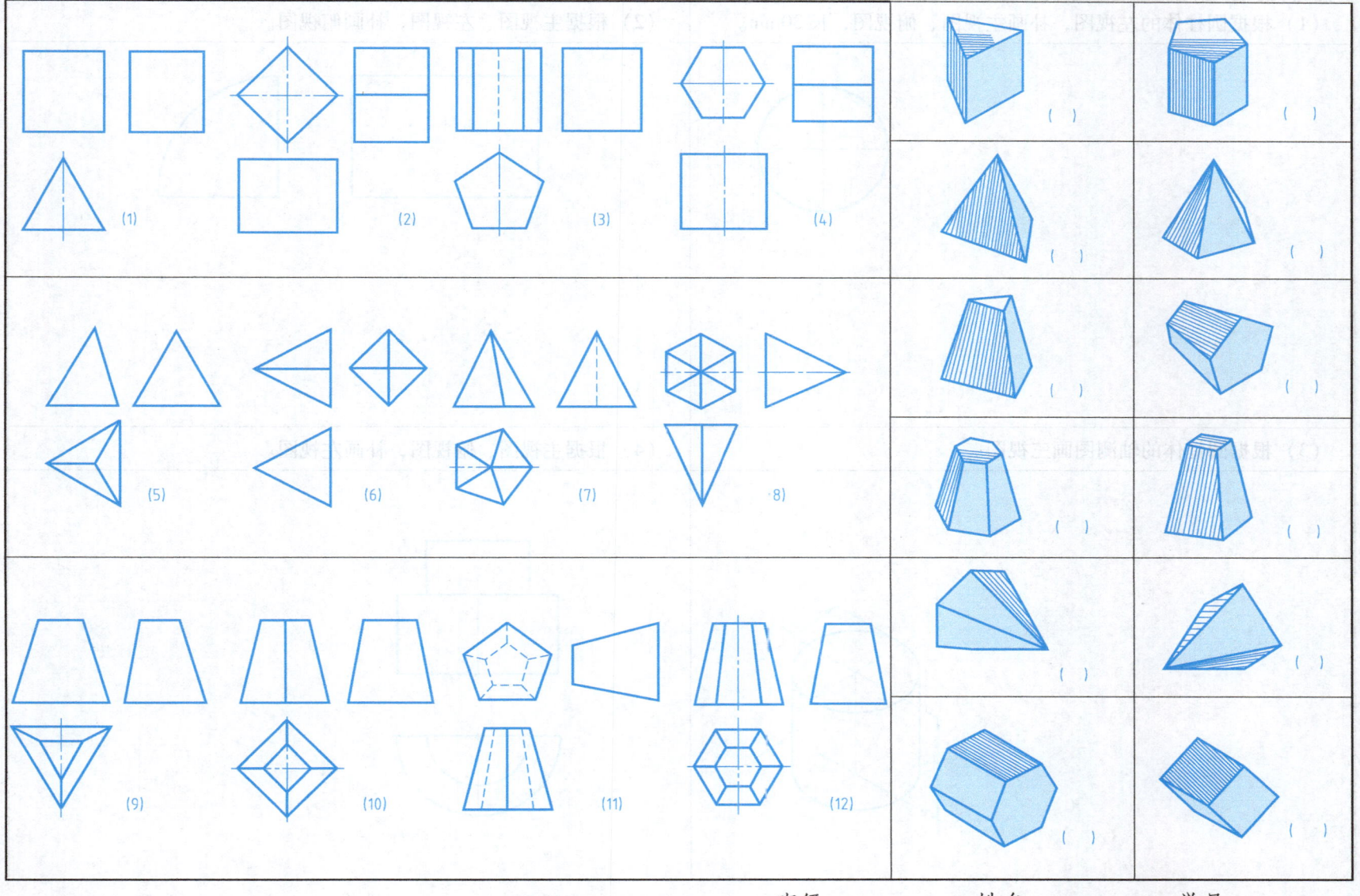

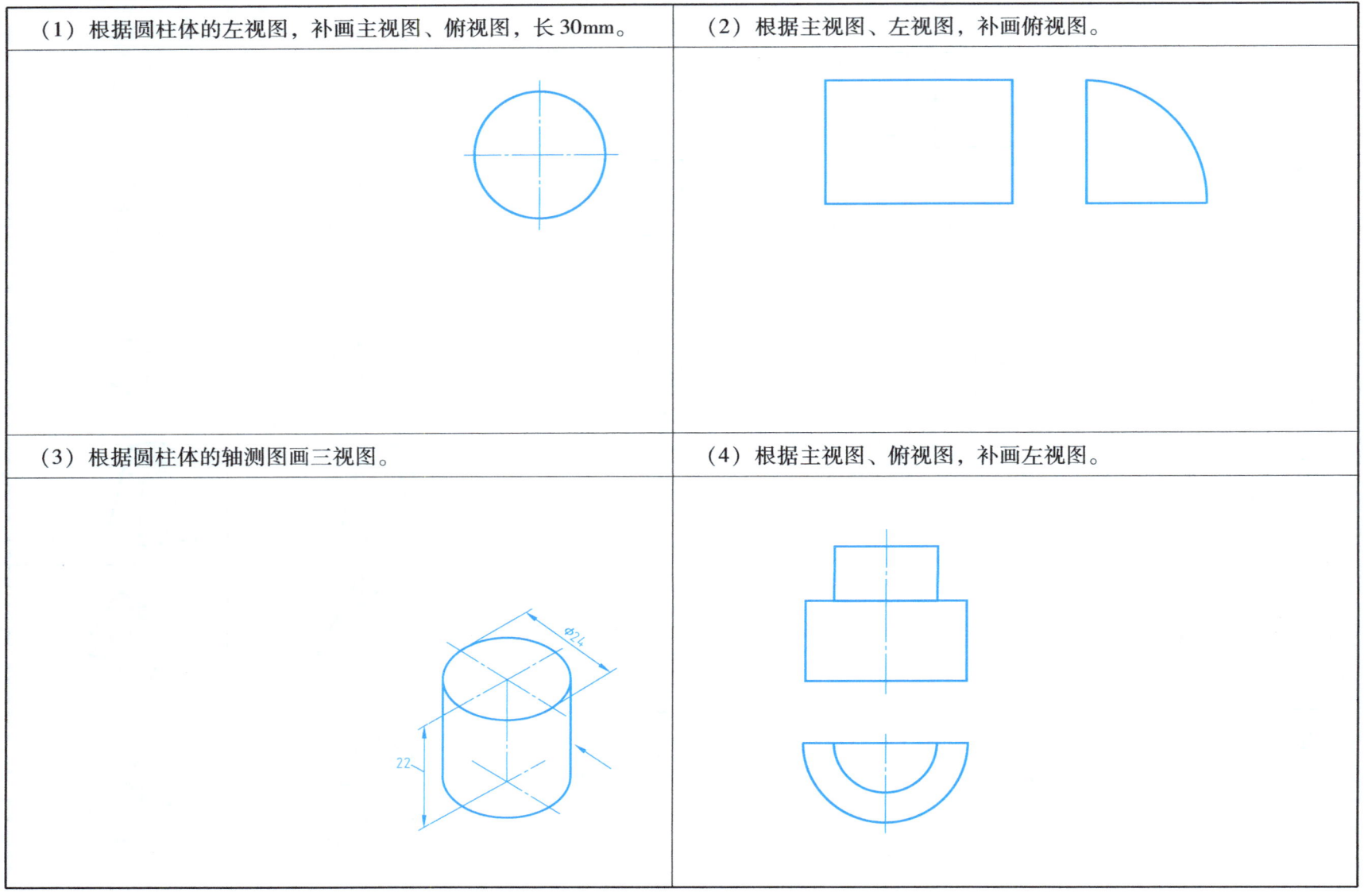

2-3-6 根据给定条件，完成圆锥（台）的三视图

（1）已知圆锥高28mm，根据俯视图补画主视图、左视图。

（2）根据主视图、俯视图，补画左视图。

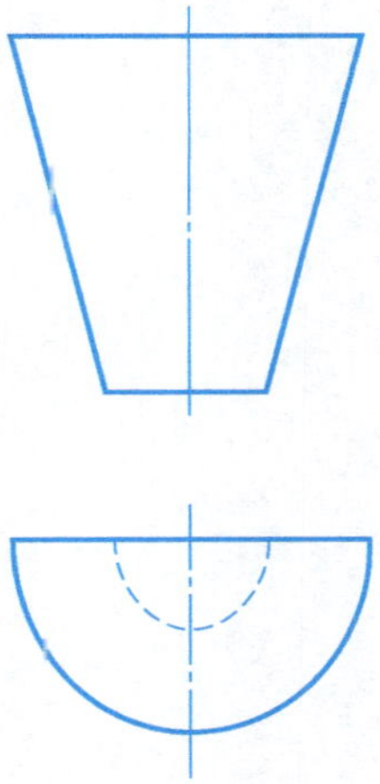

（3）根据轴测图画三视图。

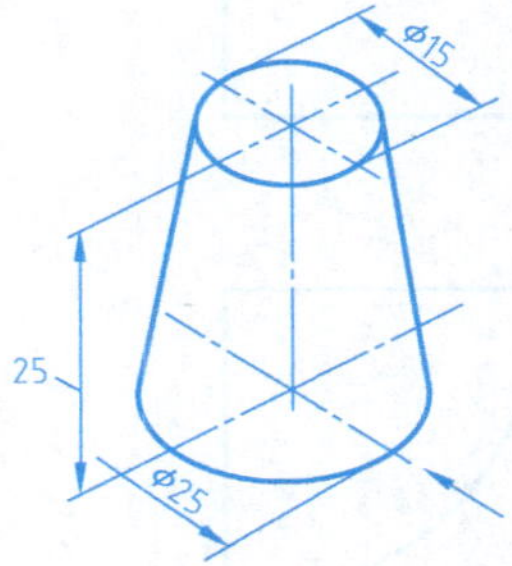

（4）根据主视图、左视图，补画俯视图。

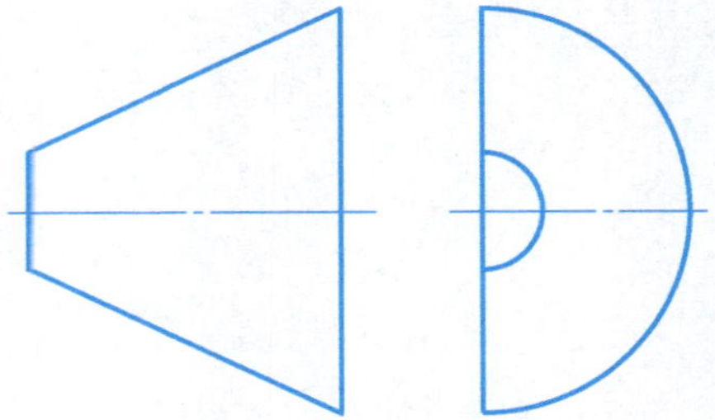

班级_____ 姓名_____ 学号_____

2-3-7　根据给定条件作题

（1）标注圆球的尺寸（尺寸从图中量取，取整数）。	（2）根据主视图、俯视图，补画左视图。
（3）根据主视图、俯视图，补画左视图。	（4）根据主视图、俯视图，补画左视图。

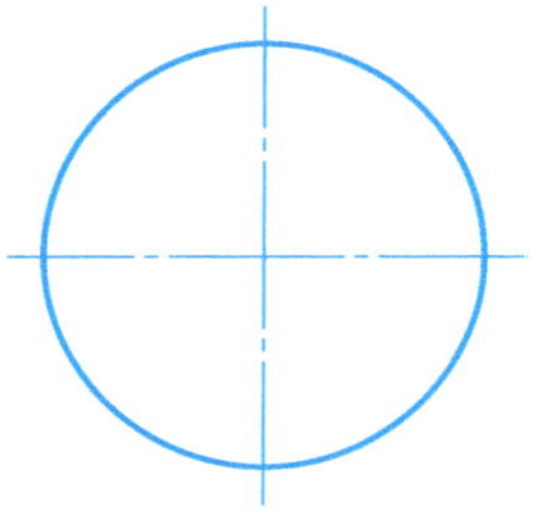

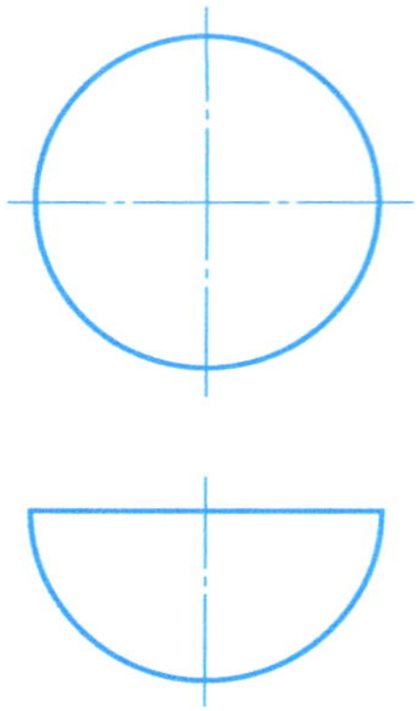

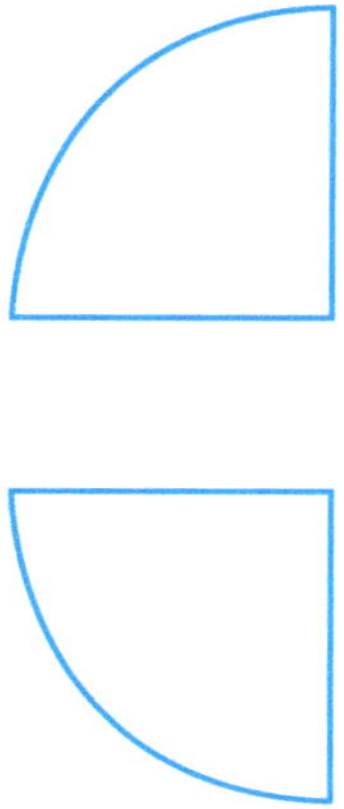

班级_____　姓名_____　学号_____

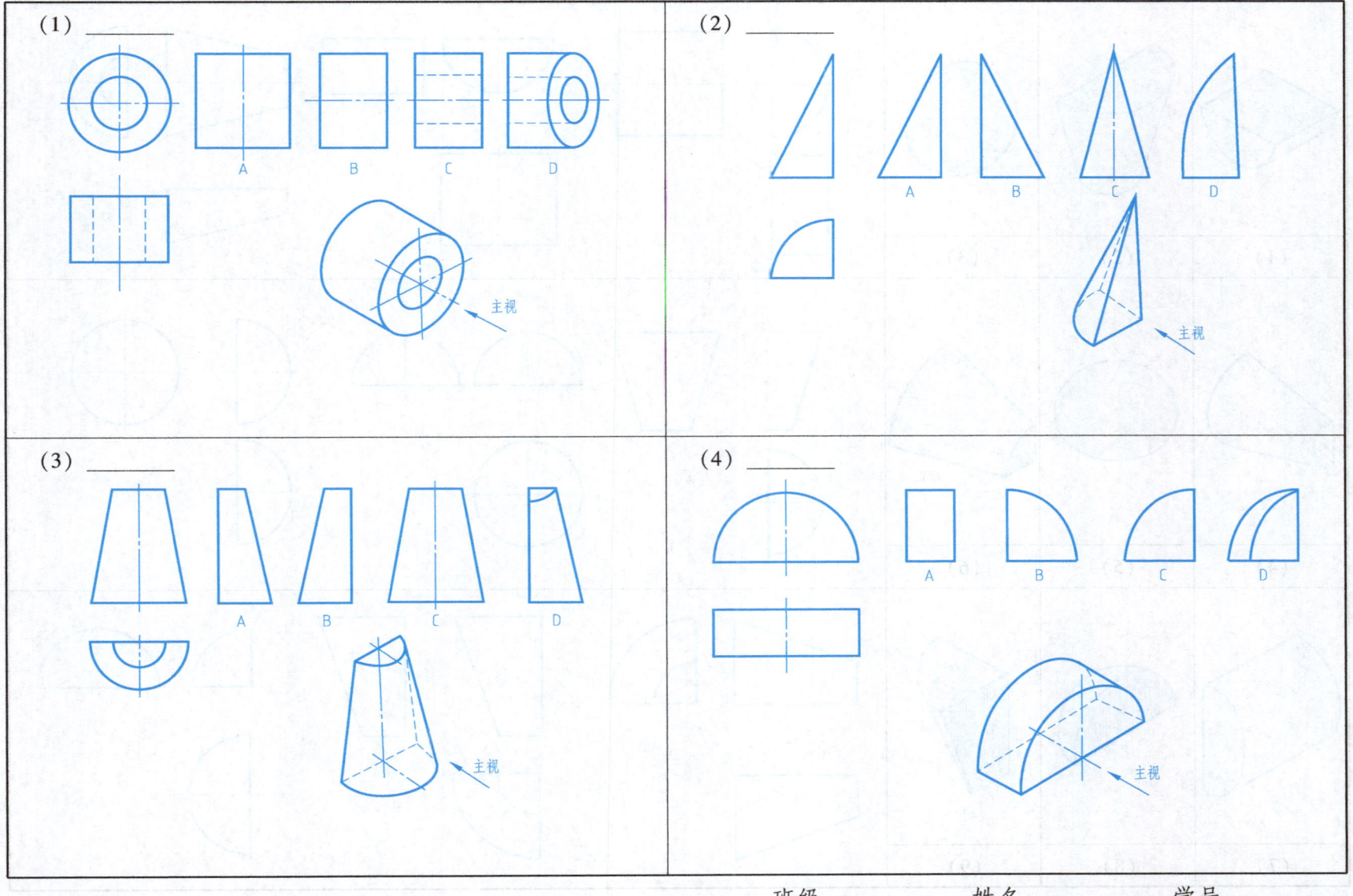

2-3-9 根据轴测图想象并选择几何体的三视图，将正确答案写在图下的括号内

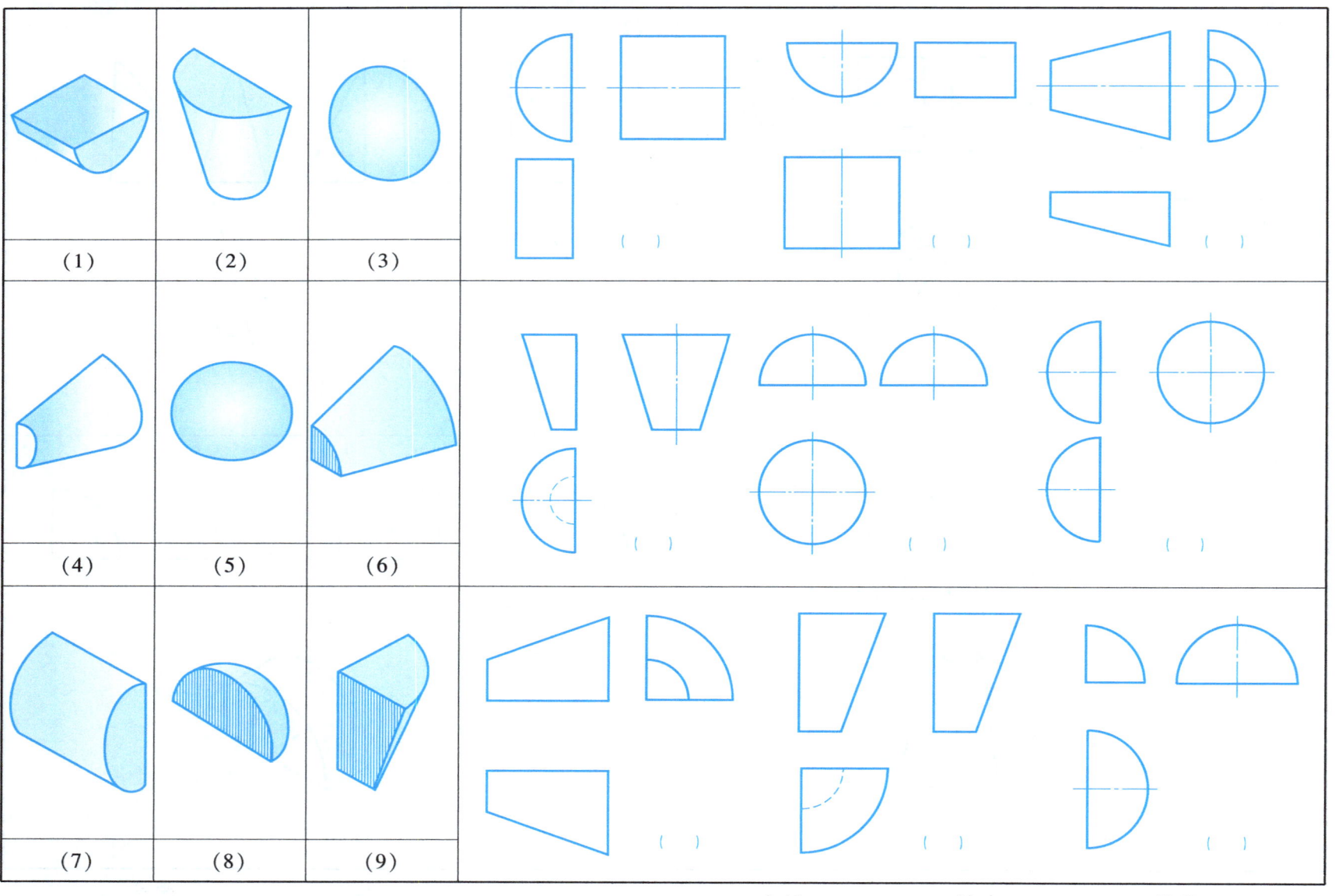

2-3-10 根据轴测图及已知的一面视图，徒手画出其他两面视图

轴测图	已知俯视图	已知主视图	已知左视图

班级_____ 姓名_____ 学号_____

2-3-11 根据给出的两视图，并参照轴测图，补画第三视图

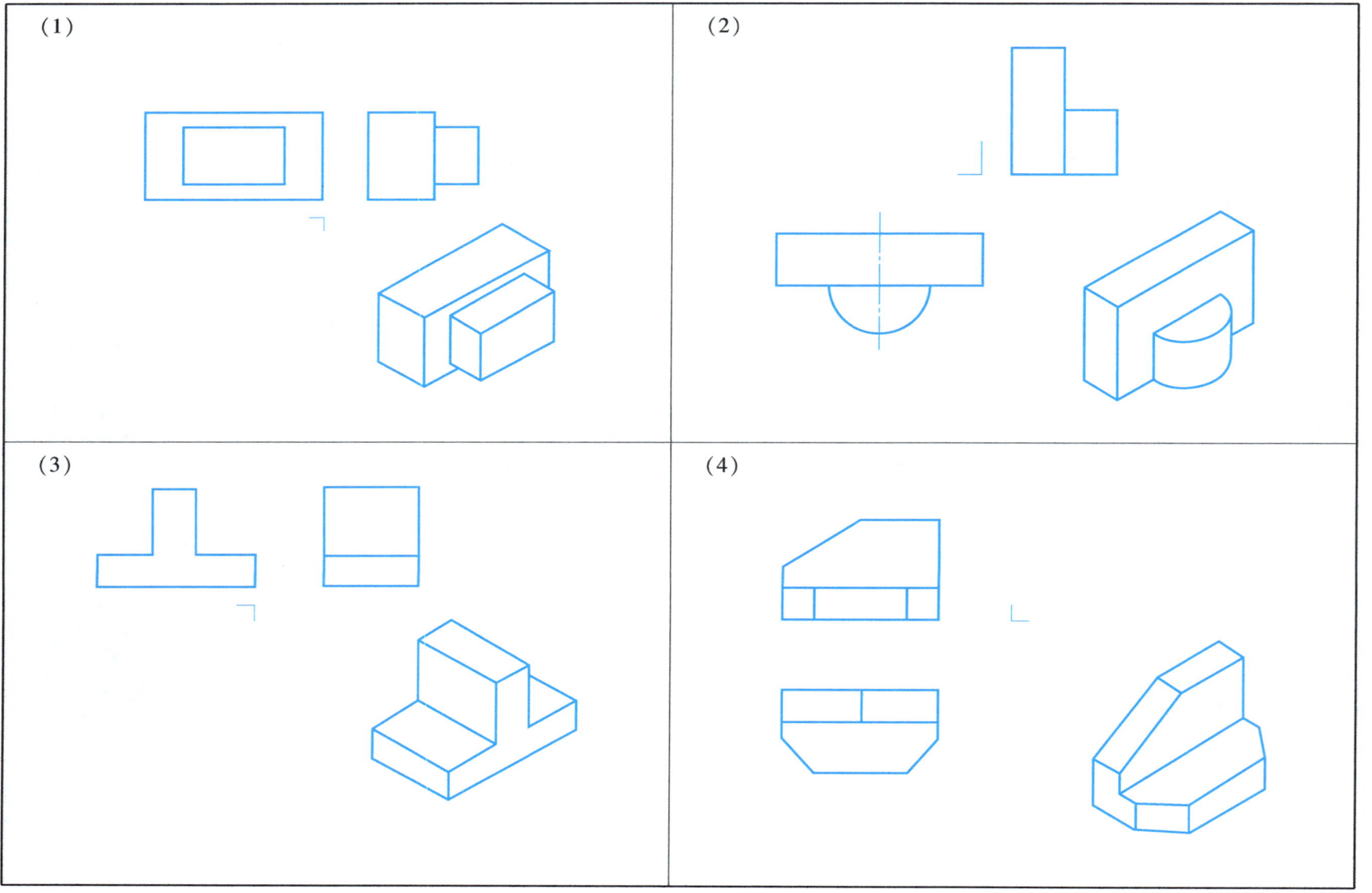

→ **任务四** 绘制与识读平面切割体的视图

2-4-1 完成棱柱切割体的三视图

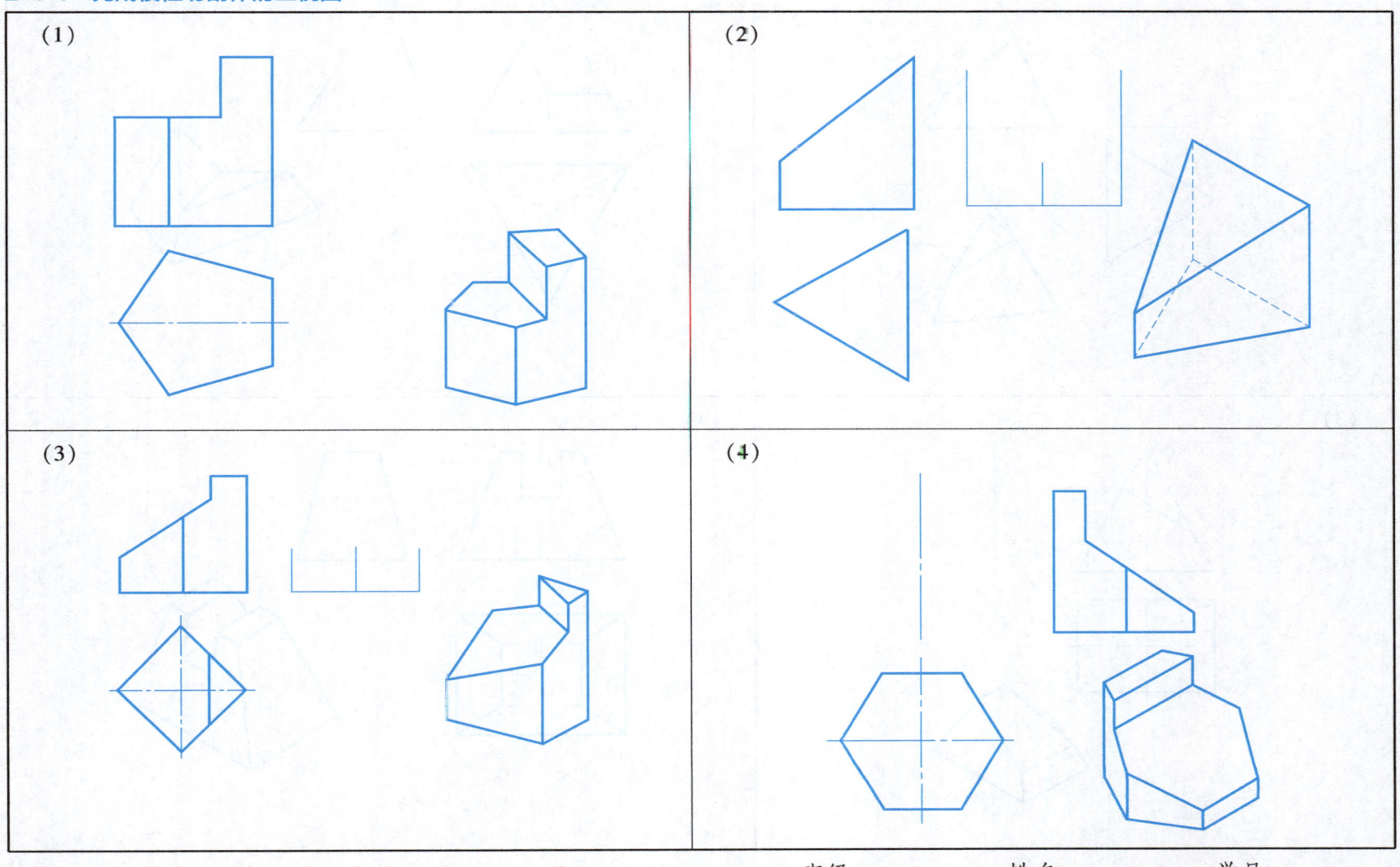

班级_____ 姓名_____ 学号_____

2-4-2 完成棱锥切割体的三视图

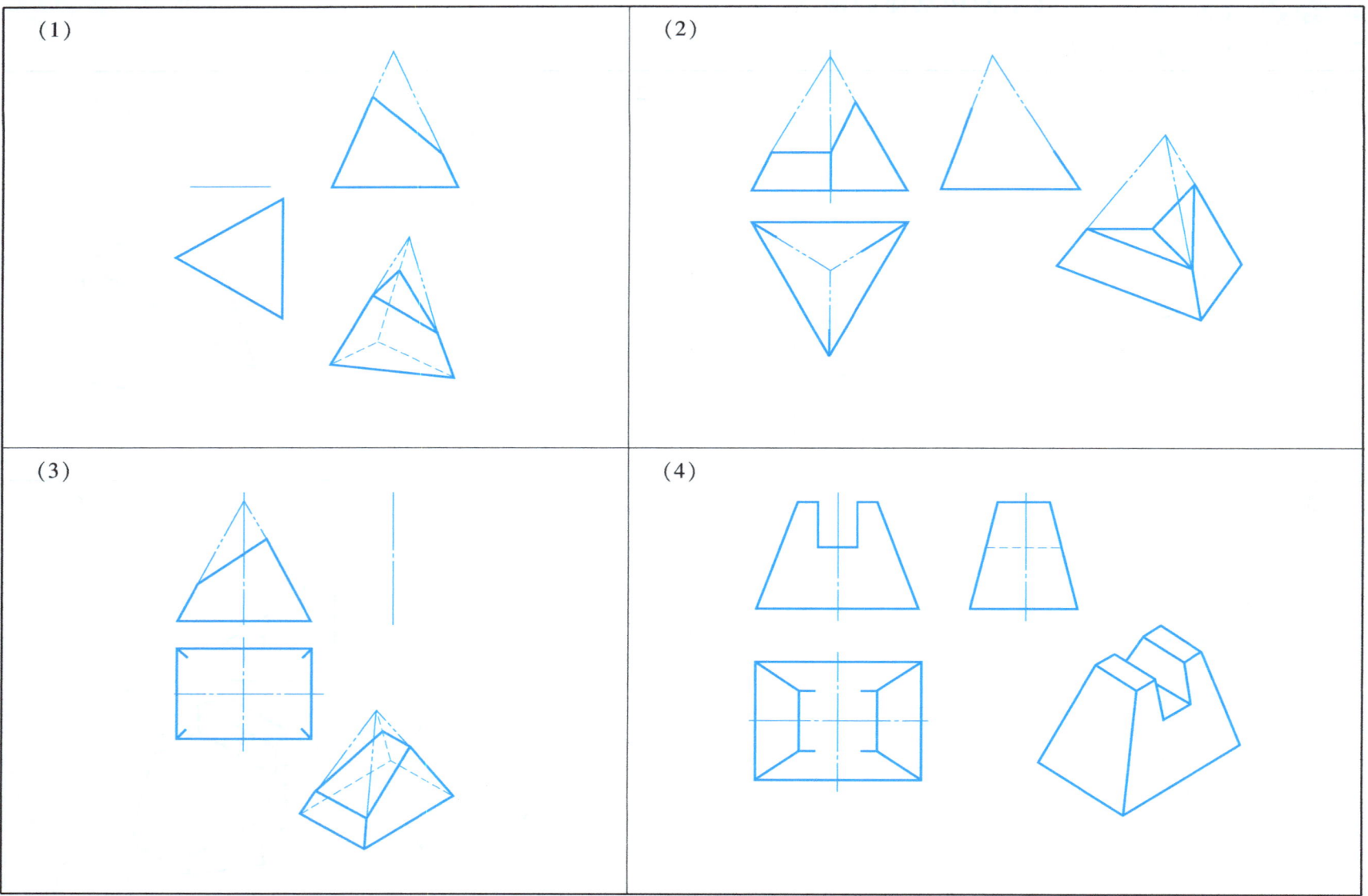

(1) (2) (3) (4)

班级_____ 姓名_____ 学号_____

2-4-3　根据已知的主视图、左视图，并参照轴测图，选择俯视图，并将正确答案写在题号后的横线上

(1) _____　　(2) _____　　(3) _____　　(4) _____

2-4-4 根据已知的主视图、俯视图，选择左视图，并将正确答案写在题号后的横线上

(1) _____

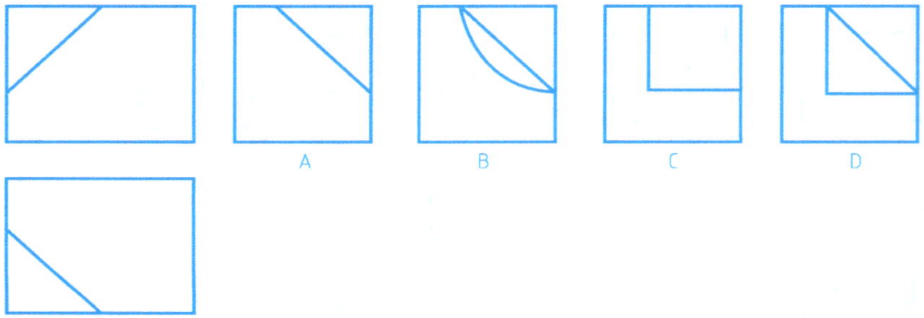

(2) _____

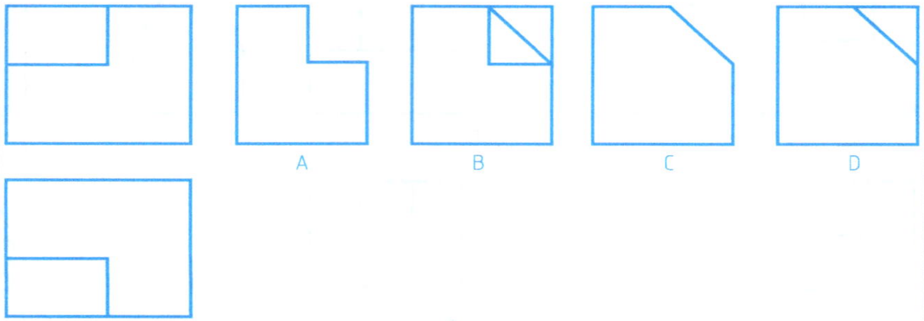

(3) _____

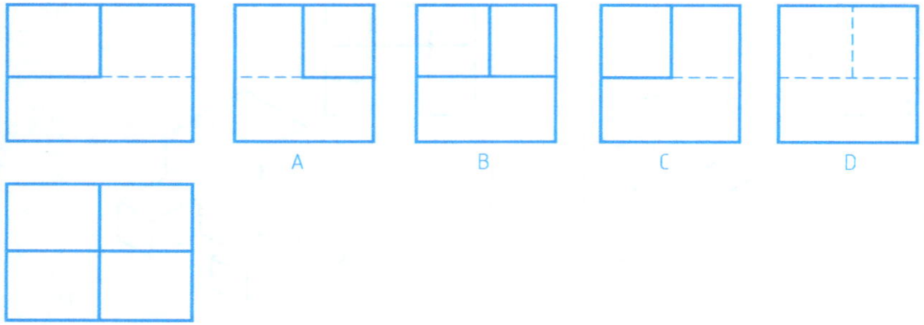

(4) _____

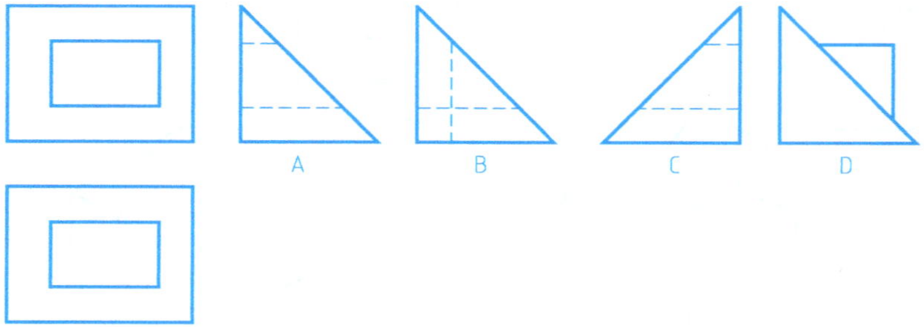

班级_____ 姓名_____ 学号_____

2-4-5 根据给出的两视图，并参照轴测图，补画第三视图

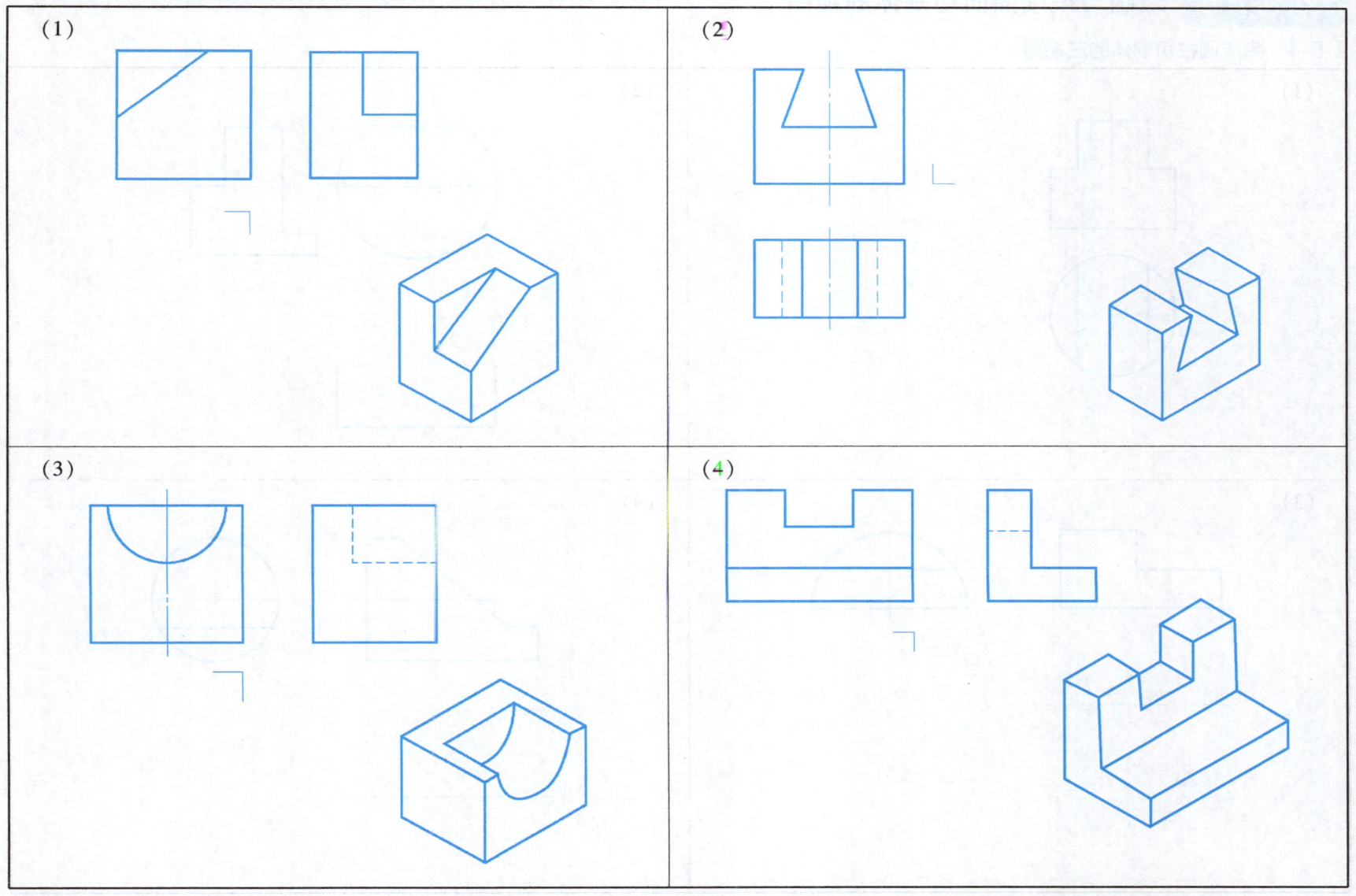

→ **任务五** 绘制与识读曲面切割体的视图

2-5-1 完成圆柱切割体的三视图

(1)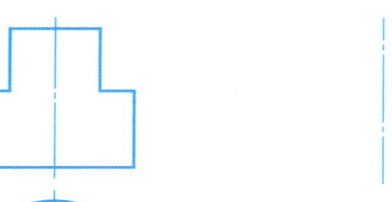

(2)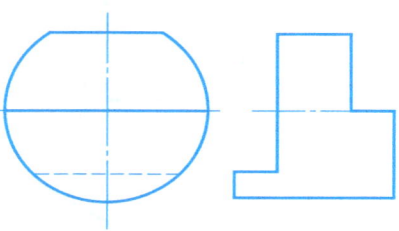

(3)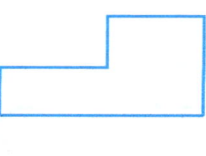

(4)

班级_____ 姓名_____ 学号_____

2-5-2 完成圆柱切割体的三视图

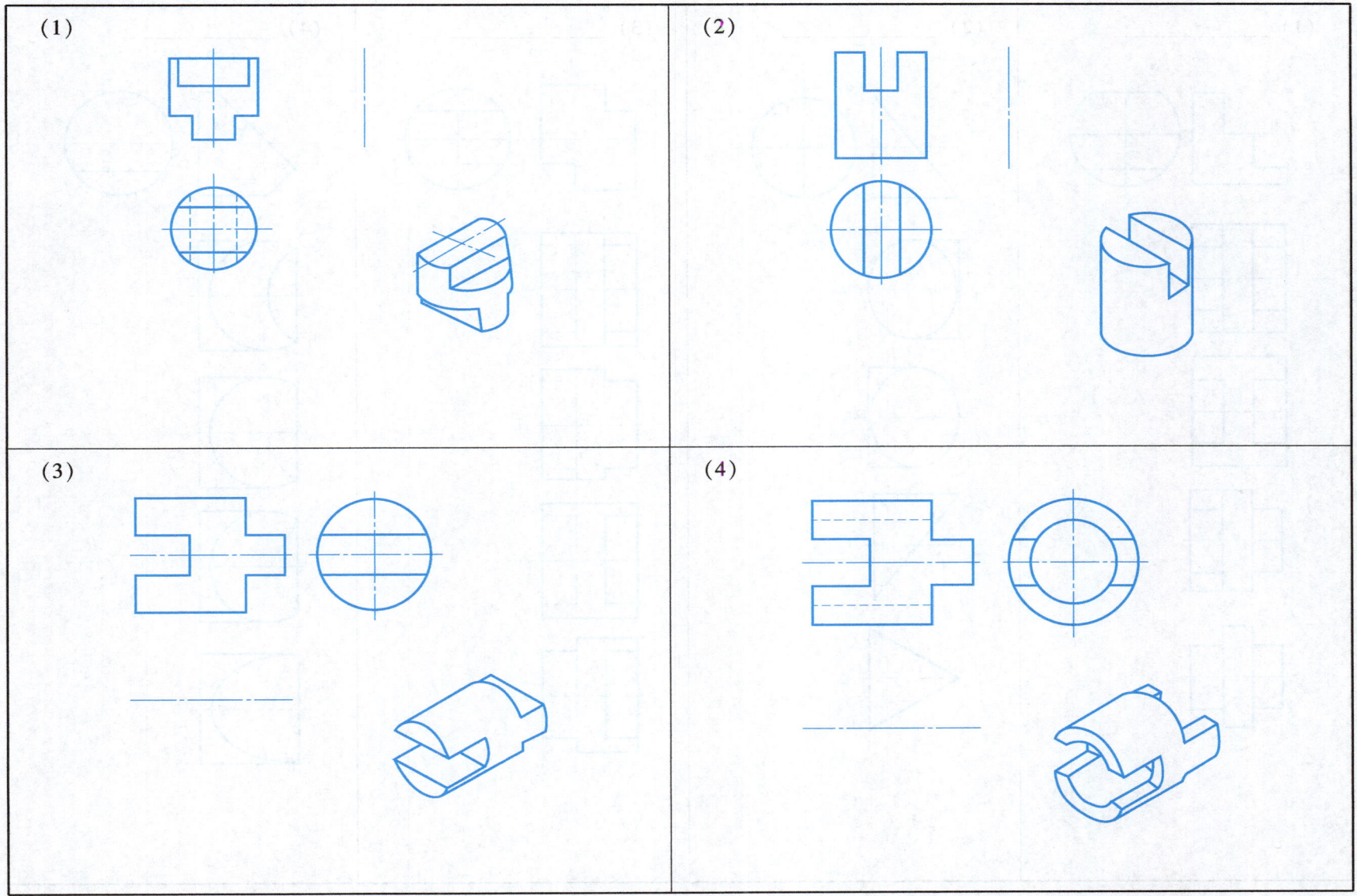

2-5-3 根据已知的主视图、左视图，选择俯视图，并将正确答案写在题号后的横线上

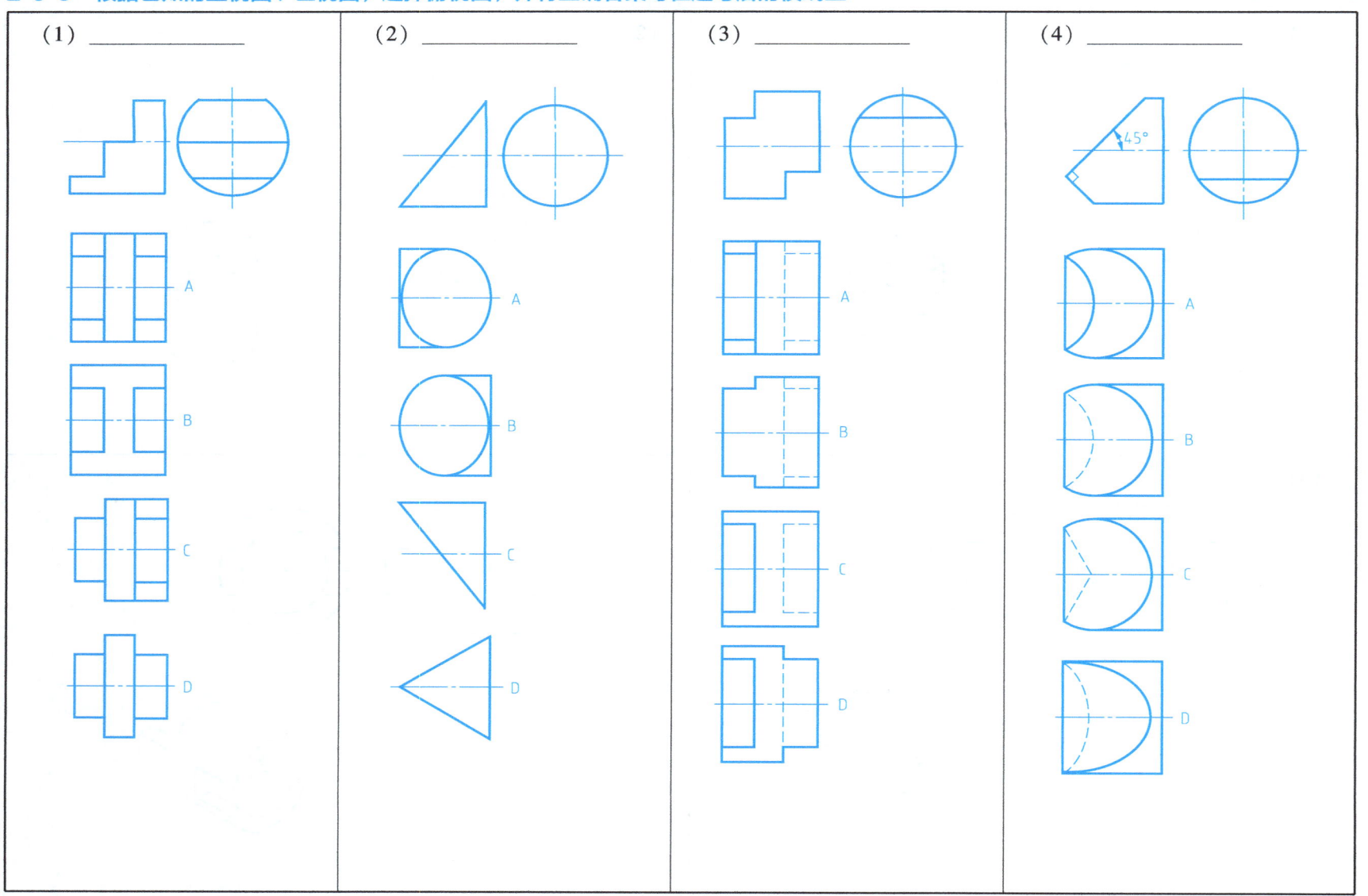

2-5-4 根据已知的主视图、左视图，选择俯视图，并将正确答案写在题号后的横线上

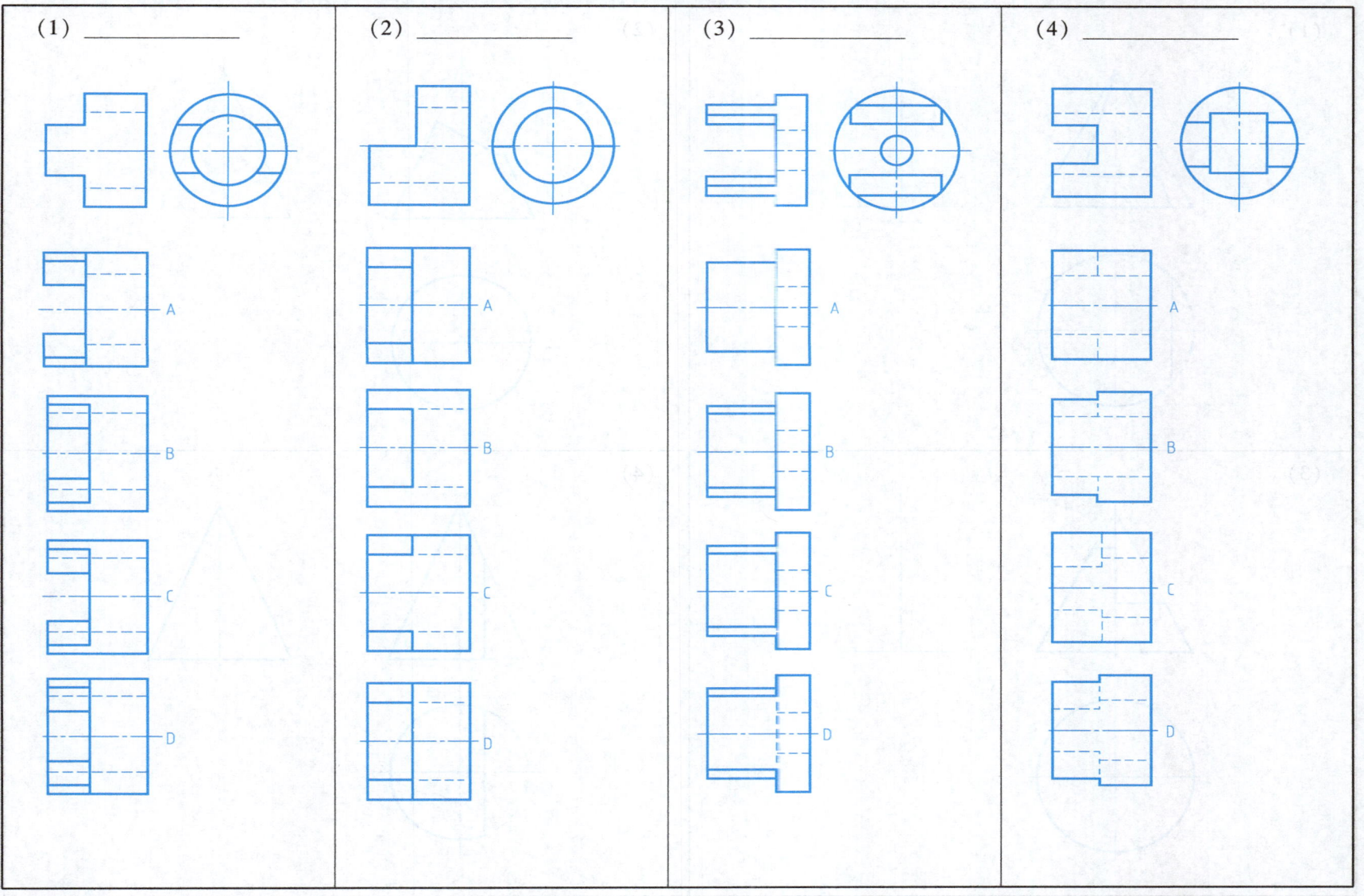

2-5-5 完成圆锥切割体的三视图

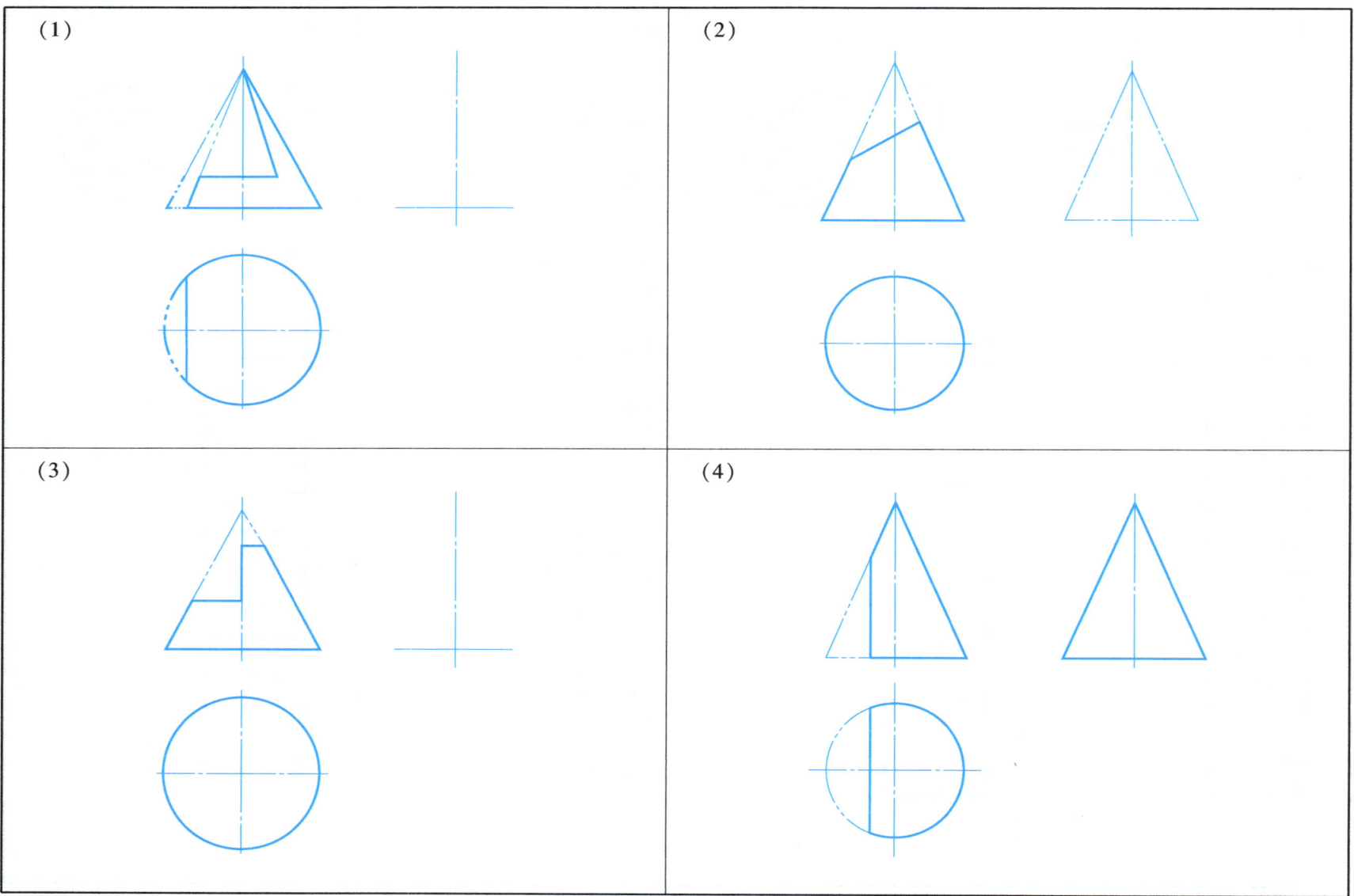

2-5-6 完成圆球切割体的三视图

(1)

(2)

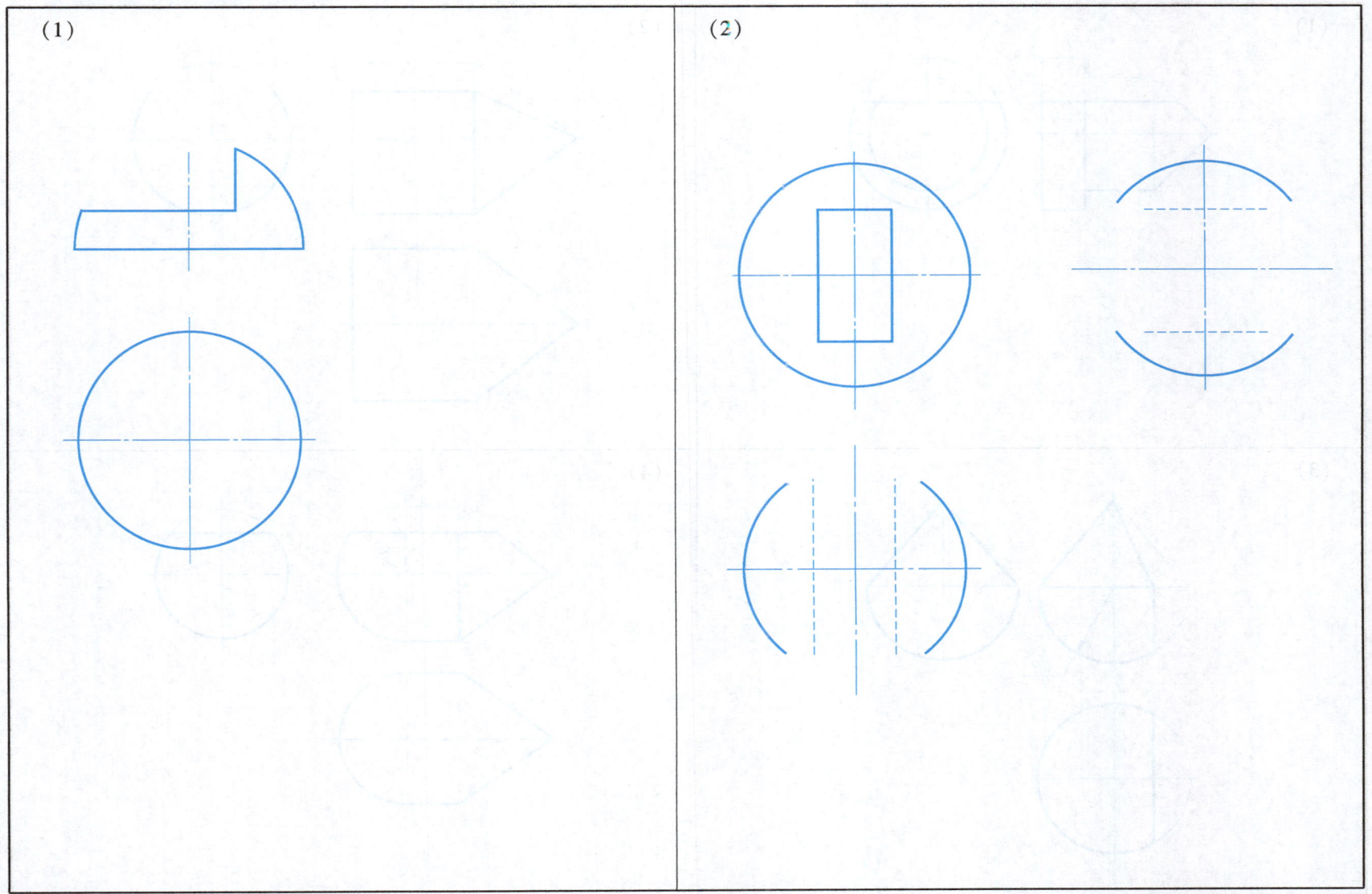

2-5-7　完成组合切割体的三视图

（1）

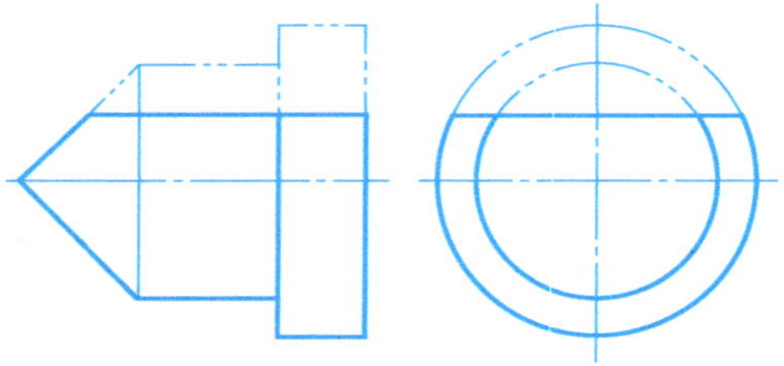

（2）

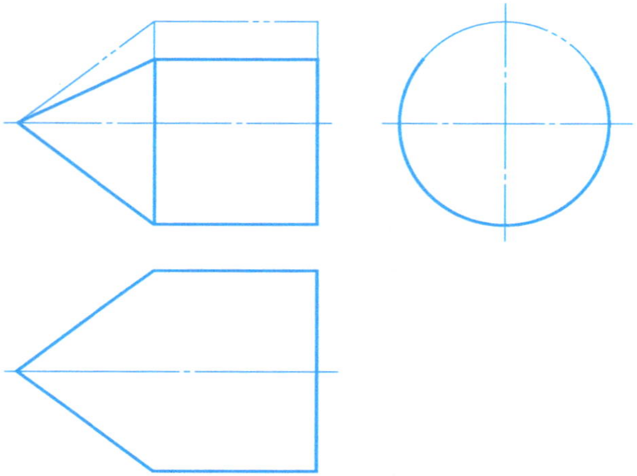

（3）

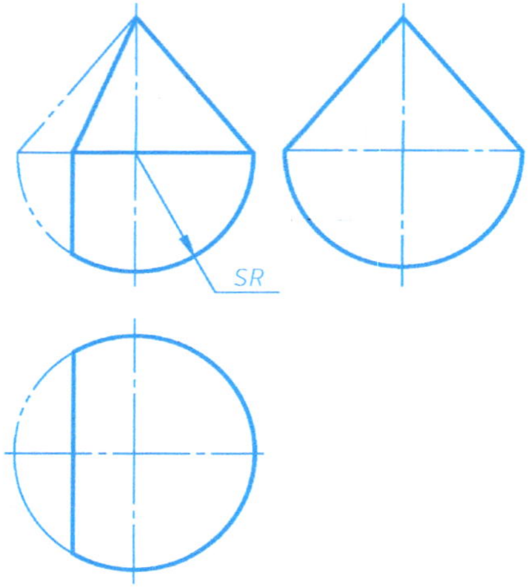

（4）

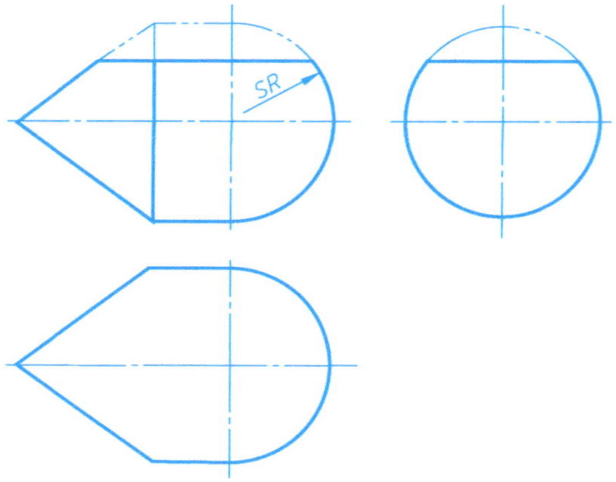

班级＿＿＿＿＿＿　姓名＿＿＿＿＿＿　学号＿＿＿＿＿＿

2-5-8 根据已知的主视图、俯视图，选择左视图，并将正确答案写在题号后的横线上

2-5-9 根据轴测图，在方格内徒手画出其三视图

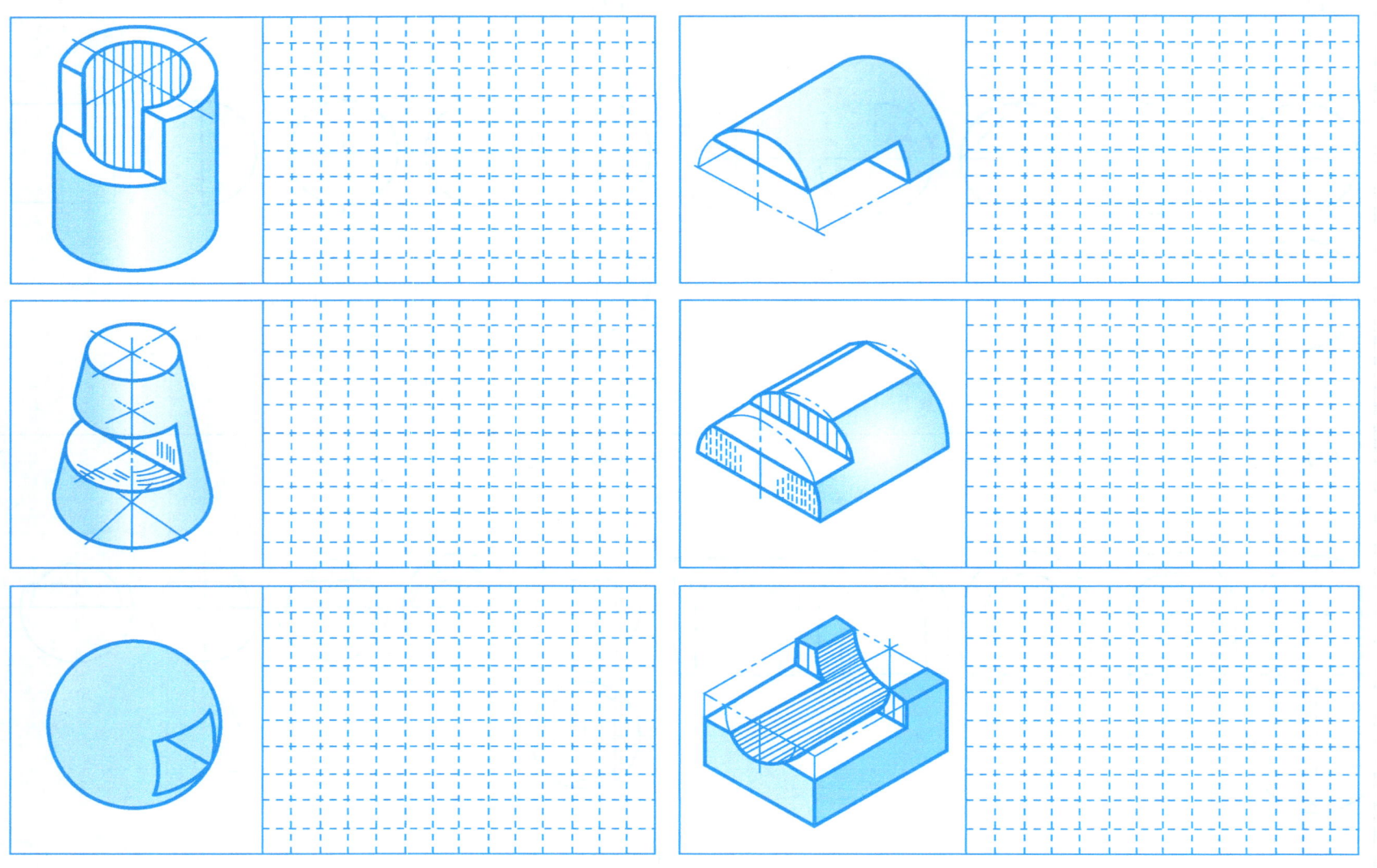

→ **任务六**　绘制与识读相贯体的视图

2-6-1　根据已知视图，并参照轴测图，补画图中相贯线的投影

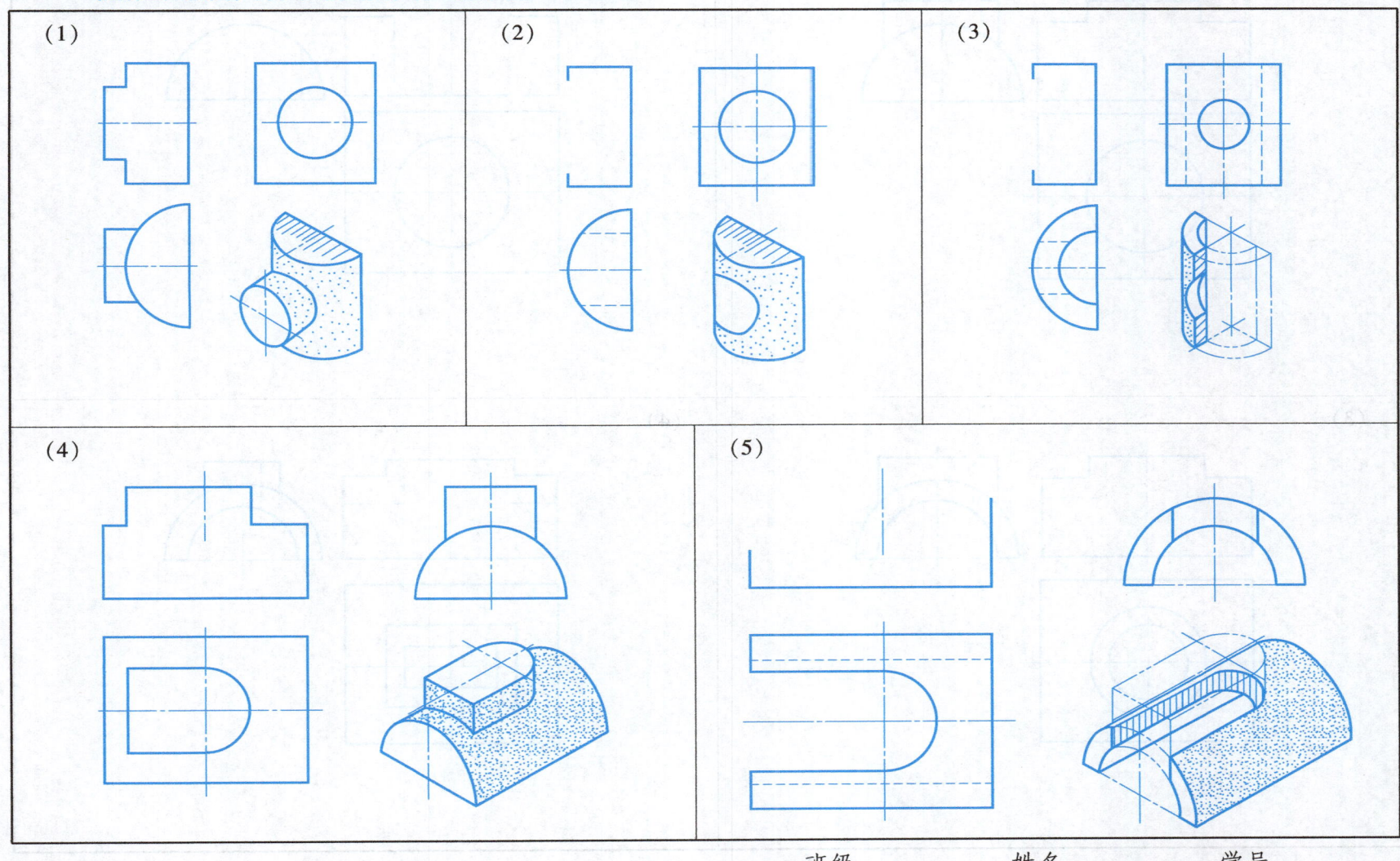

2-6-2 分析已知视图想象形状，并补画图中相贯线的投影

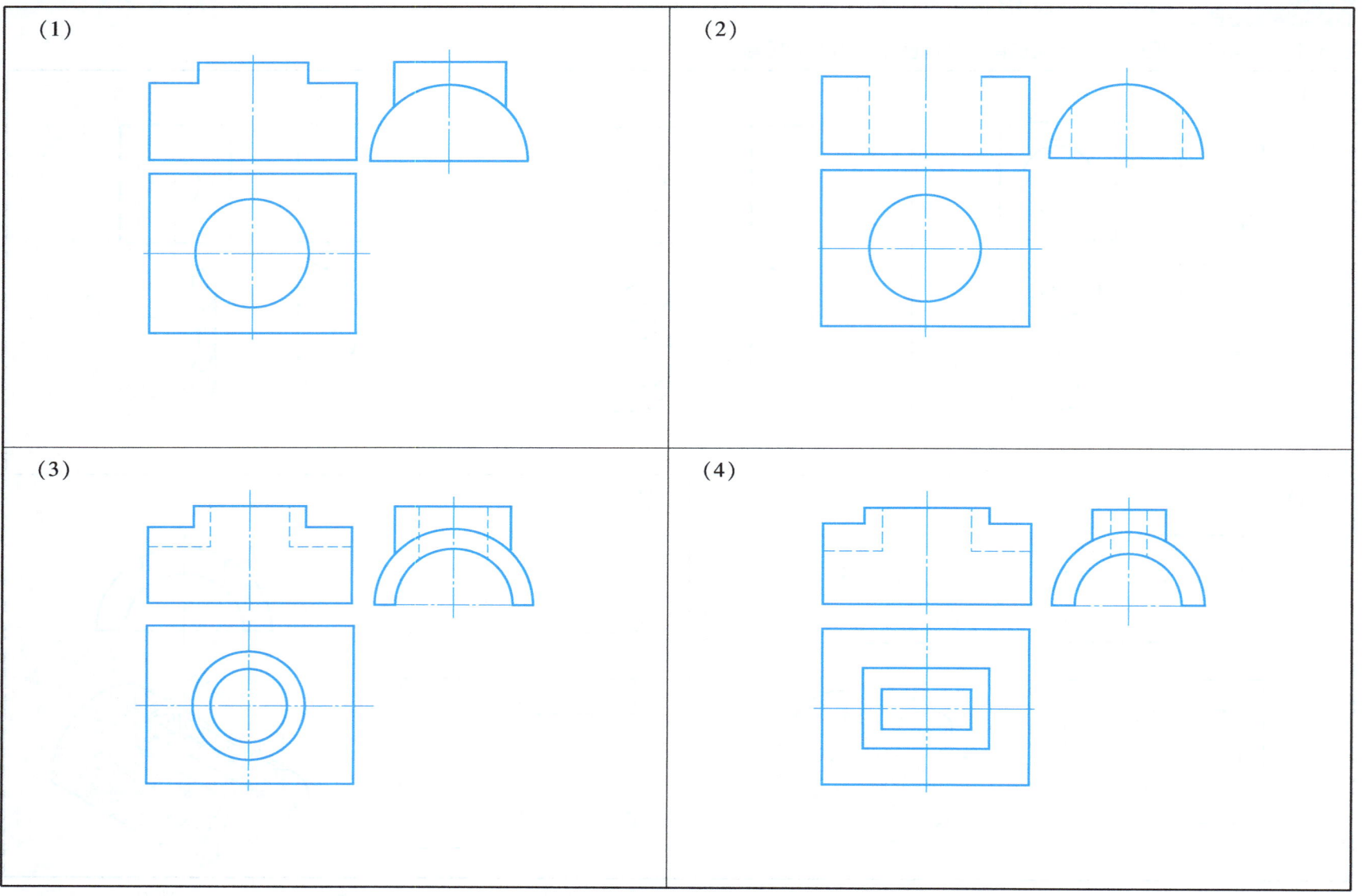

2-6-3 分析已知视图想象形状，并补画图中相贯线的投影

(1)

(2)

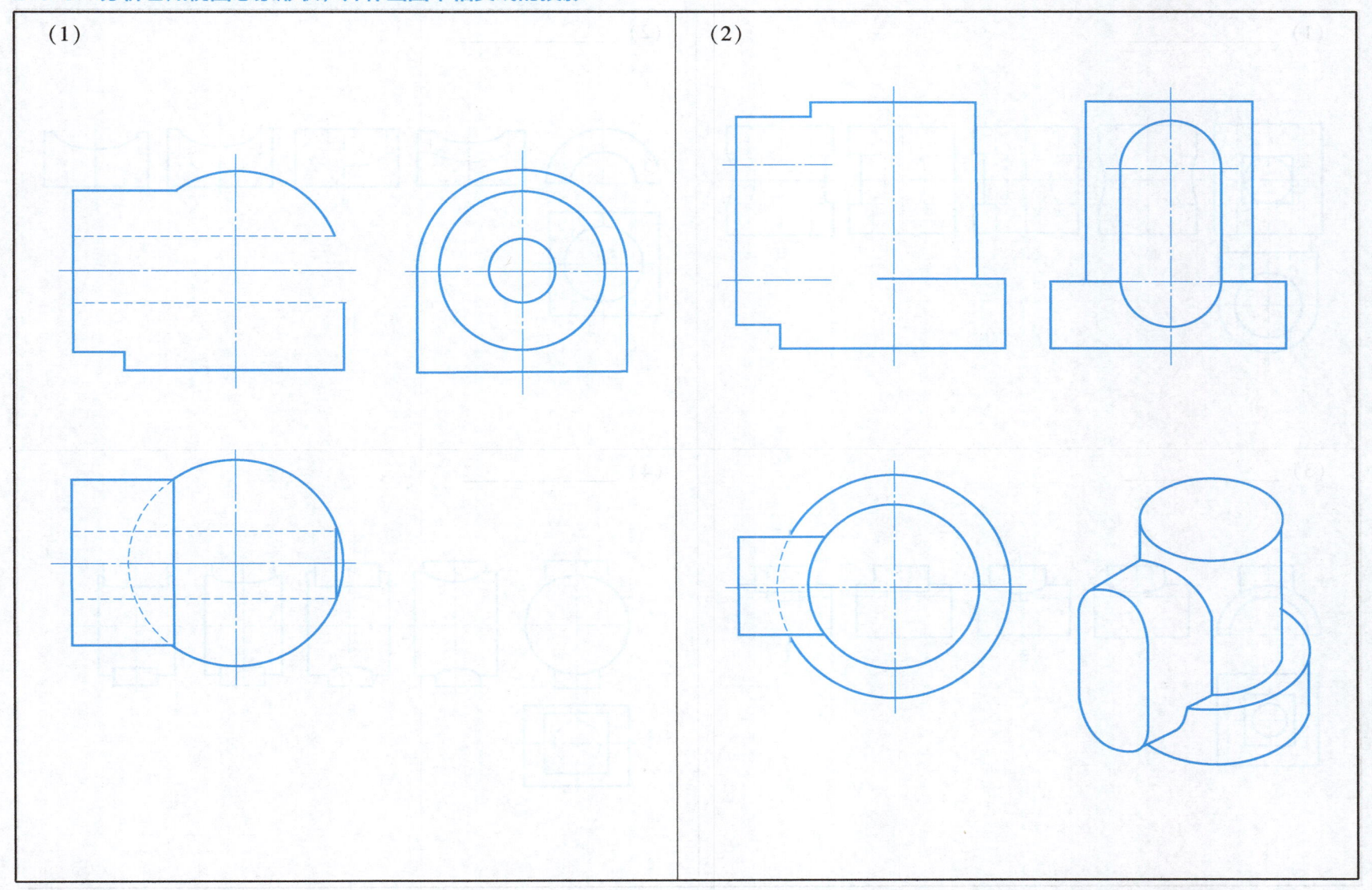

· 65 ·

2-6-4 根据已知的主视图、俯视图，选择左视图，将正确答案写在题号后的横线上

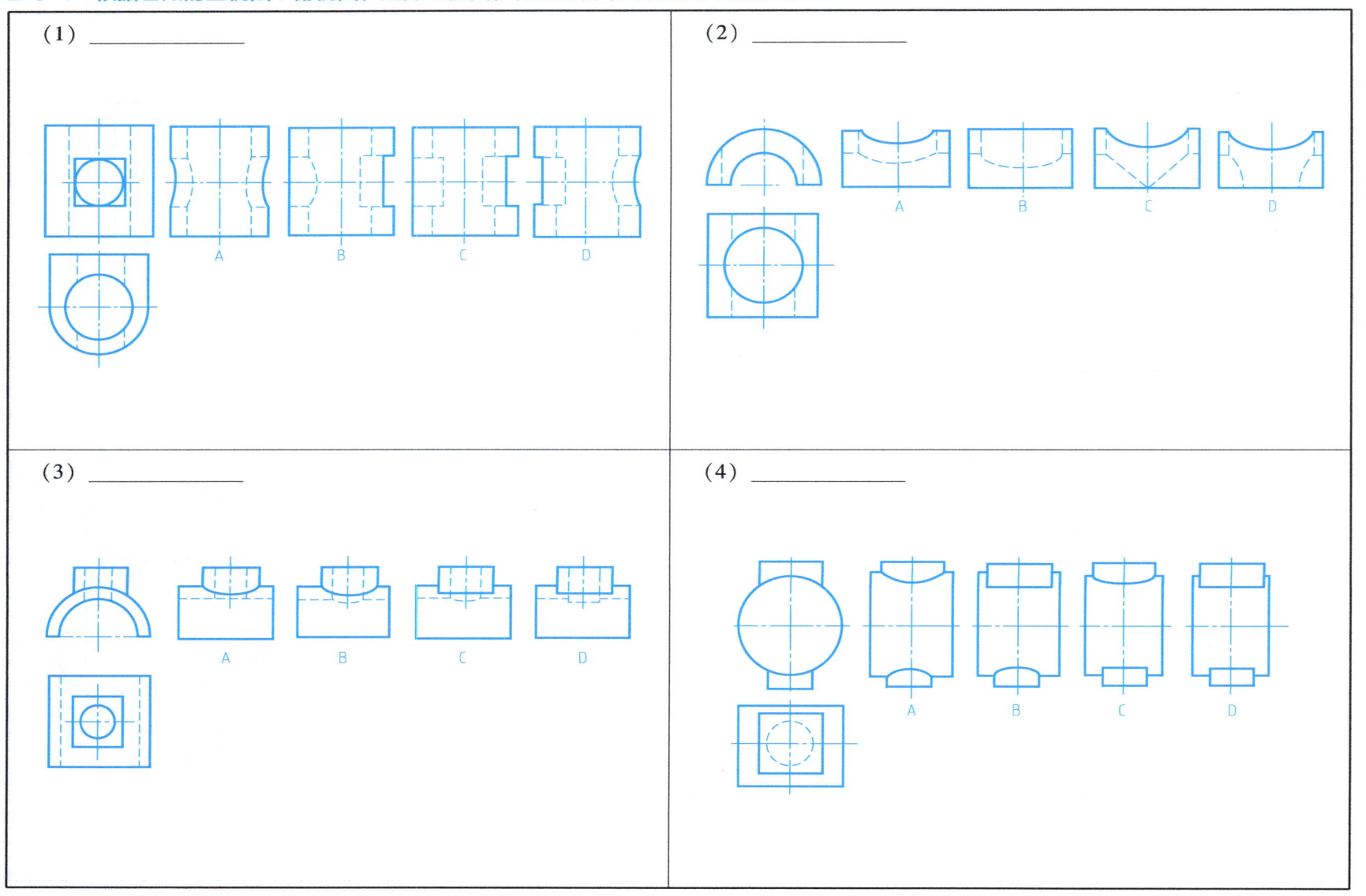

项目三

绘制轴测图

→ **任务一** 绘制平面体的正等轴测图

3-1-1 根据已知视图画平面体的正等轴测图

（1）

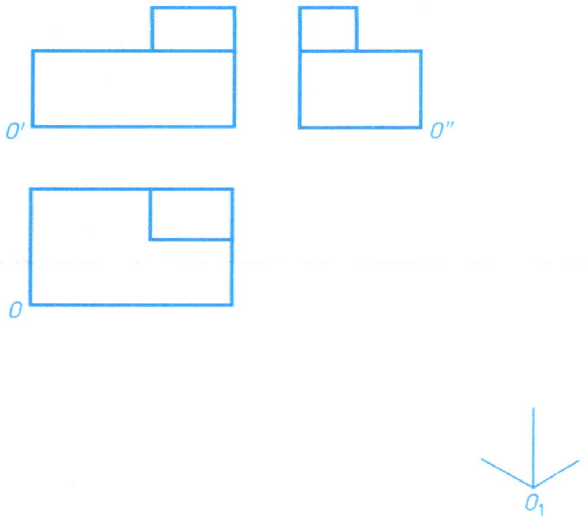

（2）

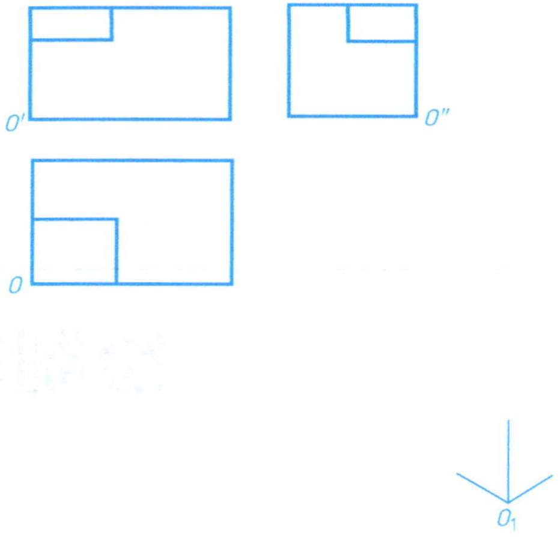

（3）

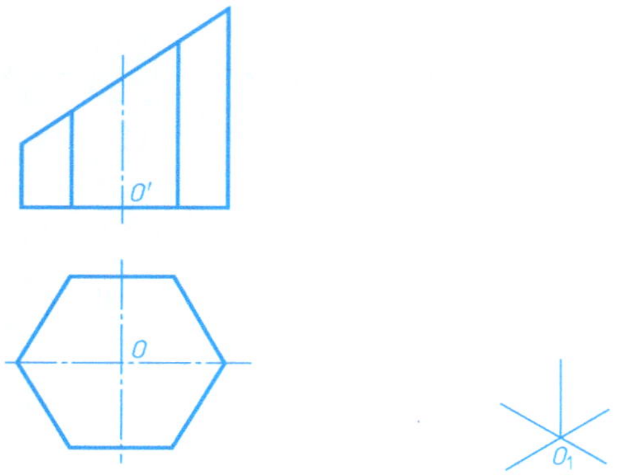

（4）

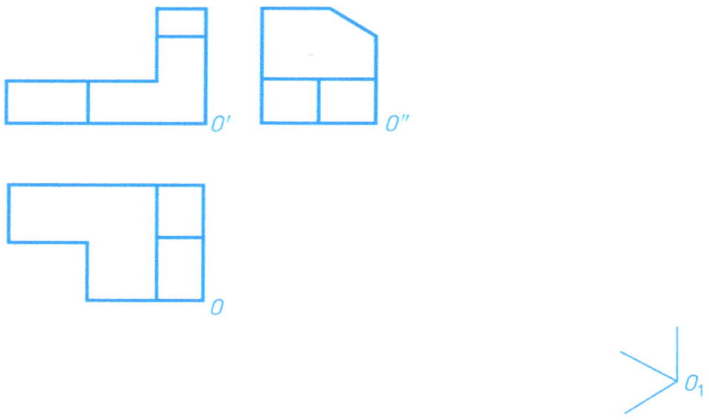

班级_____ 姓名_____ 学号_____

3-1-2 根据平面体的已知两视图，补画第三视图，并画出正等轴测图

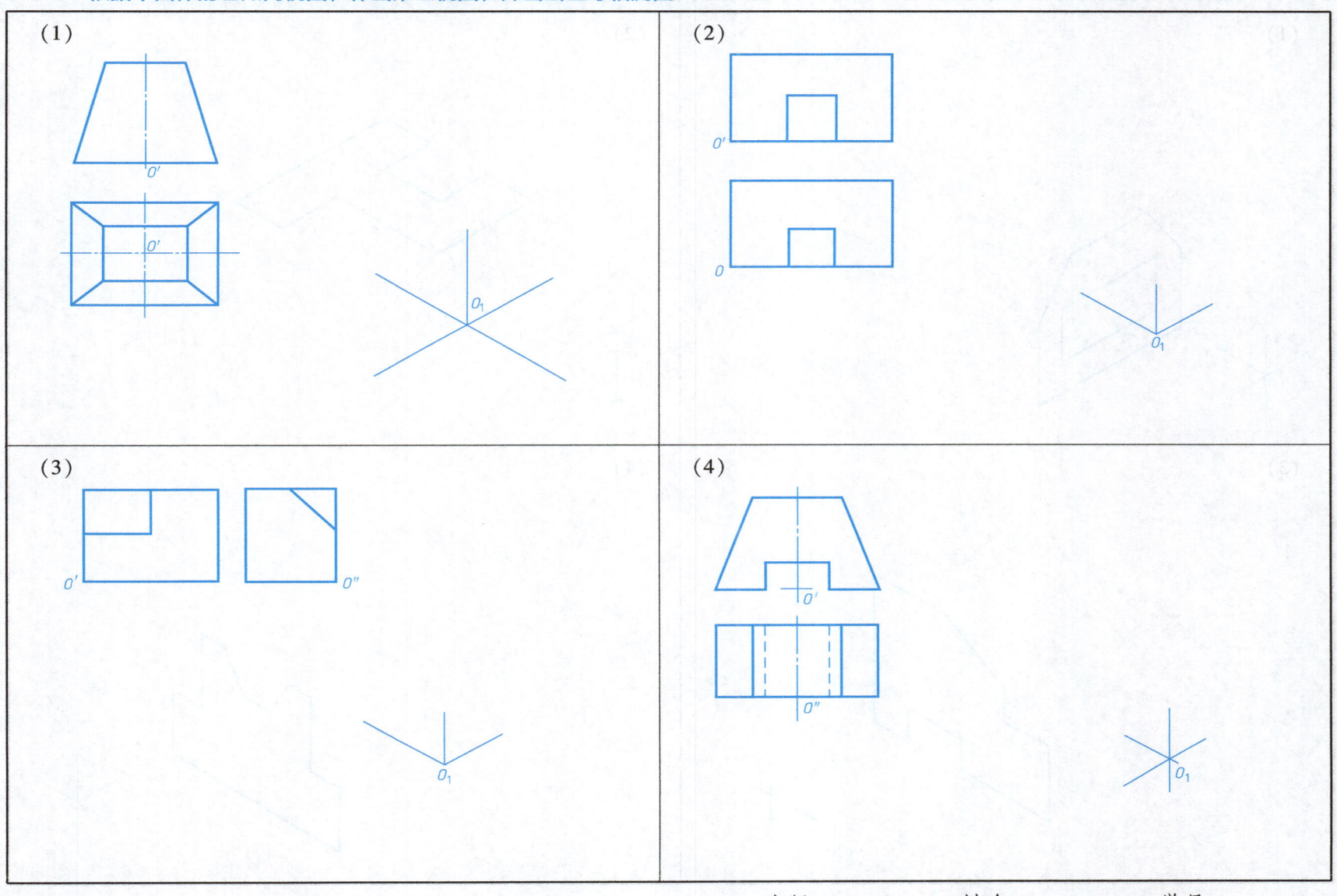

3-1-3 根据物体特征视图的正等轴测投影及给定的方向，完成正等轴测图（四个物体的厚度均为 25mm）

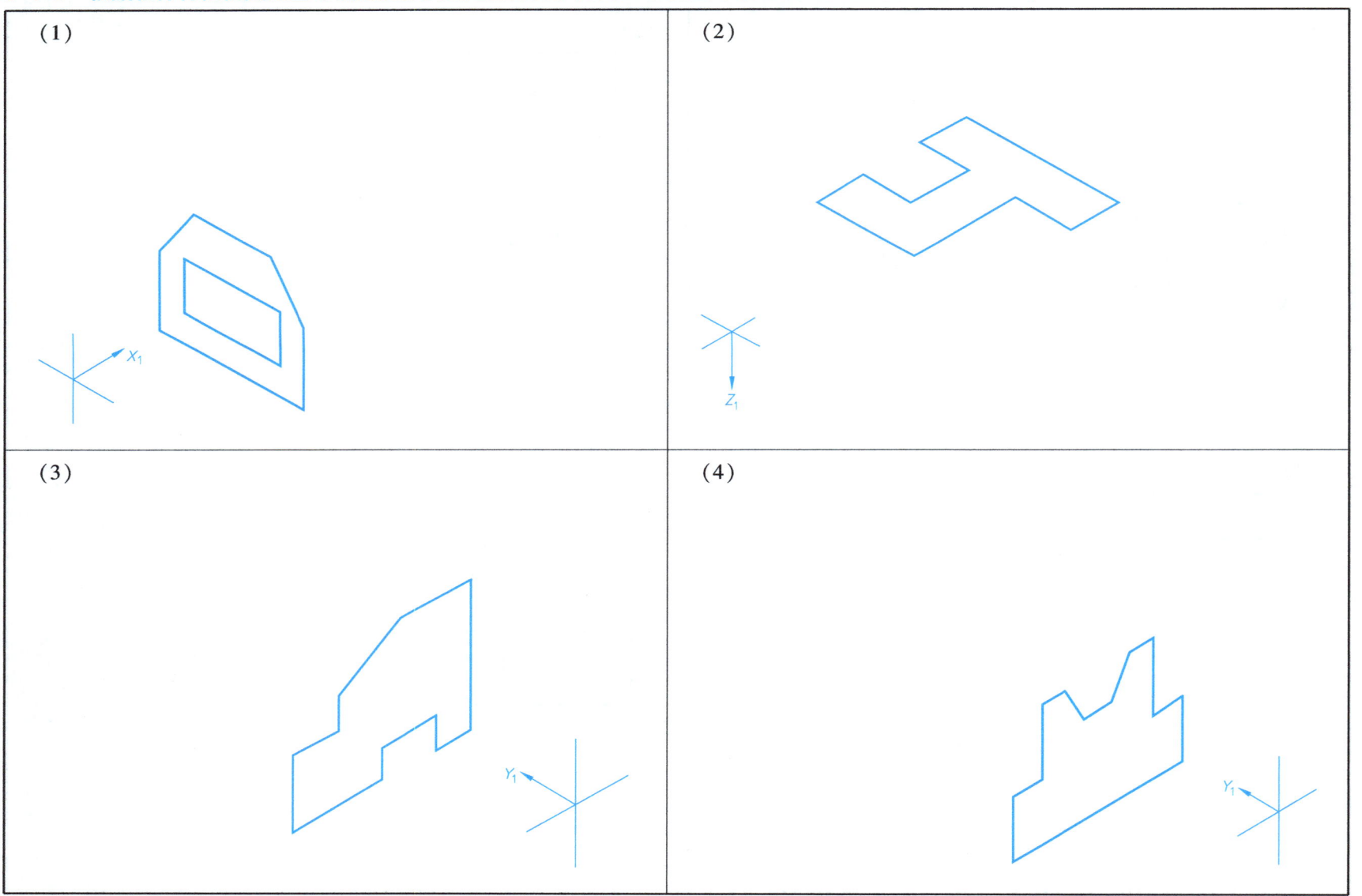

→ **任务二** 绘制曲面体的正等轴测图

根据已知的两视图画出曲面体的正等轴测图

(1)
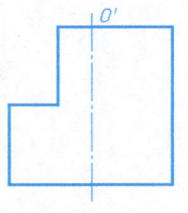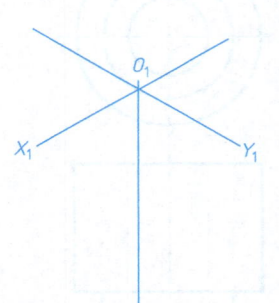

(2)
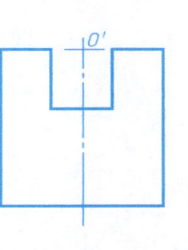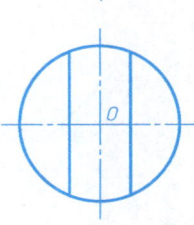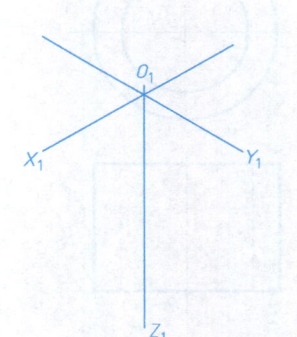

(3)
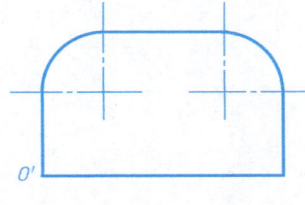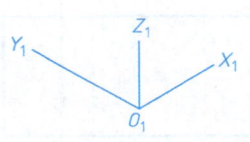

(4)
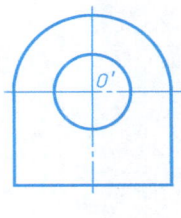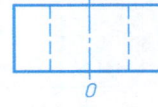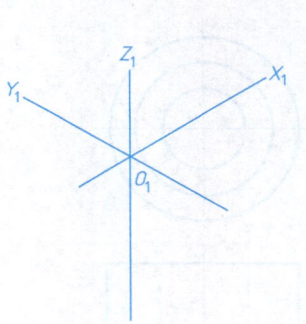

班级_____ 姓名_____ 学号_____

→ **任务三** 绘制斜二轴测图

3-3-1 根据已知视图，画斜二轴测图

(1)

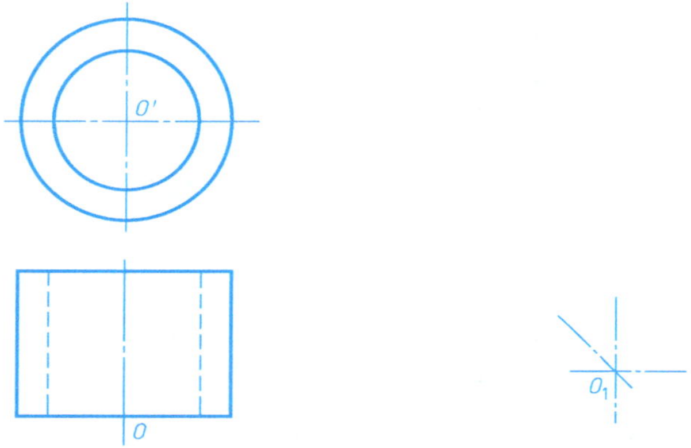

(2)

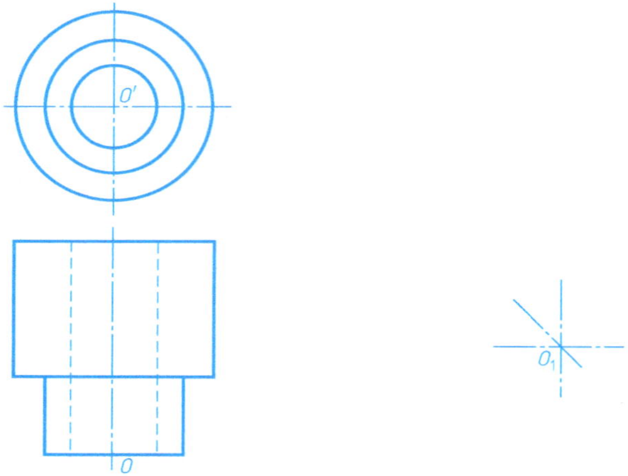

(3)

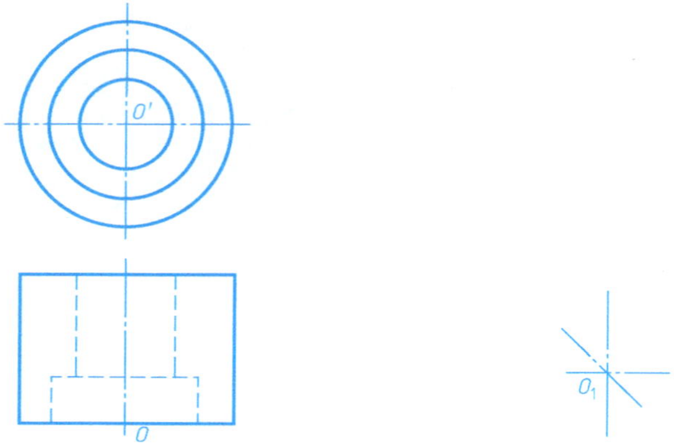

(4)

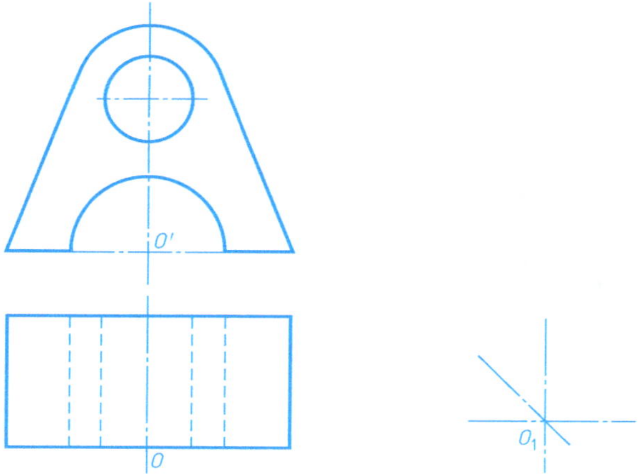

班级_____ 姓名_____ 学号_____

3-3-2 根据已知视图，画斜二轴测图

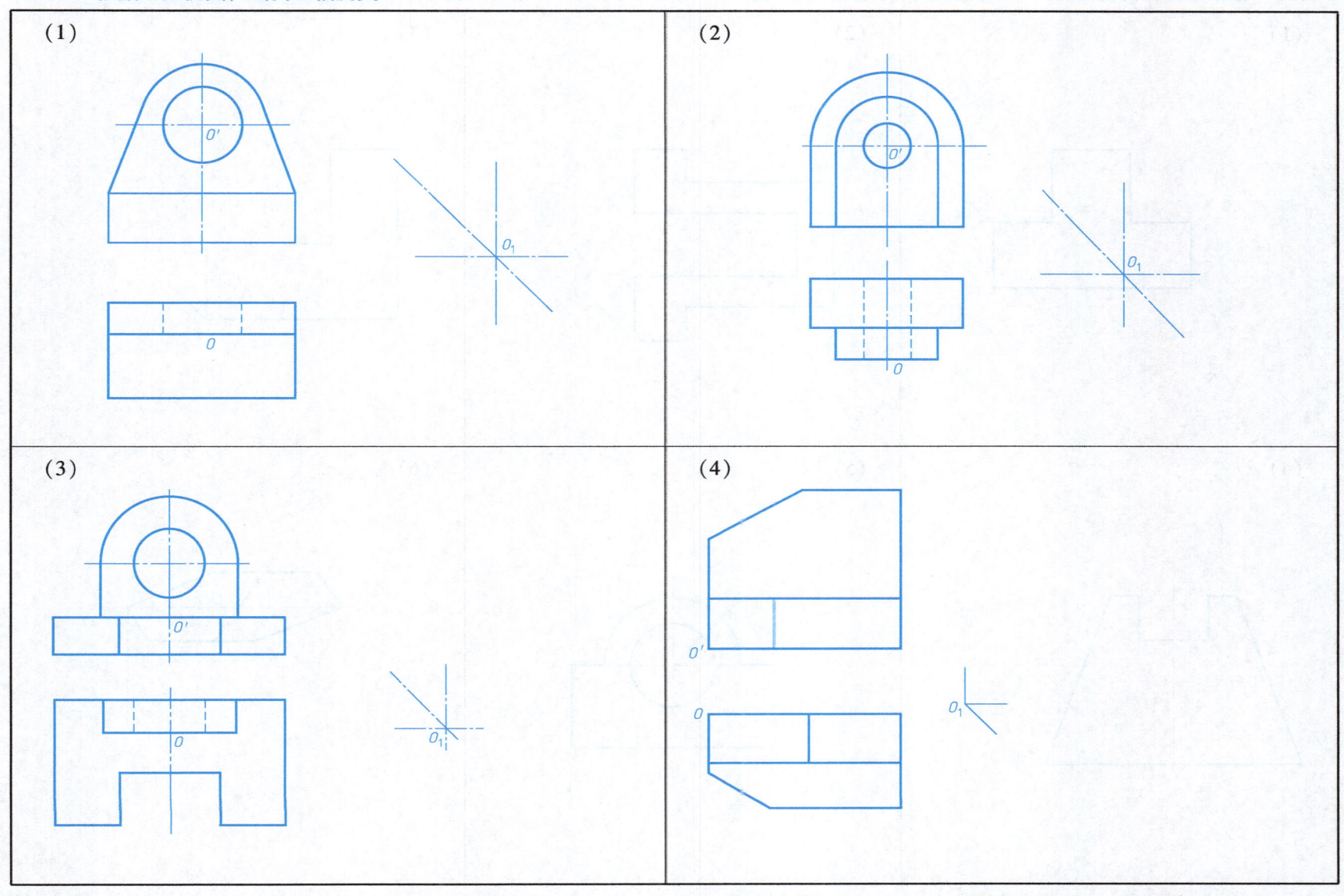

3-3-3 根据物体特征视图的斜二轴测投影及给定的方向，完成斜二轴测图（六个物体的厚度均为30mm）

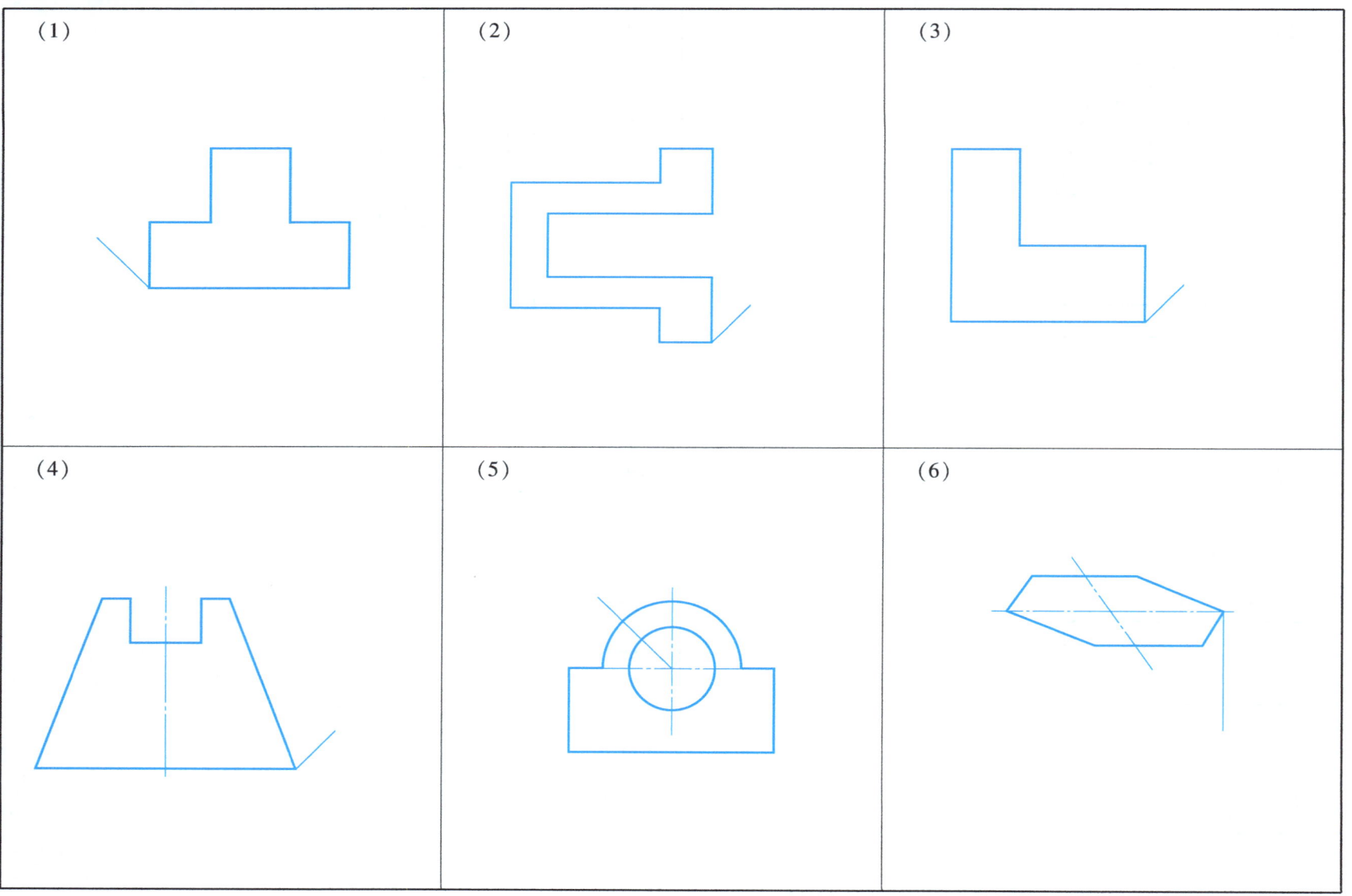

班级_____ 姓名_____ 学号_____

3-3-4 根据已知的两视图，徒手画轴测图（斜格内画正等轴测图，方格内画斜二轴测图）

(1)　　　　　(2)　　　　　(3)　　　　　(4)　　　　　(5)　　　　　(6)

班级＿＿＿＿＿＿　姓名＿＿＿＿＿＿　学号＿＿＿＿＿＿

3-3-5 参照已知的视图，在给定的轴测图轮廓内徒手完成轴测图，并补画视图中所缺的图线

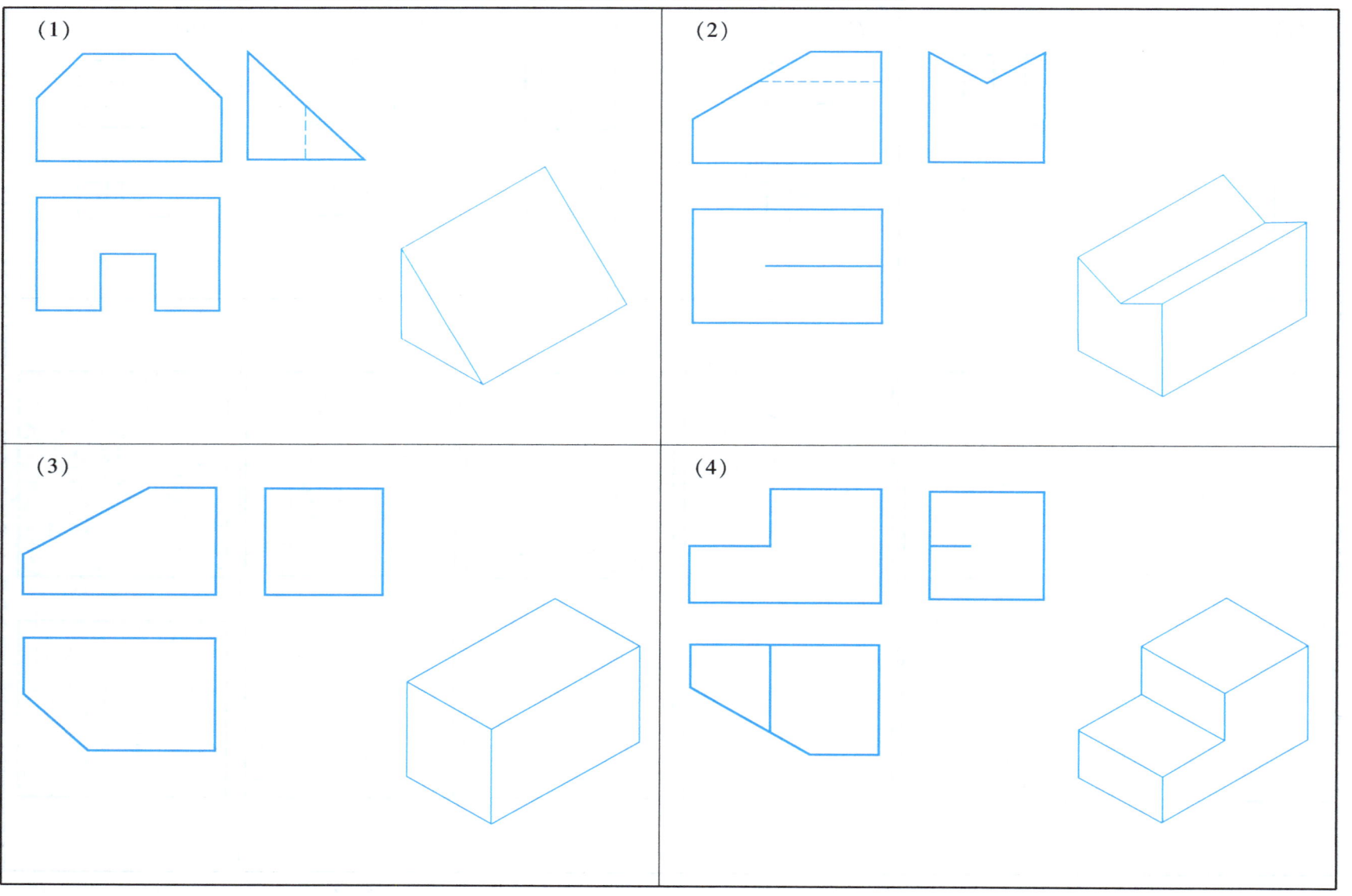

项目四

绘制与识读组合体的视图

任务一 绘制组合体的三视图

4-1-1 根据已知的视图，选择俯视图，将正确答案写在题号后的横线上

(1) _____   (2) _____   (3) _____   (4) _____   (5) _____

班级_____ 姓名_____ 学号_____

4-1-2 根据已知的主视图、俯视图，选择左视图，将正确答案写在题号后的横线上

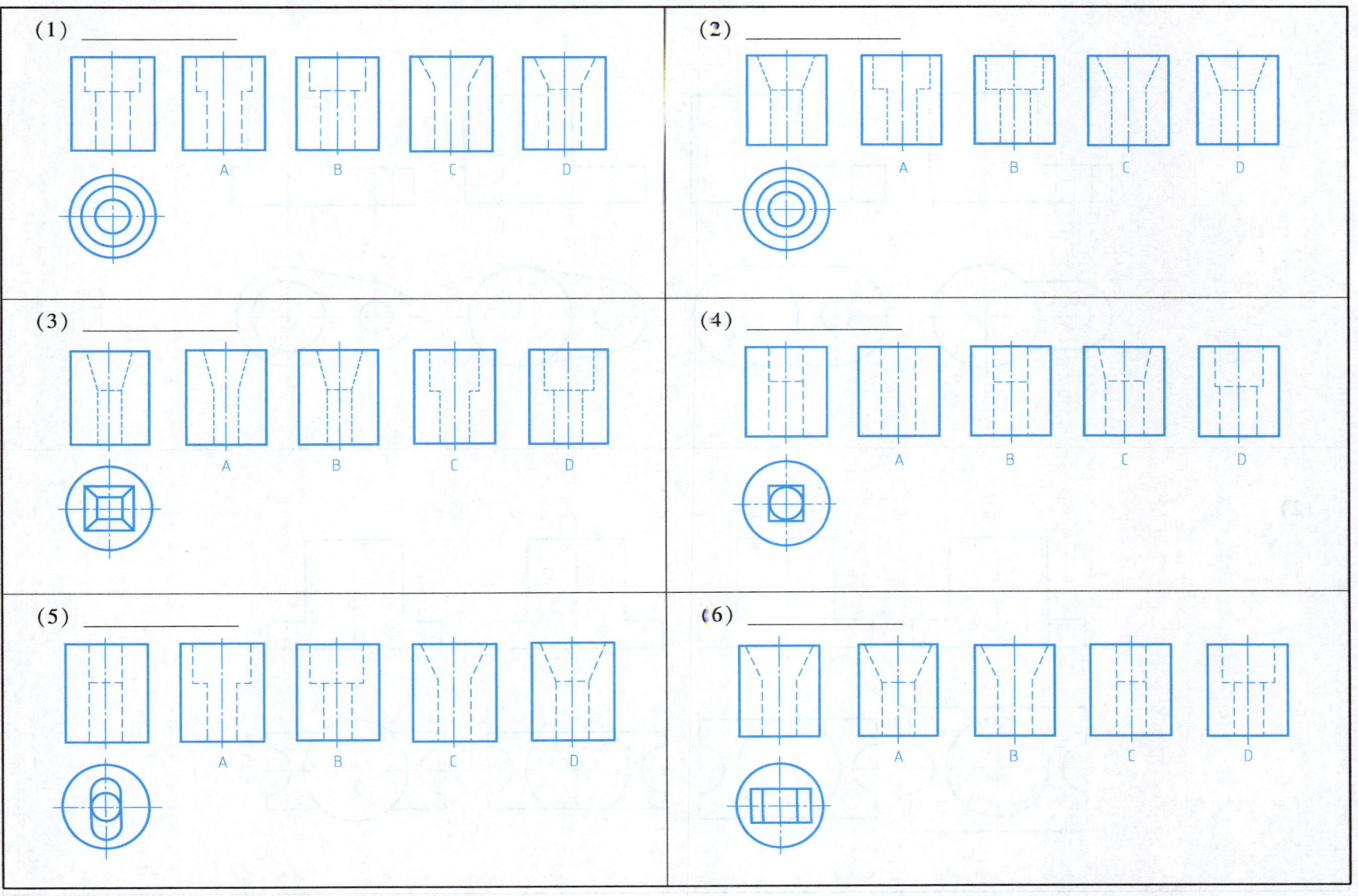

4-1-3 补画下列各组合体的表面交线

(1)

(2)

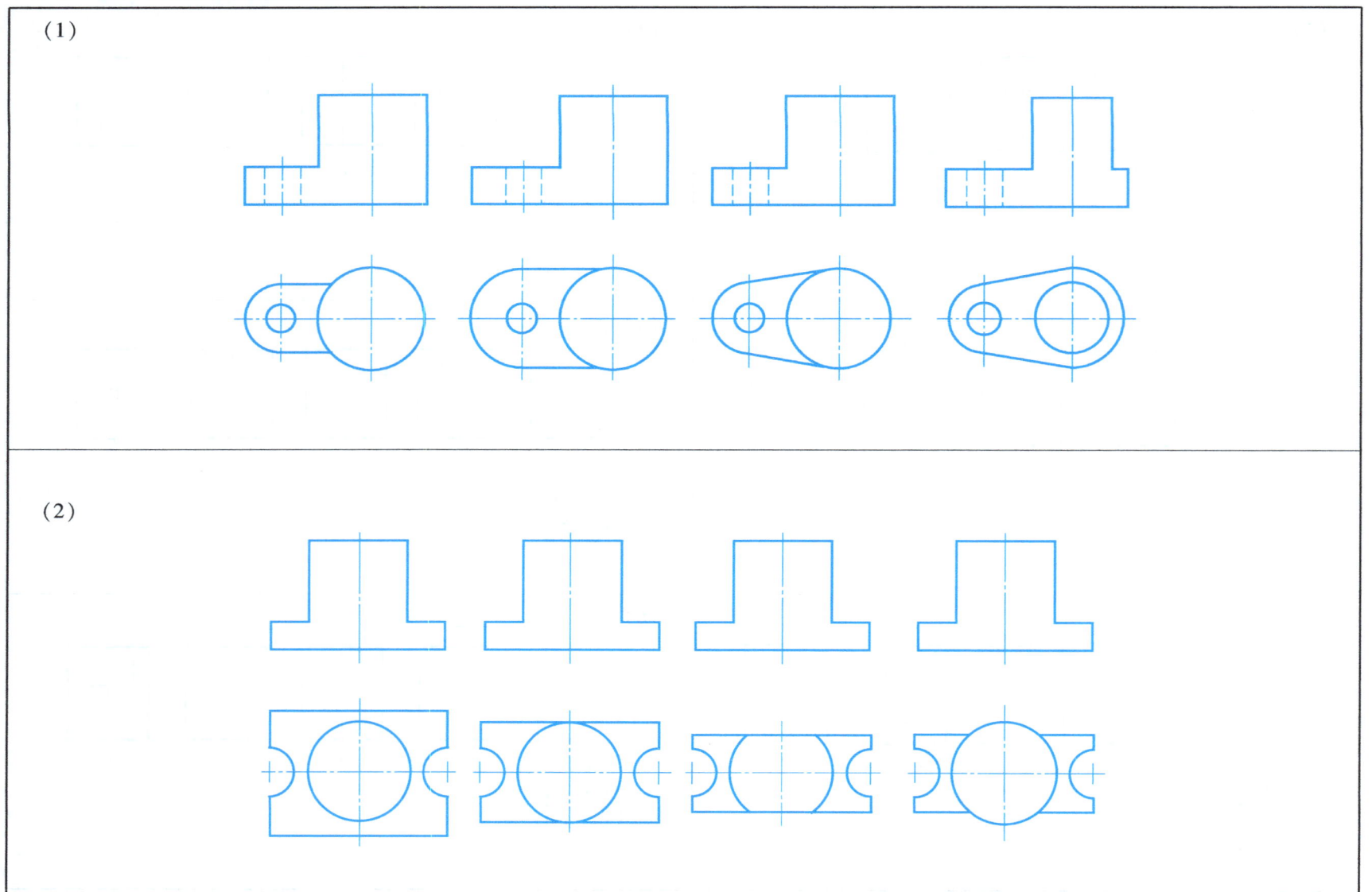

4-1-4 根据轴测图上箭头所指的投射方向，选择视图，将正确答案写在题号后的横线上

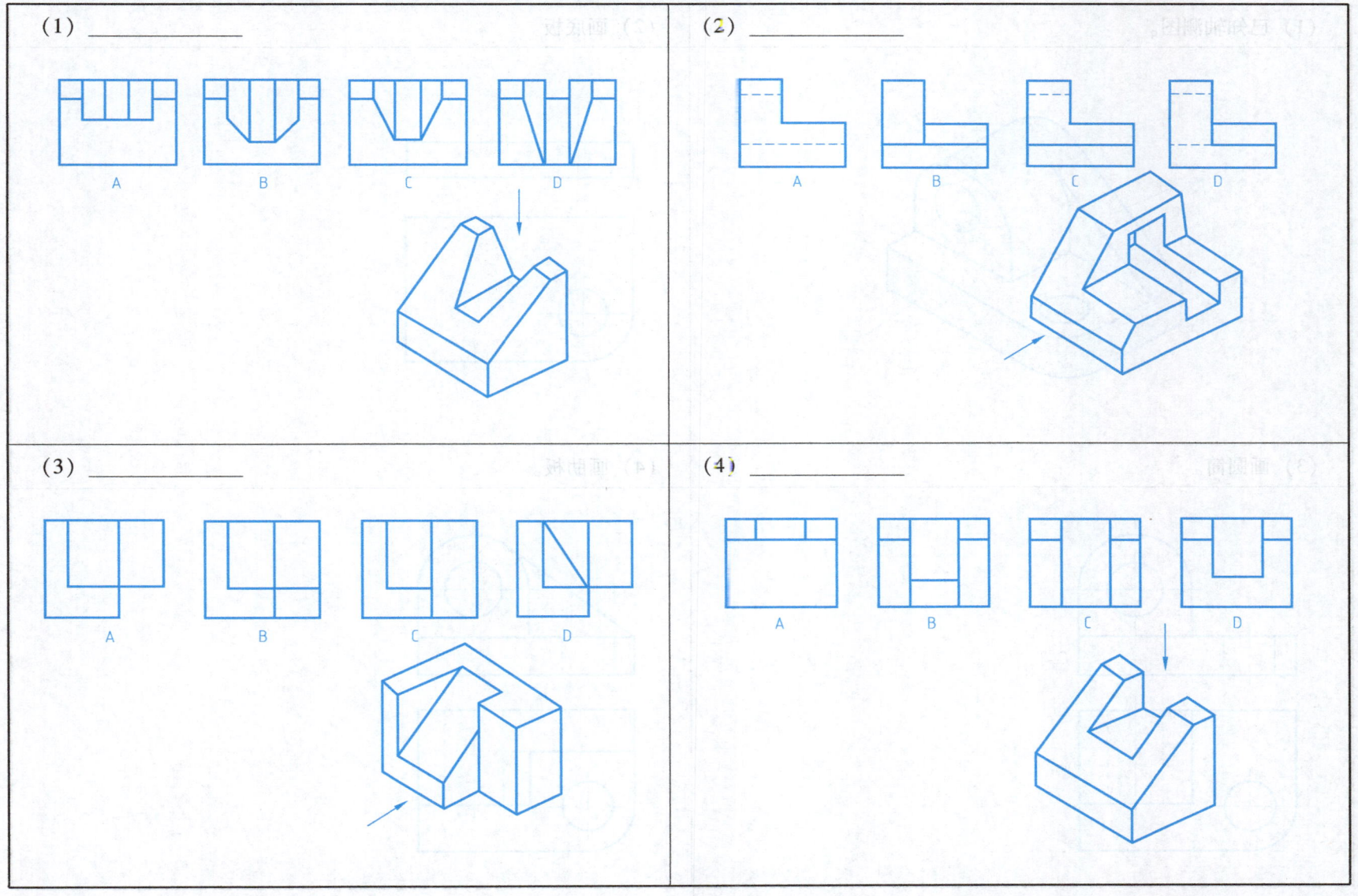

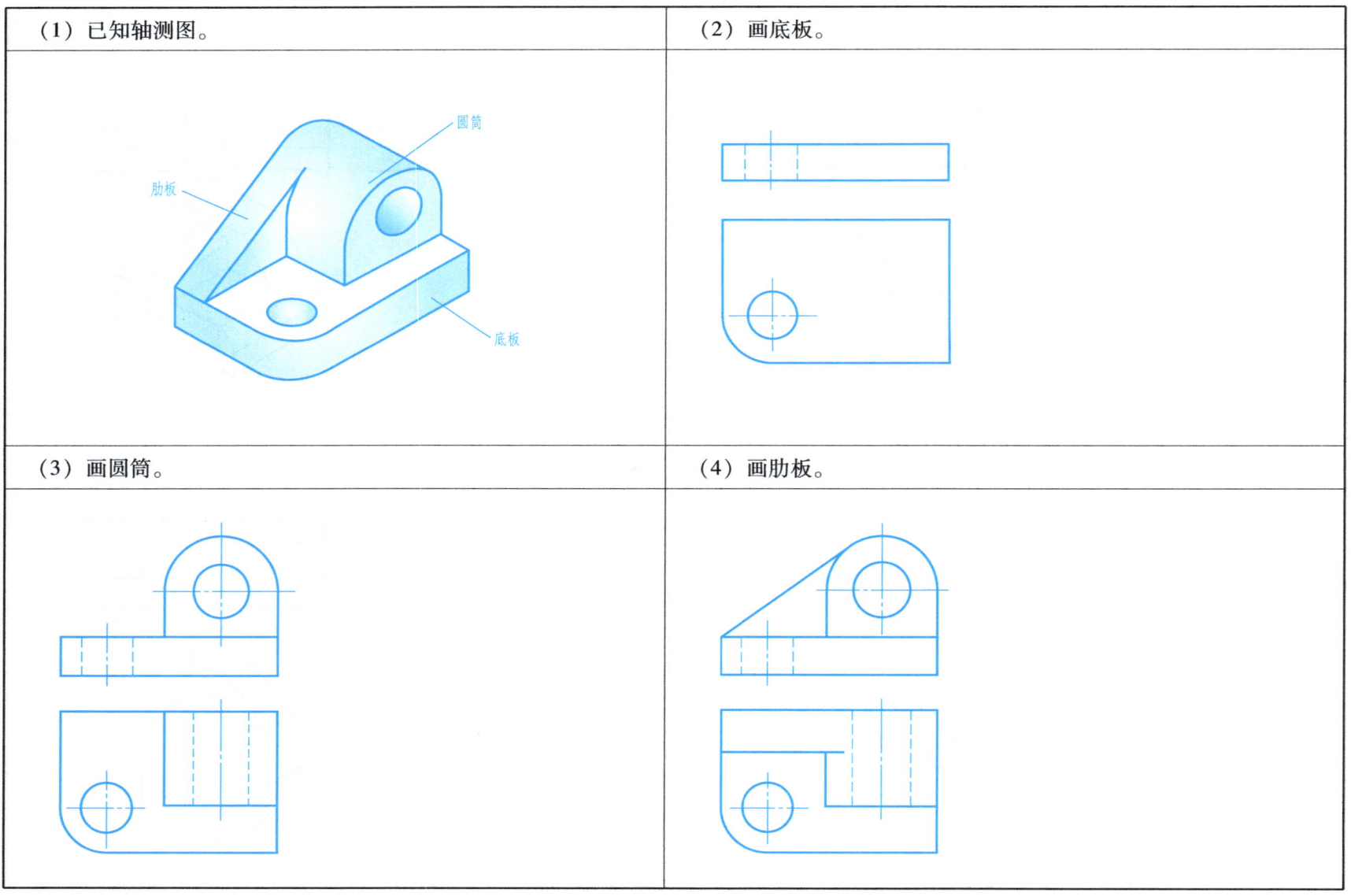

4-1-6 参考轴测图，按切割的顺序，逐步画出组合体的左视图

(1) 已知轴测图。

(2) 第一次切割。

(3) 第二次切割。

(4) 第三次切割。

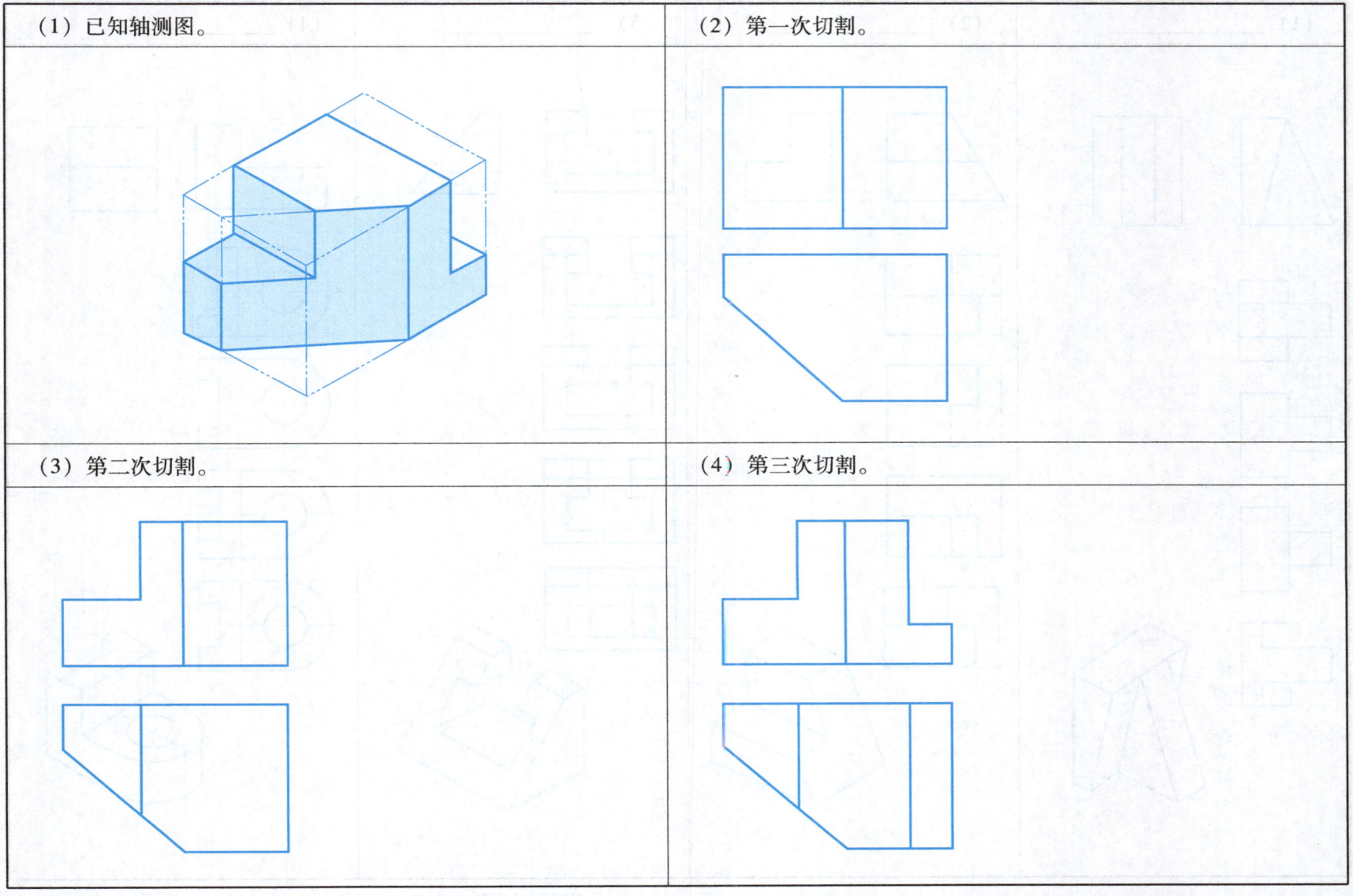

班级_____ 姓名_____ 学号_____

4-1-7 根据已知的主视图、左视图，选择俯视图，将正确答案写在题号后的横线上

（1）_____ （2）_____ （3）_____ （4）_____

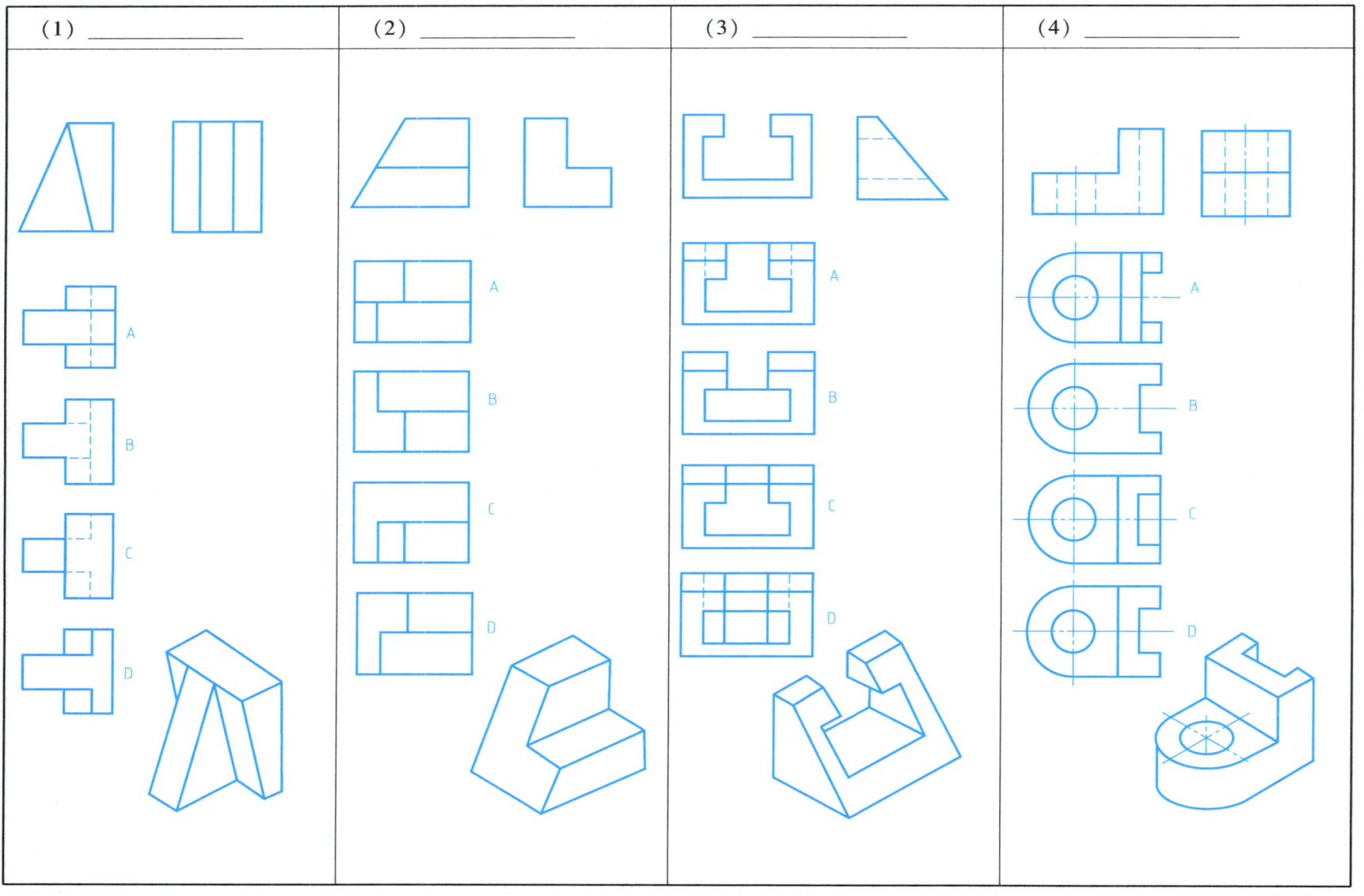

班级_____ 姓名_____ 学号_____

4-1-8 根据已知的轴测图，按 1∶1 的比例画三视图（图中的孔和槽均为贯通的）

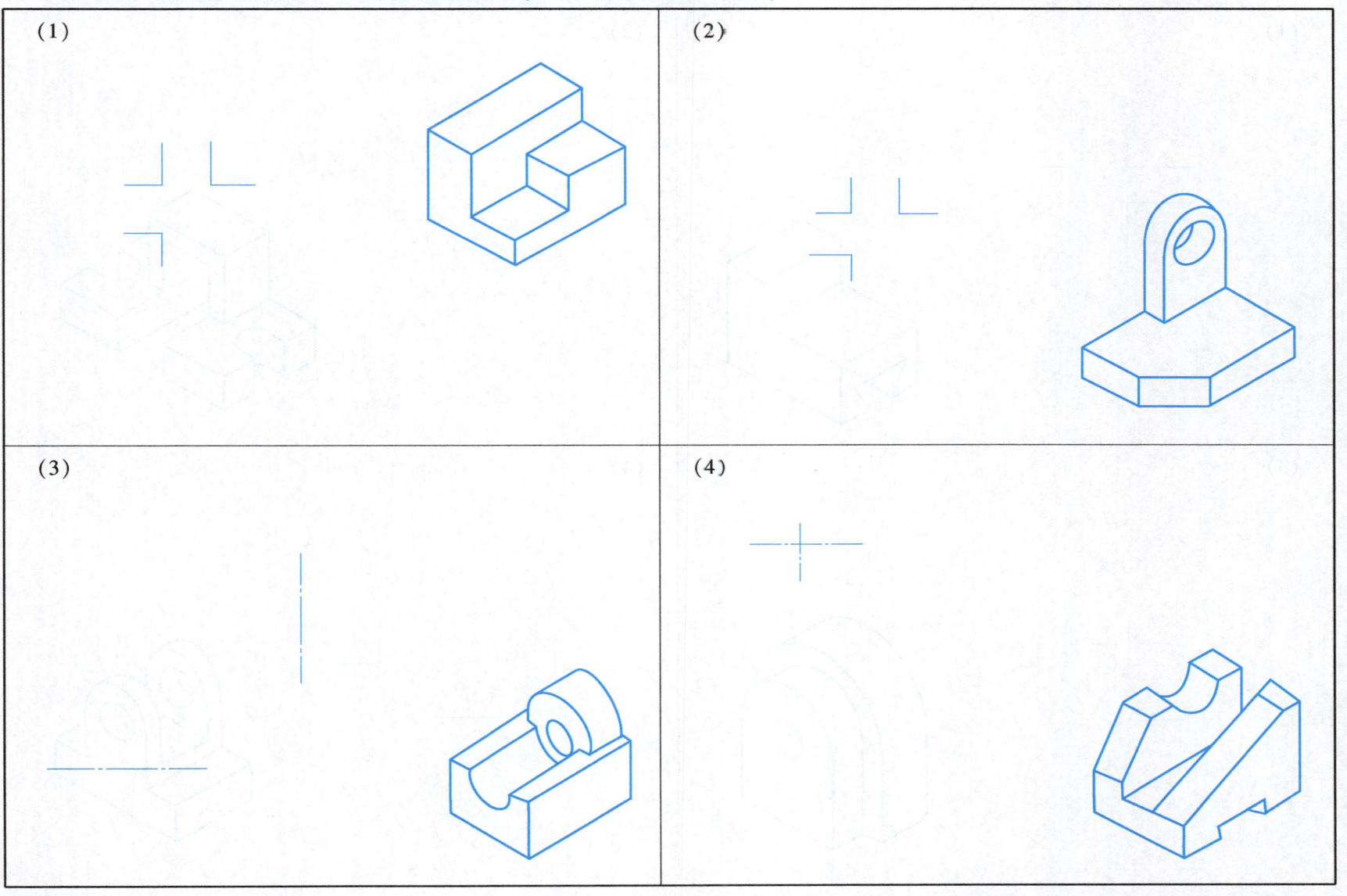

4-1-9 根据已知的轴测图，按 1∶1 的比例画三视图（图中的孔和槽均为贯通的）

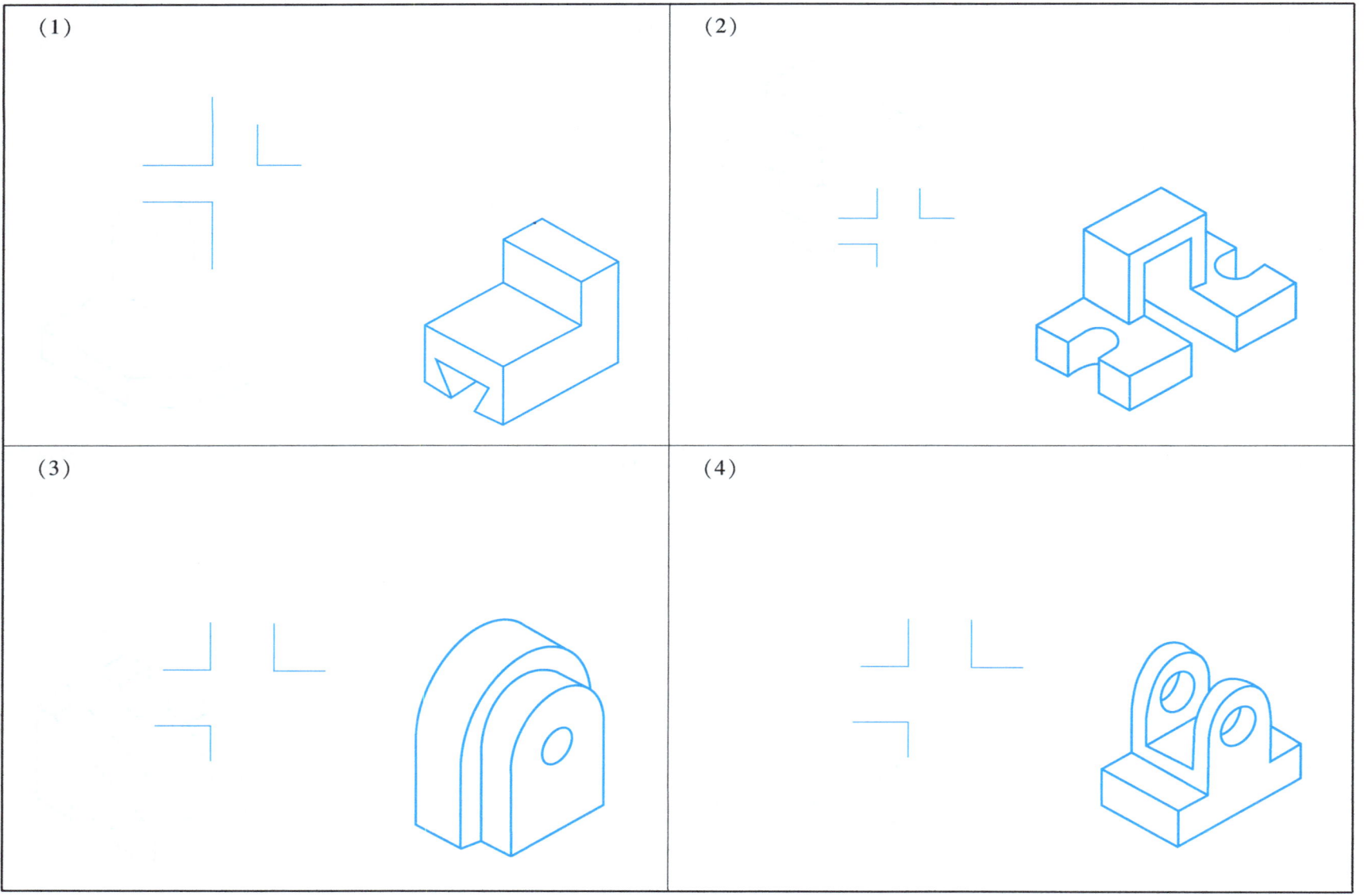

4-1-10 根据给出的轴测图，徒手画出三视图（自选18题画在后续页面的栅格内）

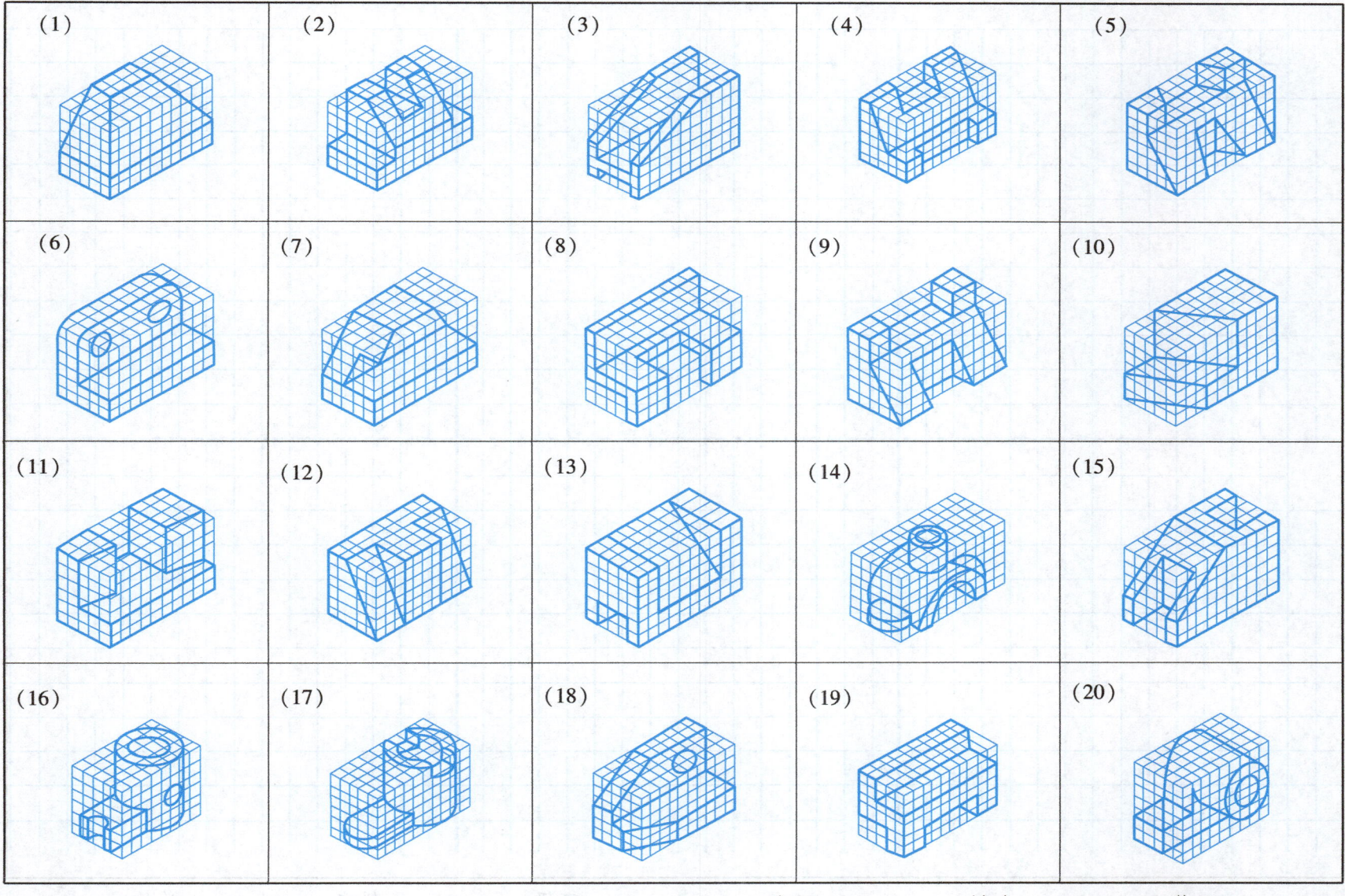

4-1-11 根据 4-1-10 给出的轴测图，徒手画出三视图（在左上角写出轴测图的序号）

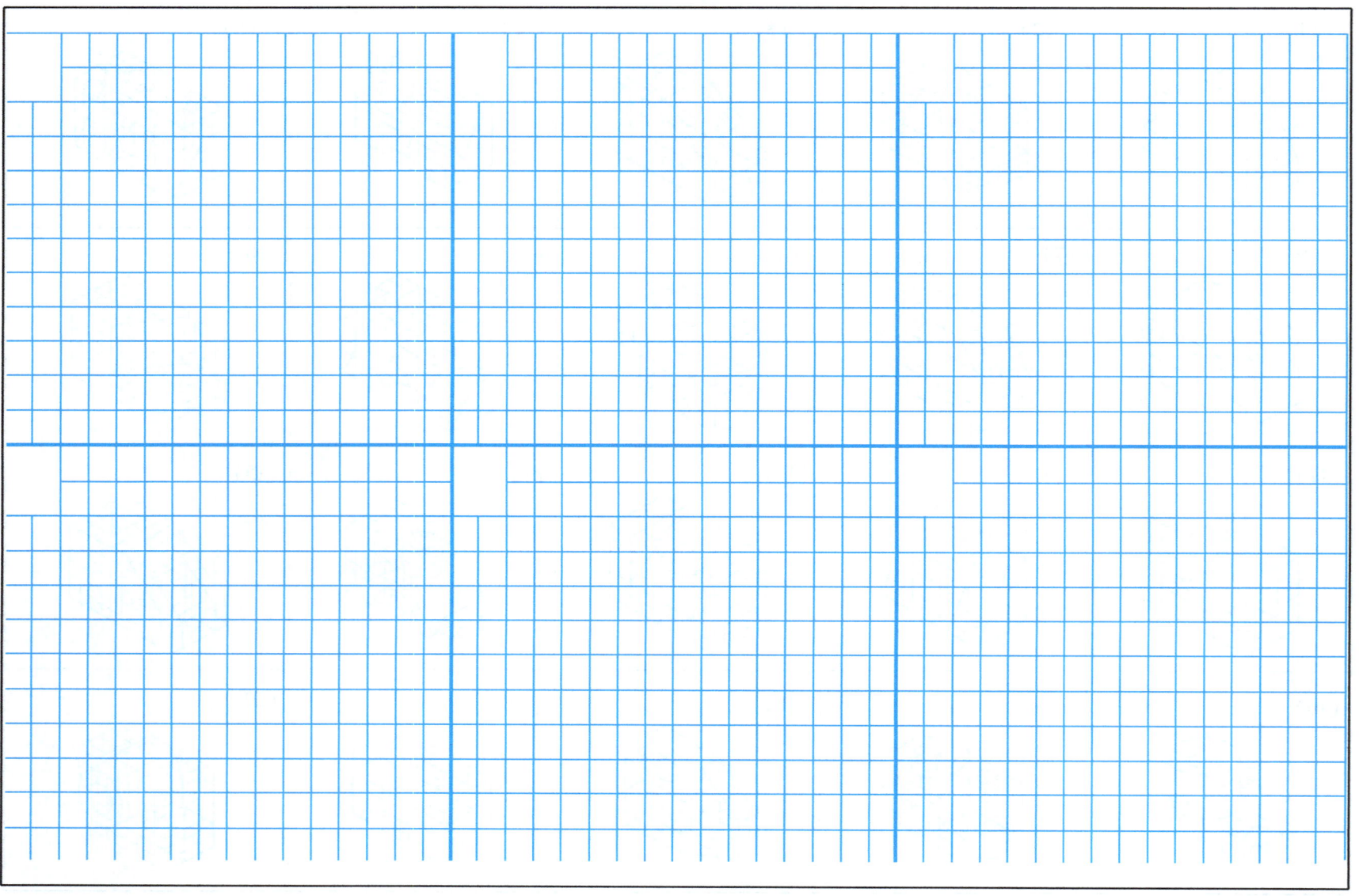

班级_____ 姓名_____ 学号_____

4-1-12　根据 4-1-10 给出的轴测图，徒手画出三视图（续前页）

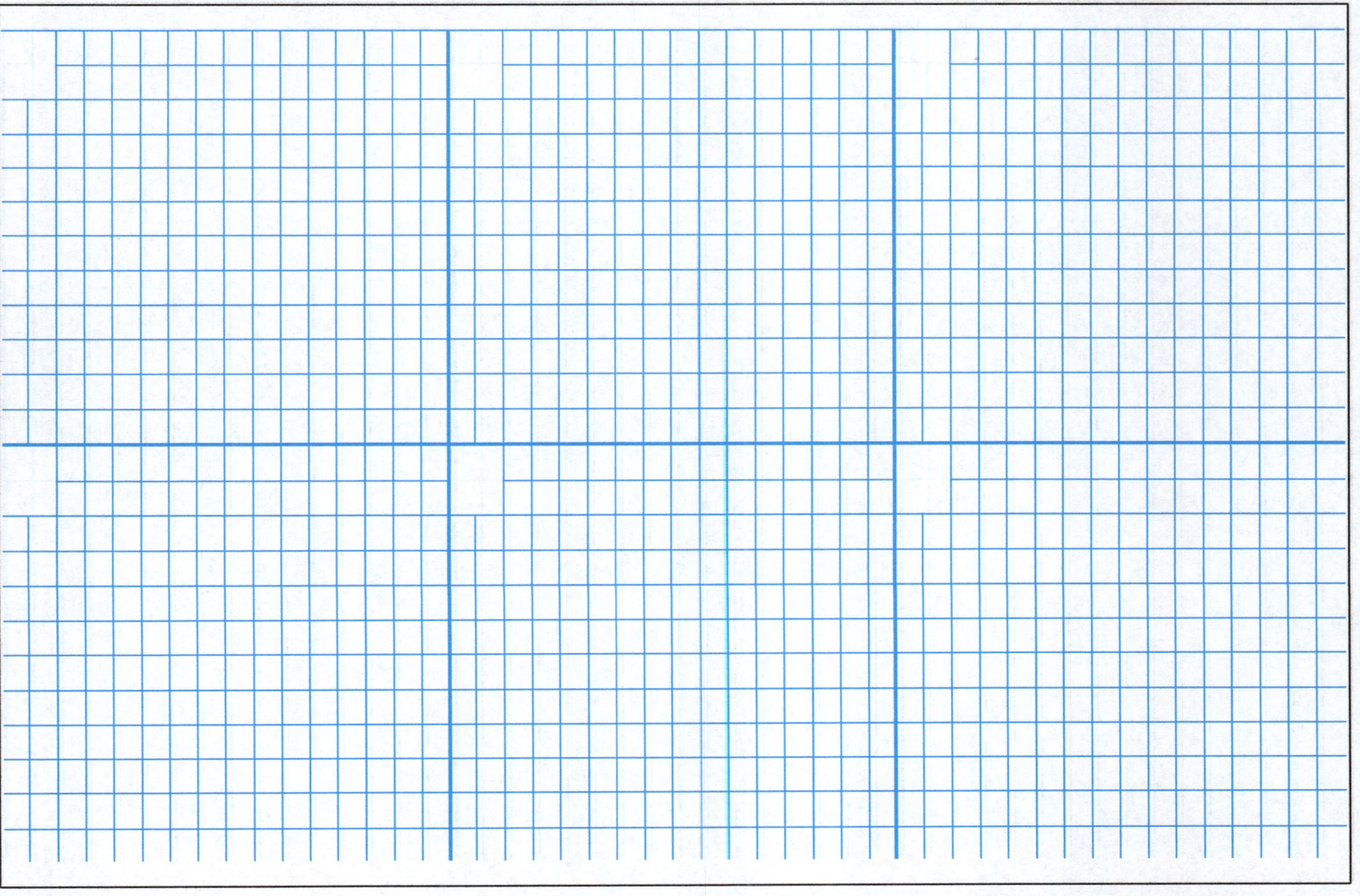

班级_____　姓名_____　学号_____

4-1-13 根据 4-1-10 给出的轴测图，徒手画出三视图（续前页）

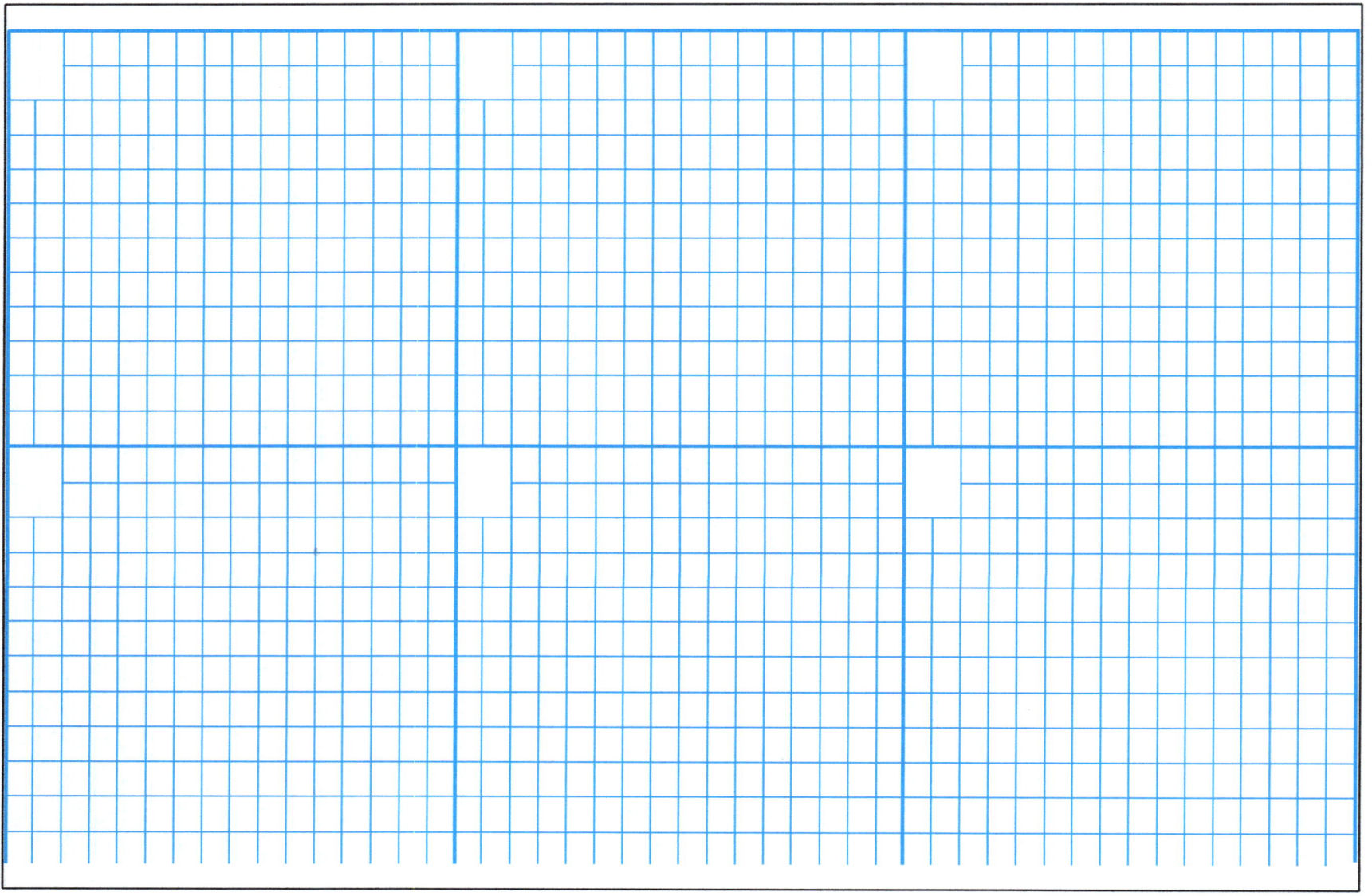

班级_____ 姓名_____ 学号_____

→ 任务二 识读组合体的三视图

4-2-1 判断下图中所指线框的相对位置，划去括号内不要的字

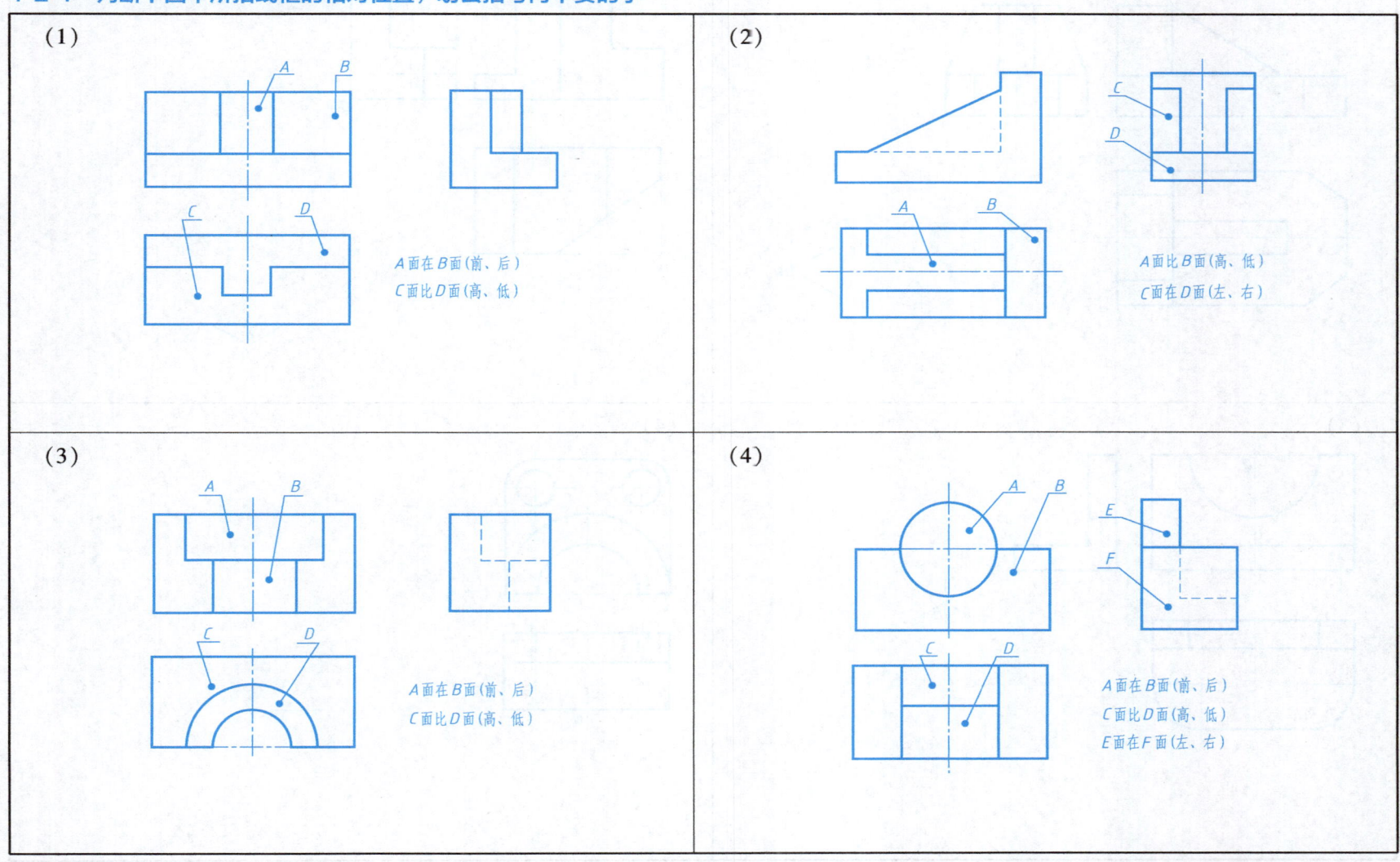

4-2-2 根据组合体的已知视图画轴测图，尺寸从图中按 1∶1 量取

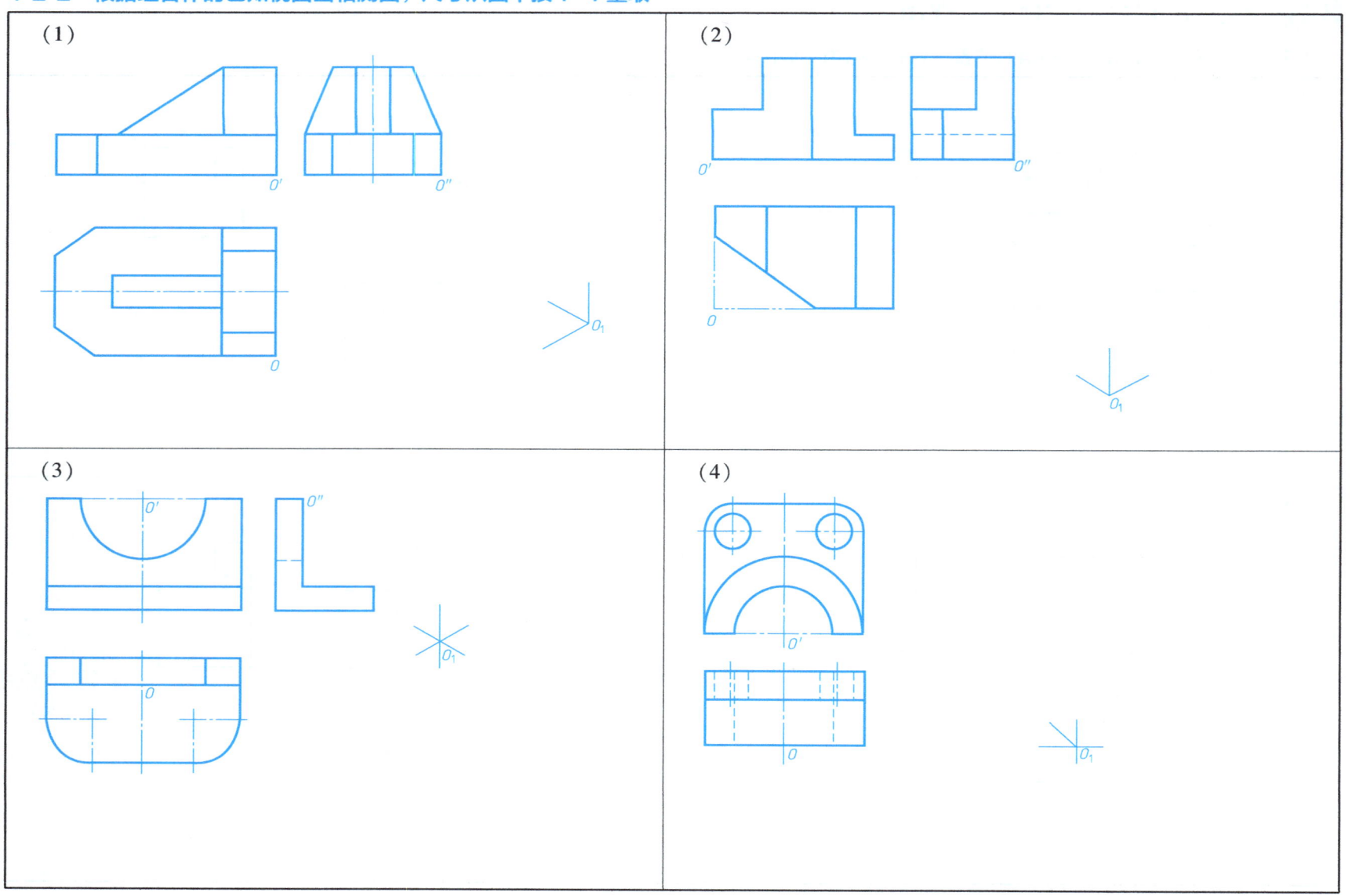

4-2-3 根据组合体的已知视图，徒手画轴测图

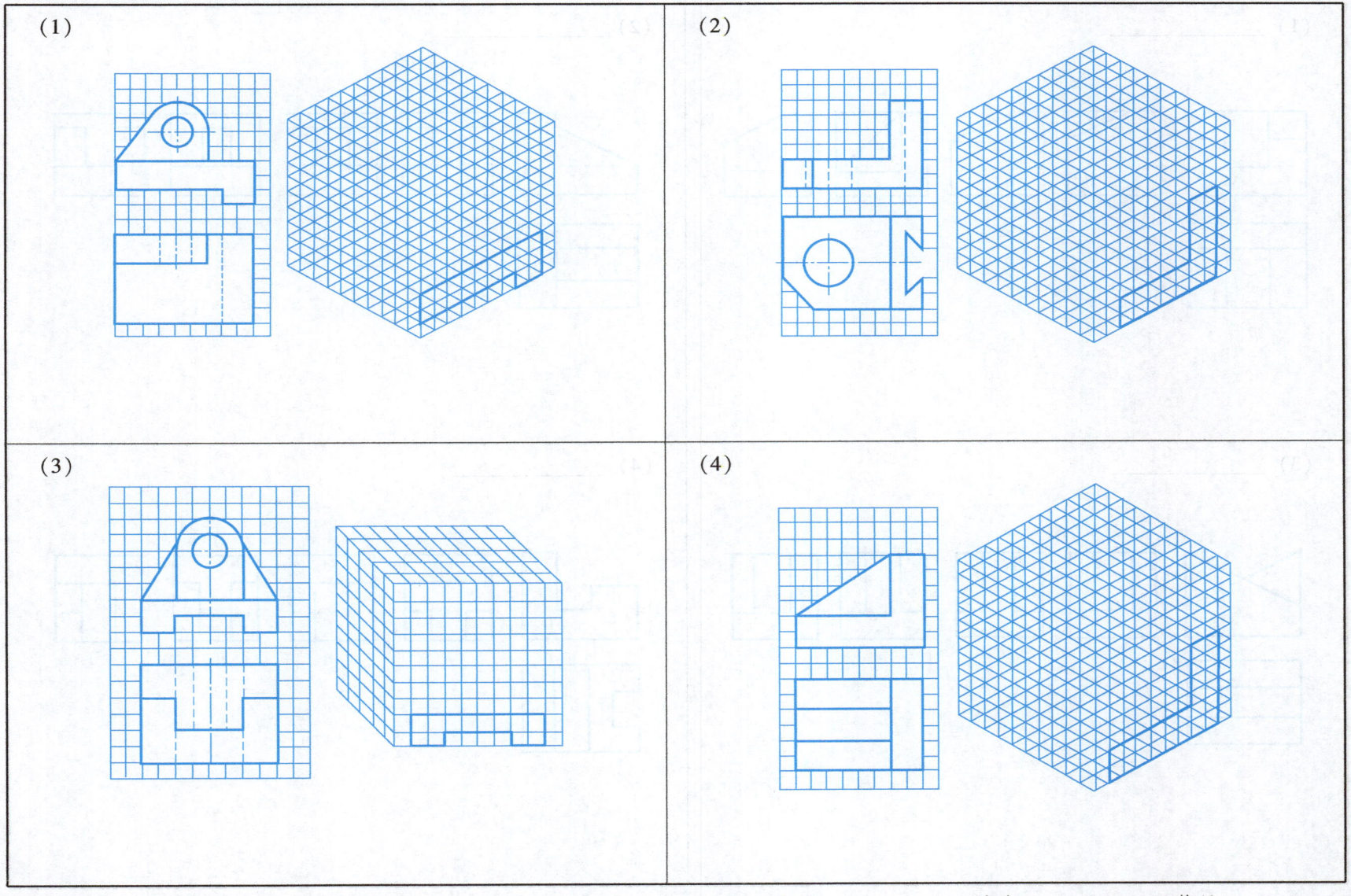

班级_____ 姓名_____ 学号_____

4-2-4 根据已知的主视图、俯视图，选择左视图，将正确答案写在题号后的横线上

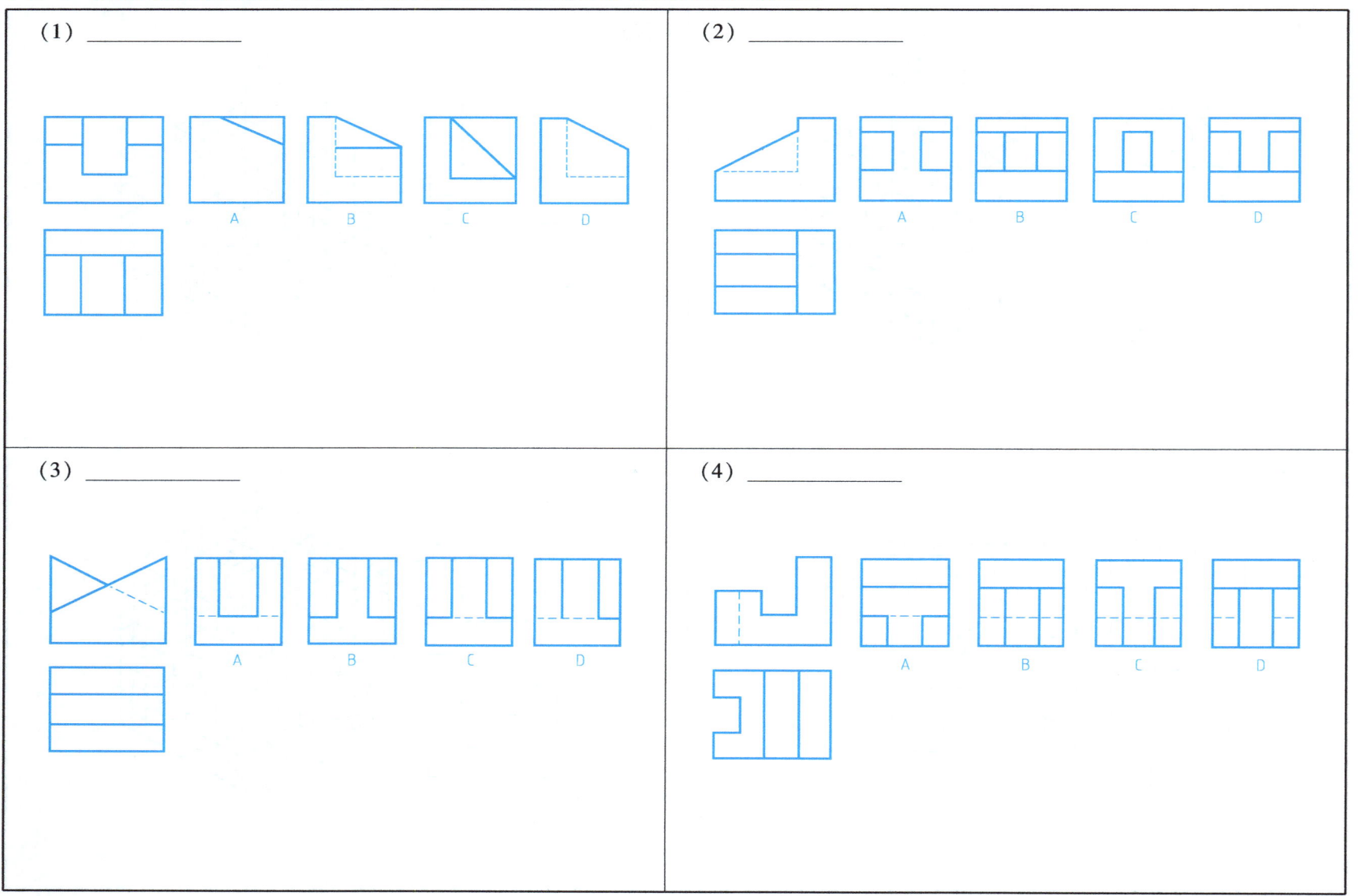

4-2-5 根据已知的主视图、左视图，选择俯视图，将正确答案写在题号后的横线上

(1) _____ (2) _____ (3) _____ (4) _____

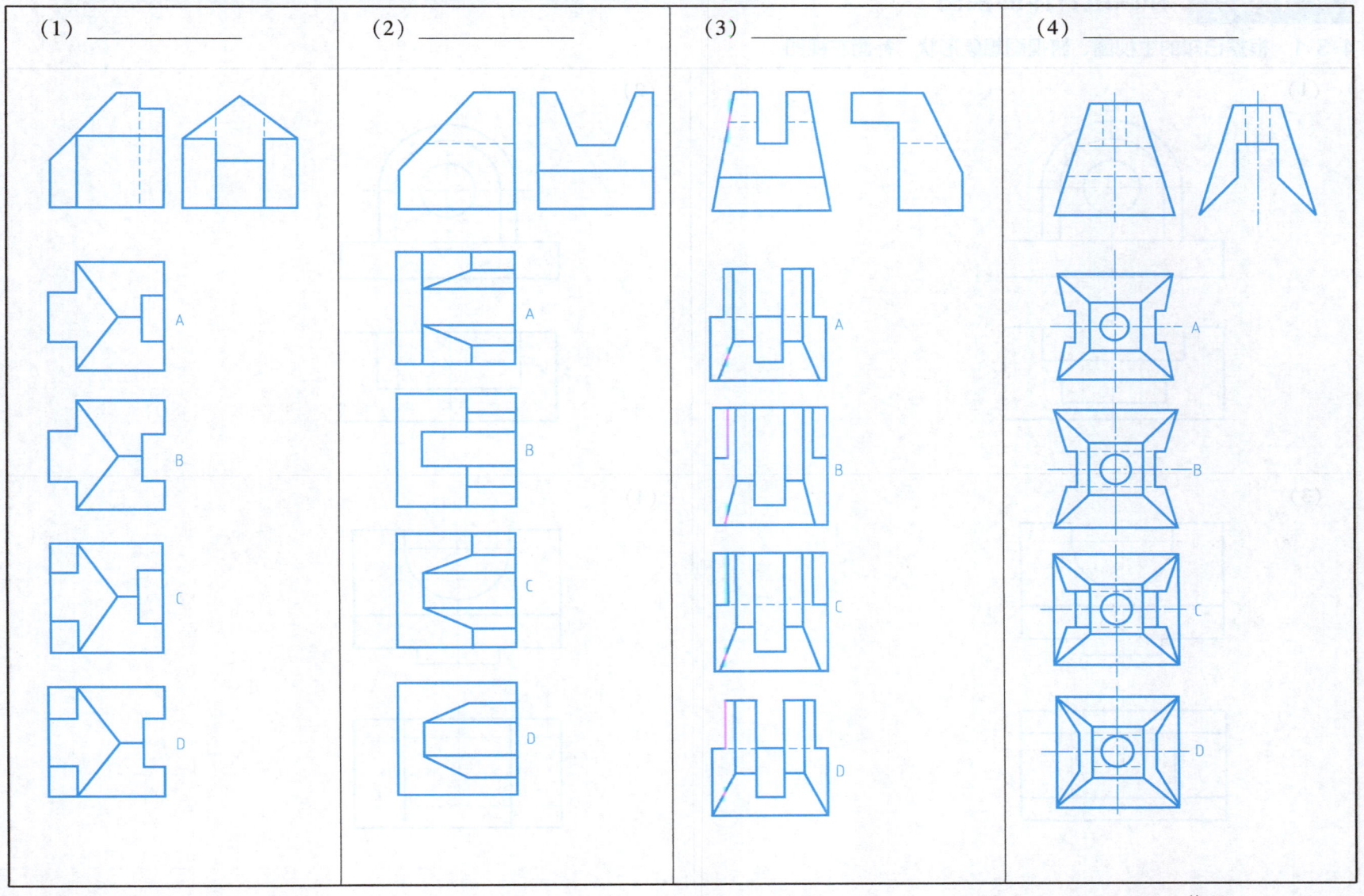

班级_____ 姓名_____ 学号_____

→ 任务三 补画组合体的视图

4-3-1 根据已知的主视图、俯视图想象形状，补画左视图

(1)

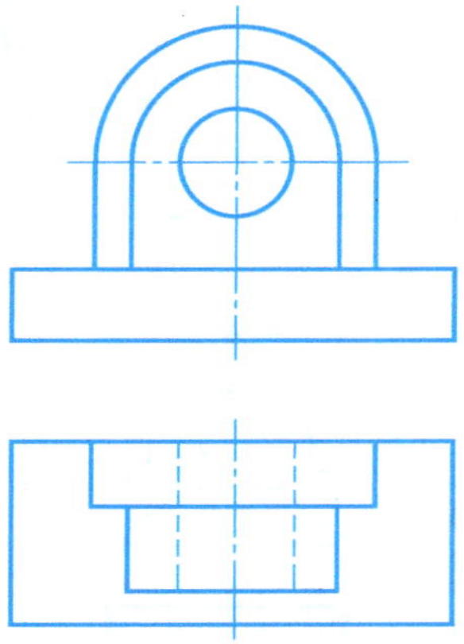

(2)

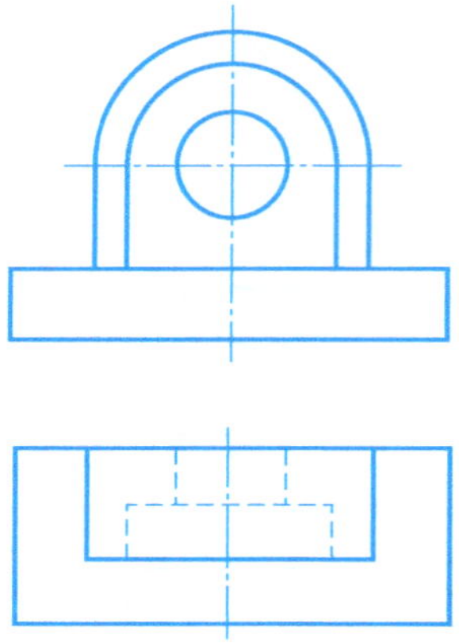

(3)

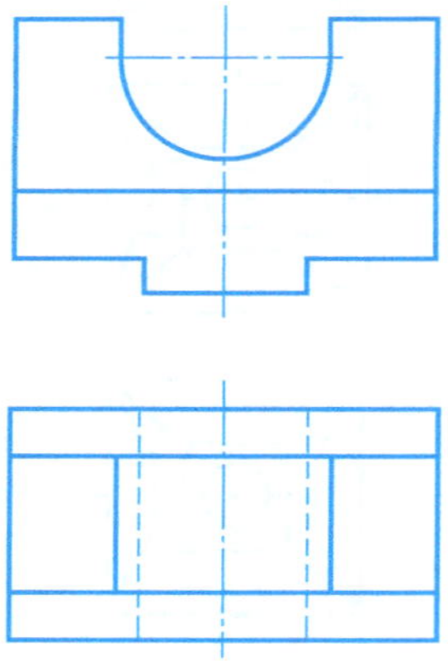

(4)

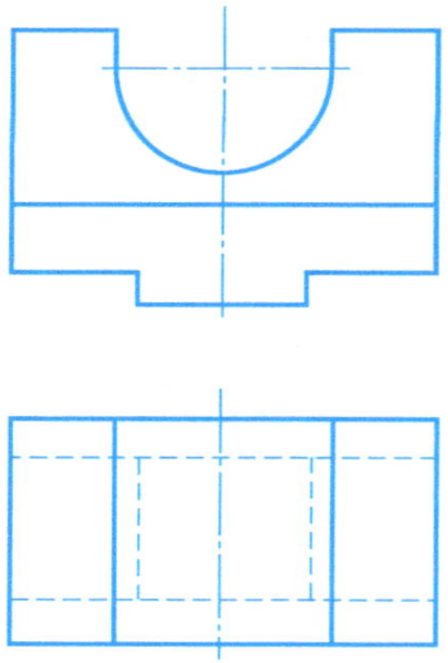

班级_____ 姓名_____ 学号_____

4-3-2 根据已知两视图想象形状，补画第三视图

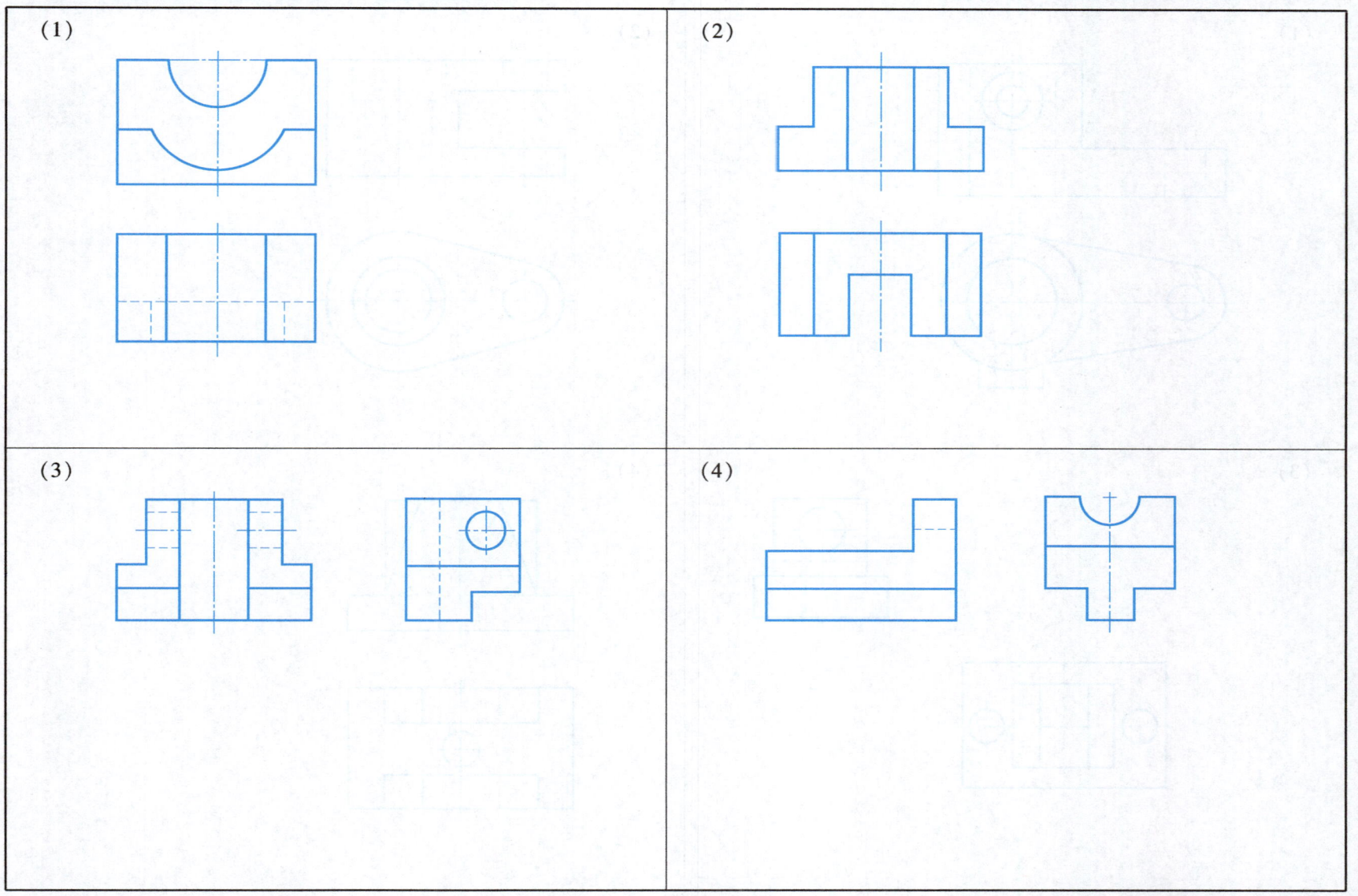

4-3-3 根据已知两视图想象形状，补画第三视图

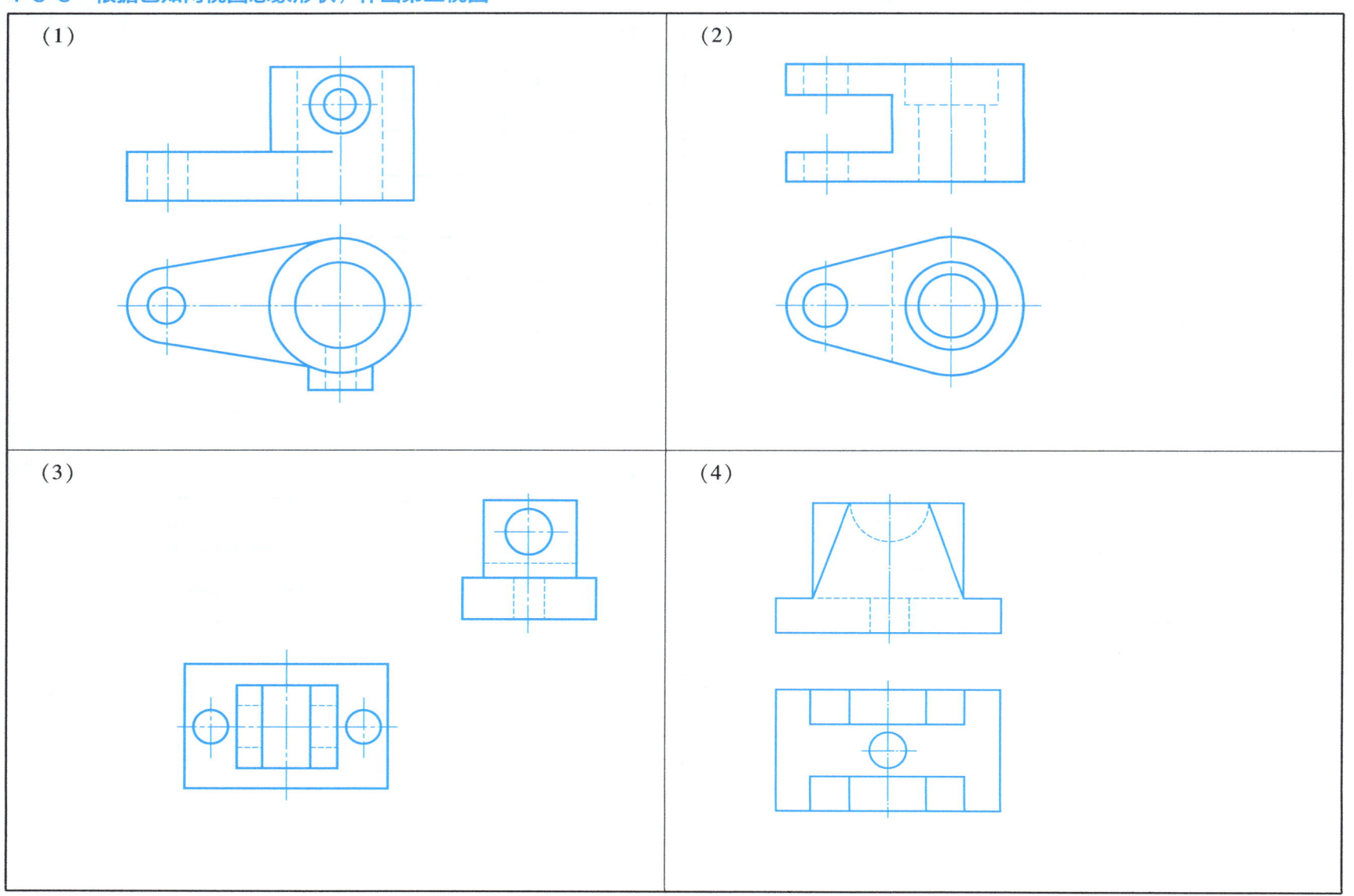

4-3-4 **根据已知两视图，构思物体的形状，补画第三视图**

1. 根据给定的主视图、俯视图，想象出多种不同的形体，并画出左视图。

(1)

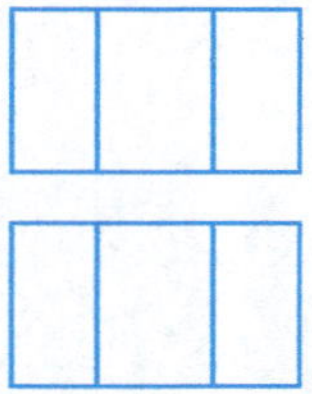

(2)

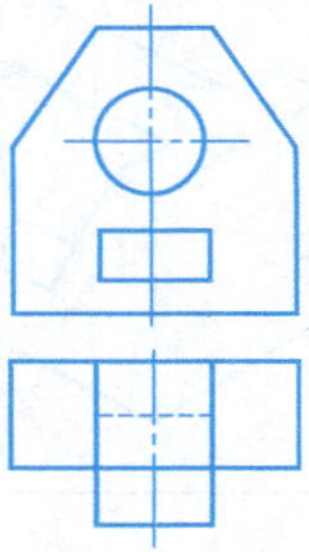

2. 看懂题（1）的三视图，若主视图不变，想象出另外两种形体，在题（2）、（3）处画出俯视图、左视图。

(1)　　　　　　　　　　　　　　　(2) 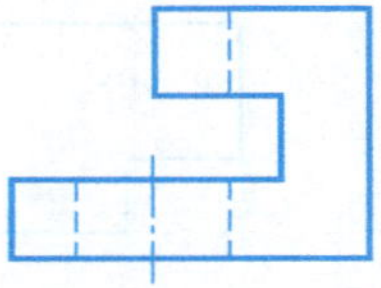　　　　　　　　　　　　　　　(3)

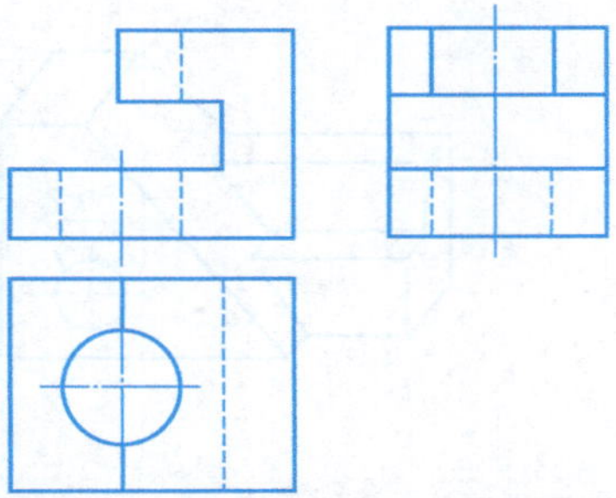

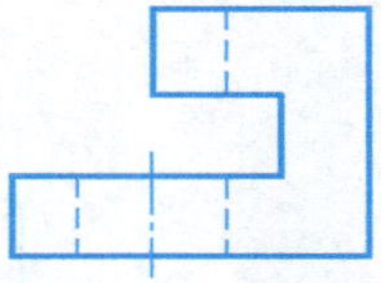

班级_____　姓名_____　学号_____

→ 任务四 补画组合体视图中的缺线

4-4-1 根据已知视图,并参考轴测图,补画视图中漏画的图线

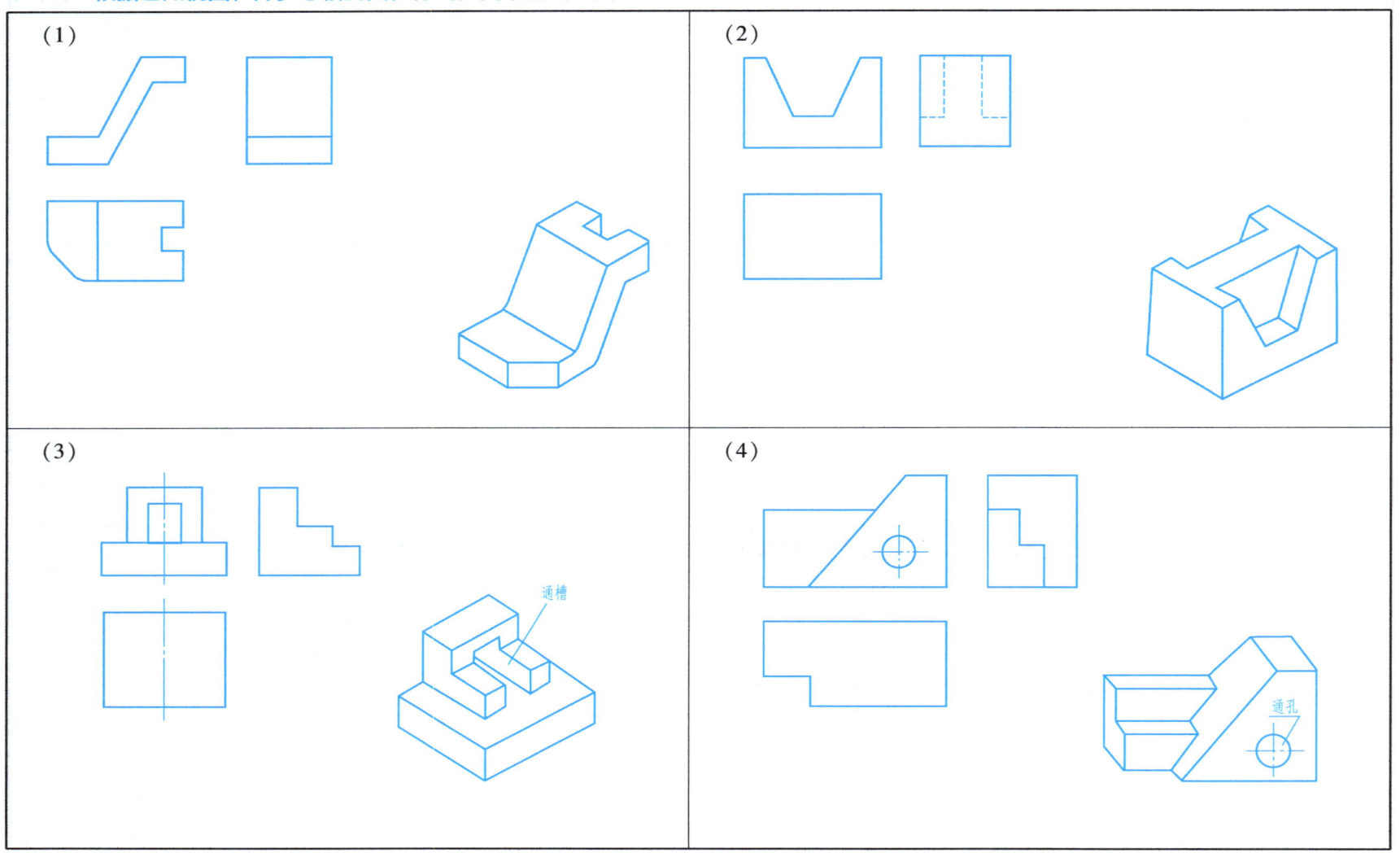

4-4-2　根据已知视图，并参考轴测图，补画图中漏画的图线（图中的孔和槽均为贯通的）

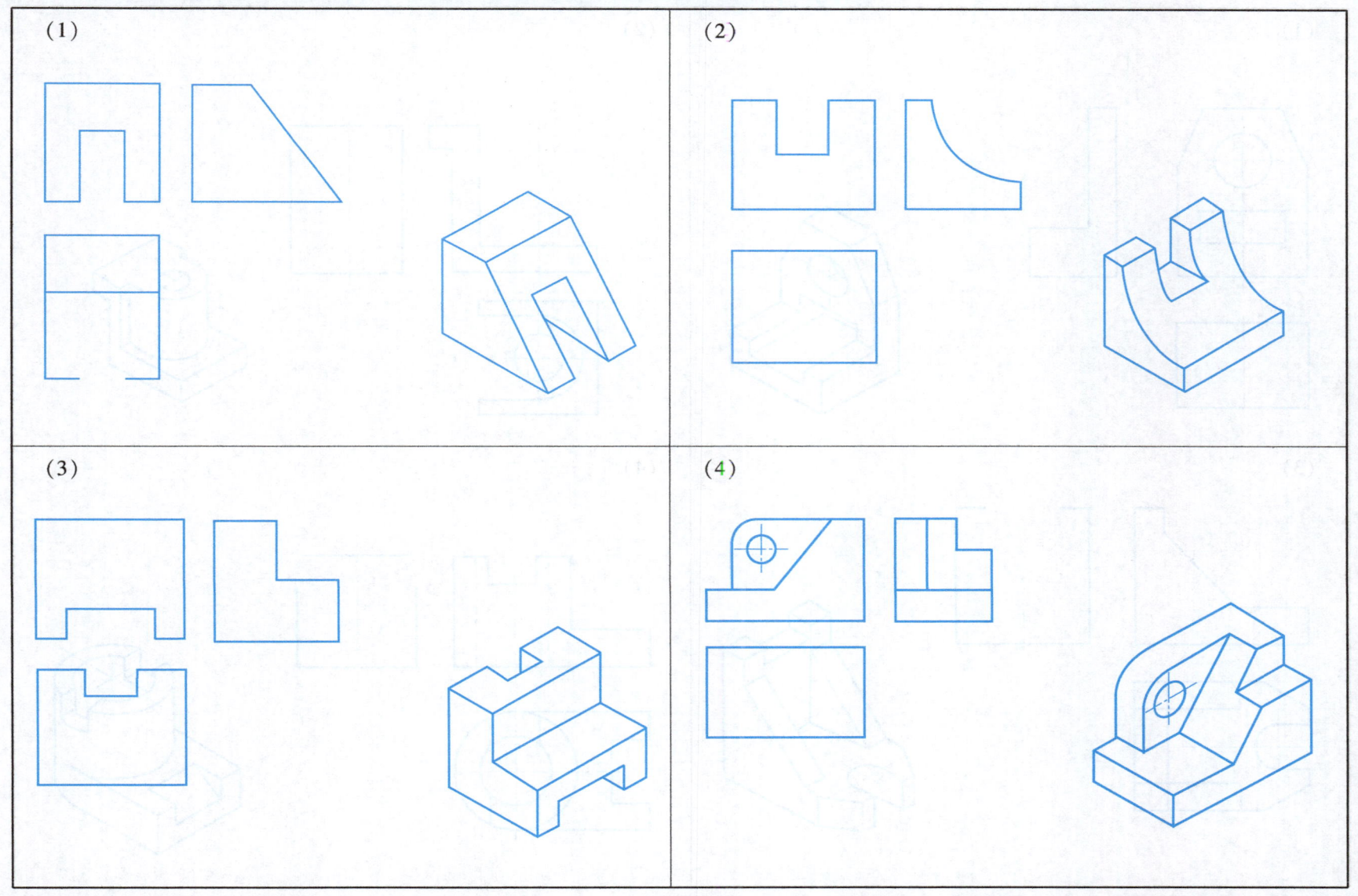

4-4-3 根据已知视图，并参考轴测图，补画视图中漏画的图线（图中的孔和槽都是贯通的）

(1) (2) (3) (4)

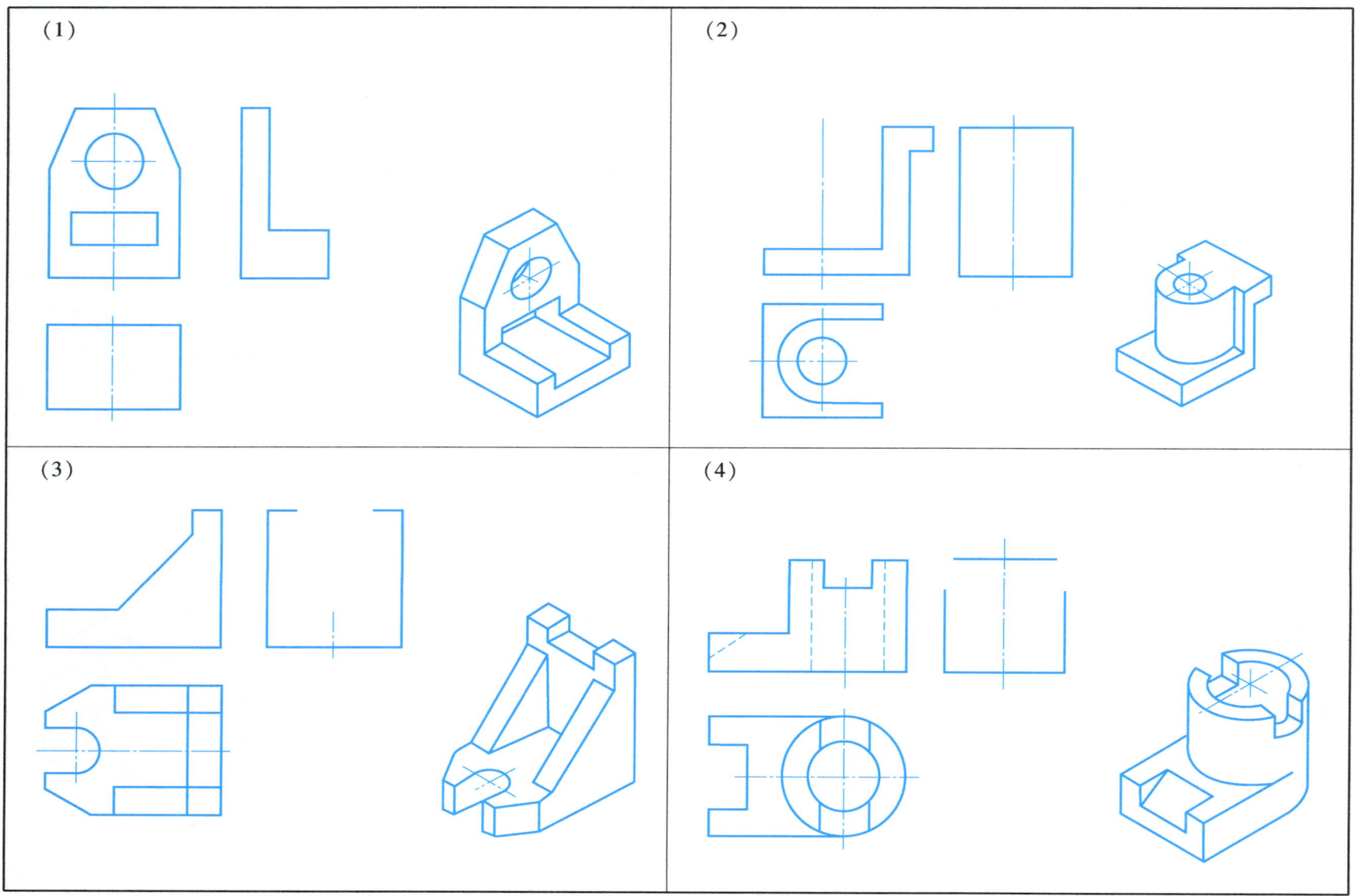

4-4-4 分析已知视图想象形状，补画视图中的漏线

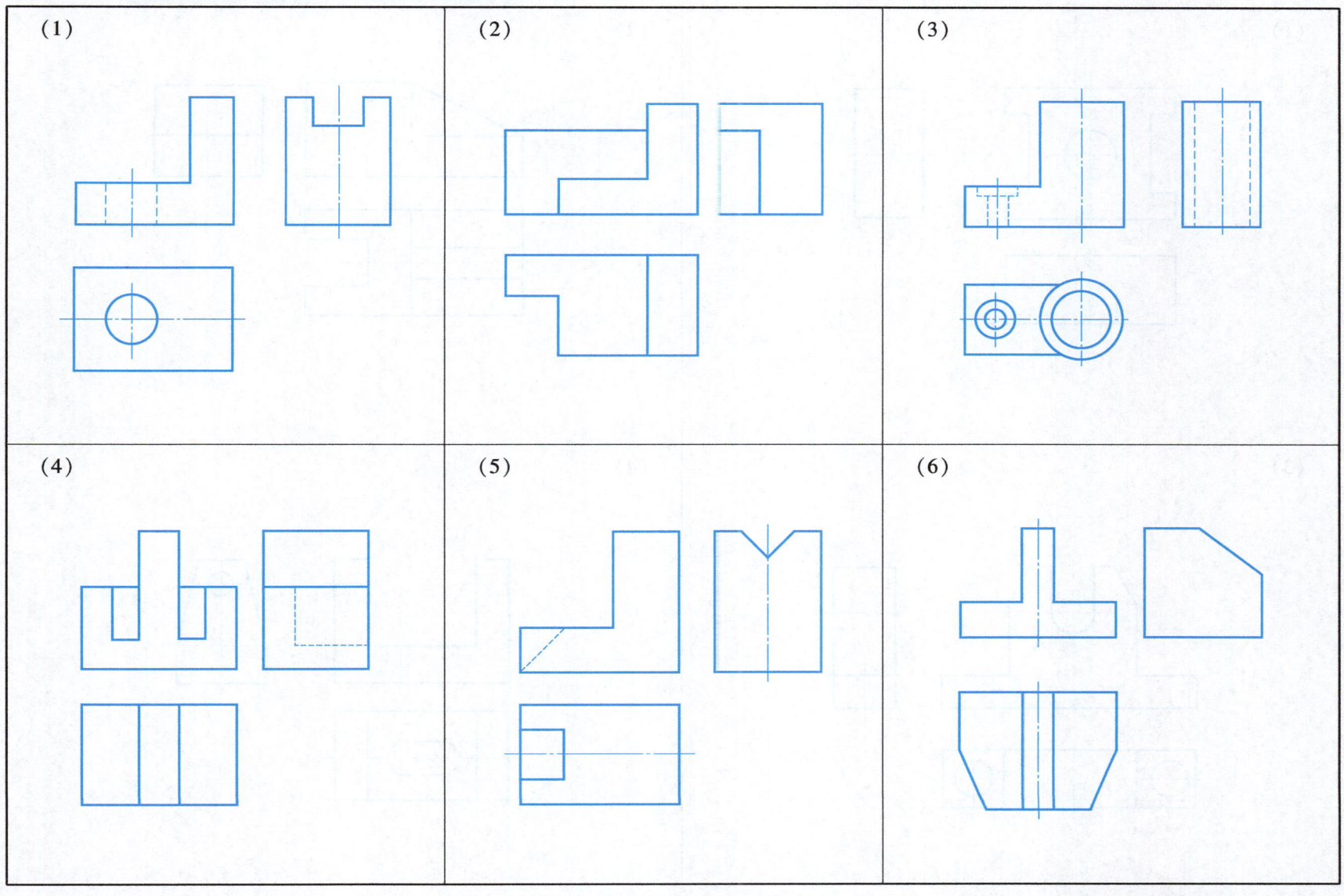

4-4-5 分析已知视图想象形状，补画视图中的漏线

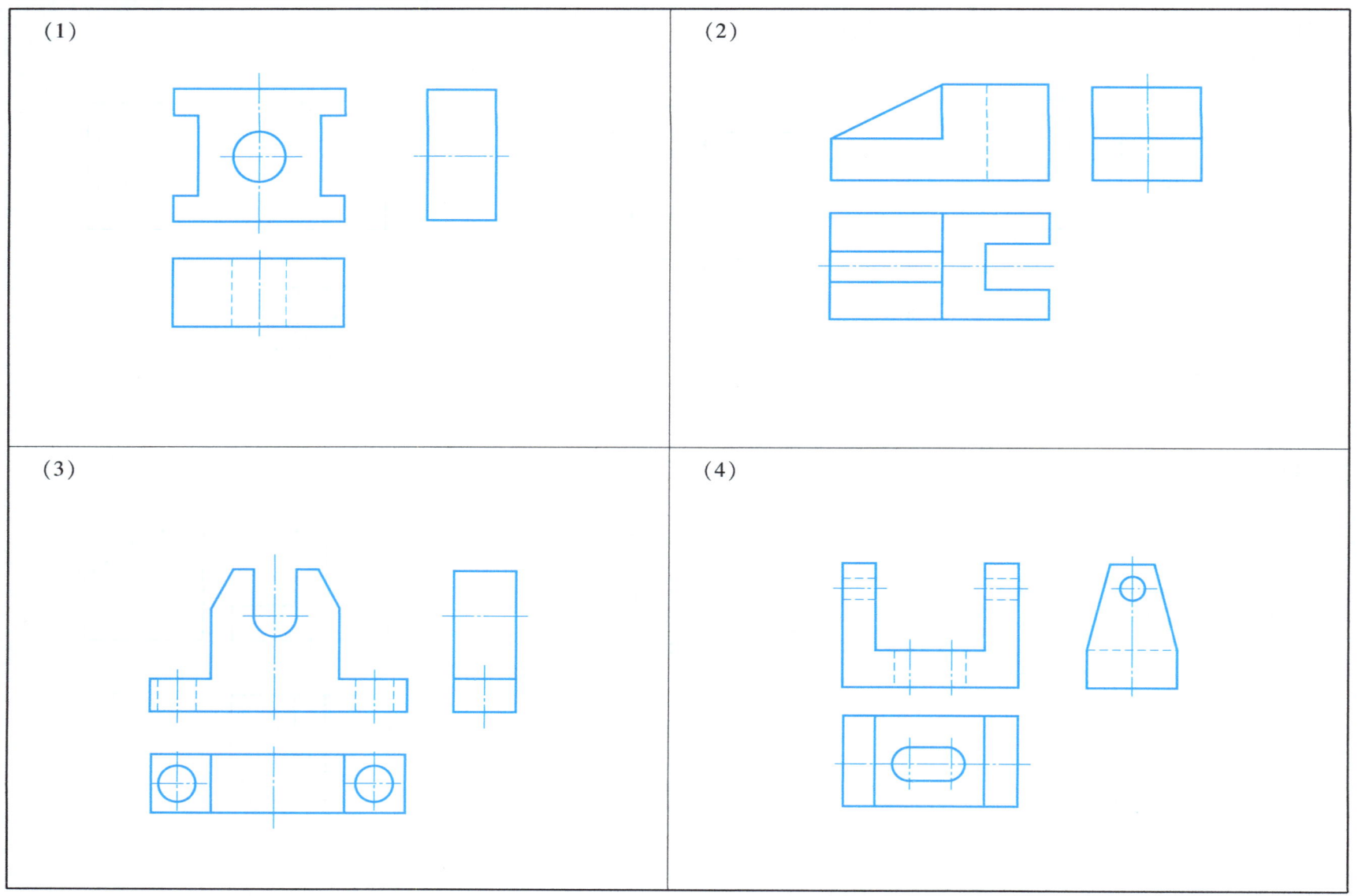

4-4-6　分析已知视图想象形状，补画视图中的漏线

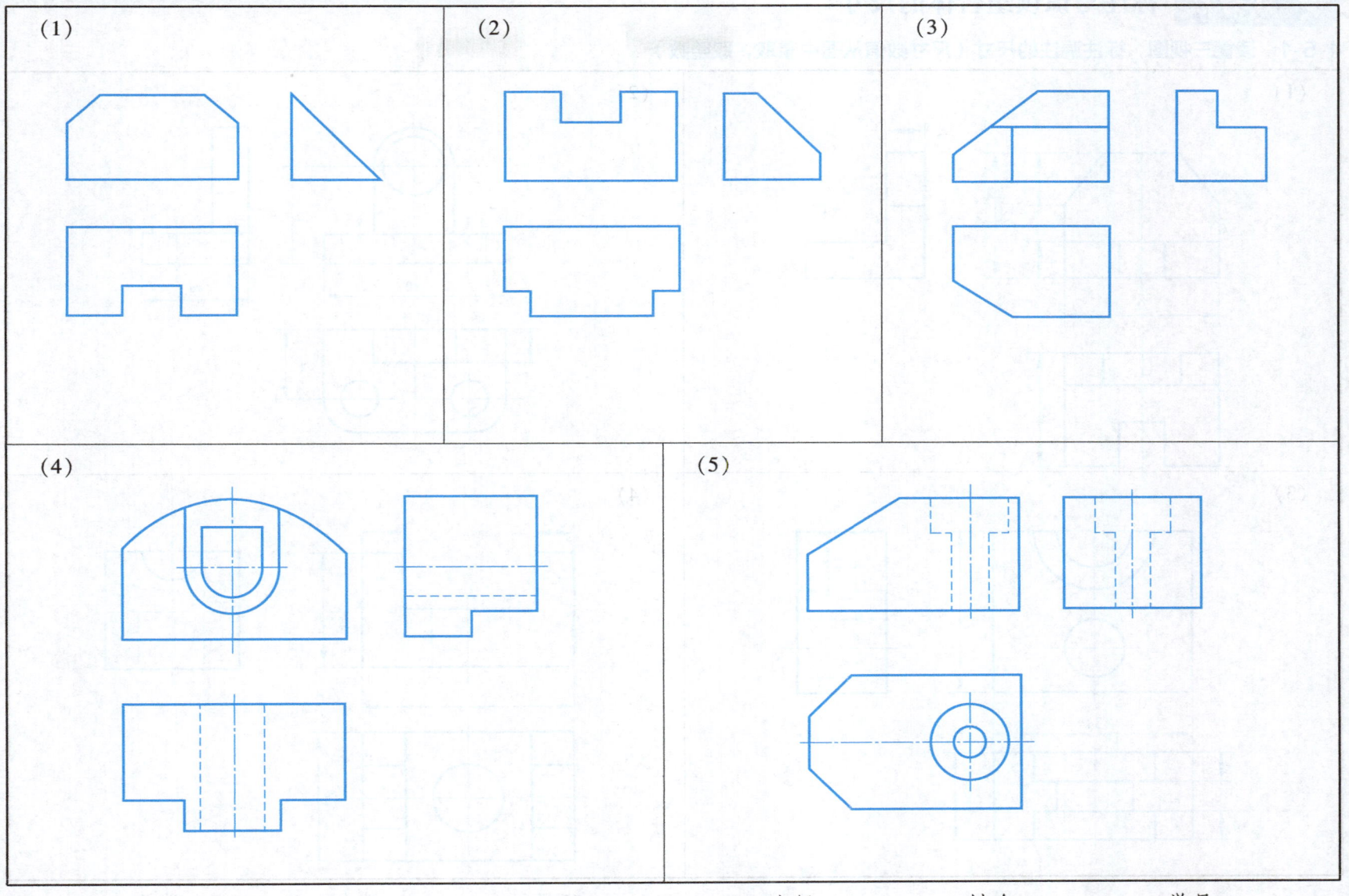

→ 任务五 标注与识读组合体的尺寸

4-5-1 读懂三视图，标注漏注的尺寸（尺寸数值从图中量取，取整数）

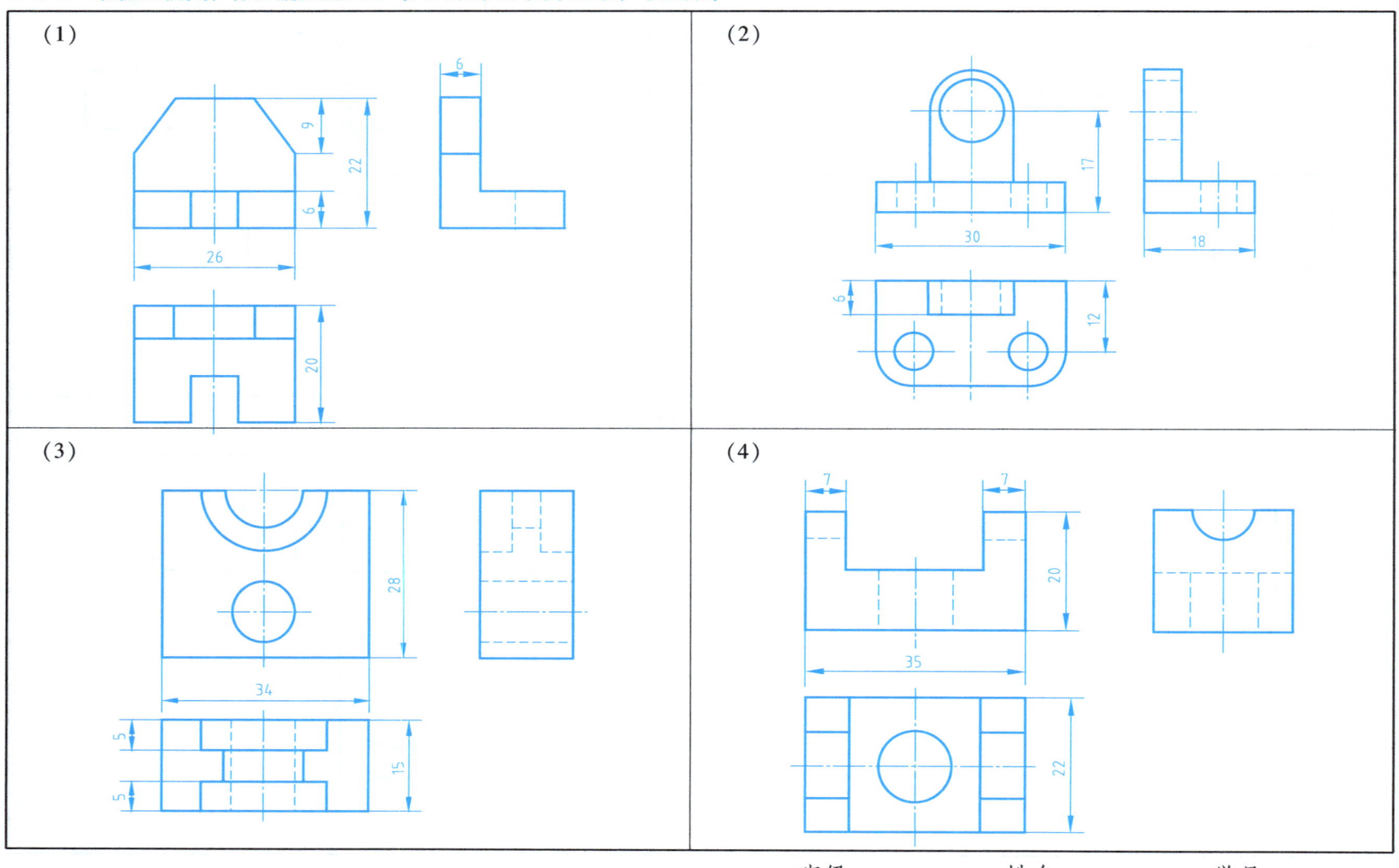

4-5-2 读懂支架的三视图，分析尺寸，并完成填空

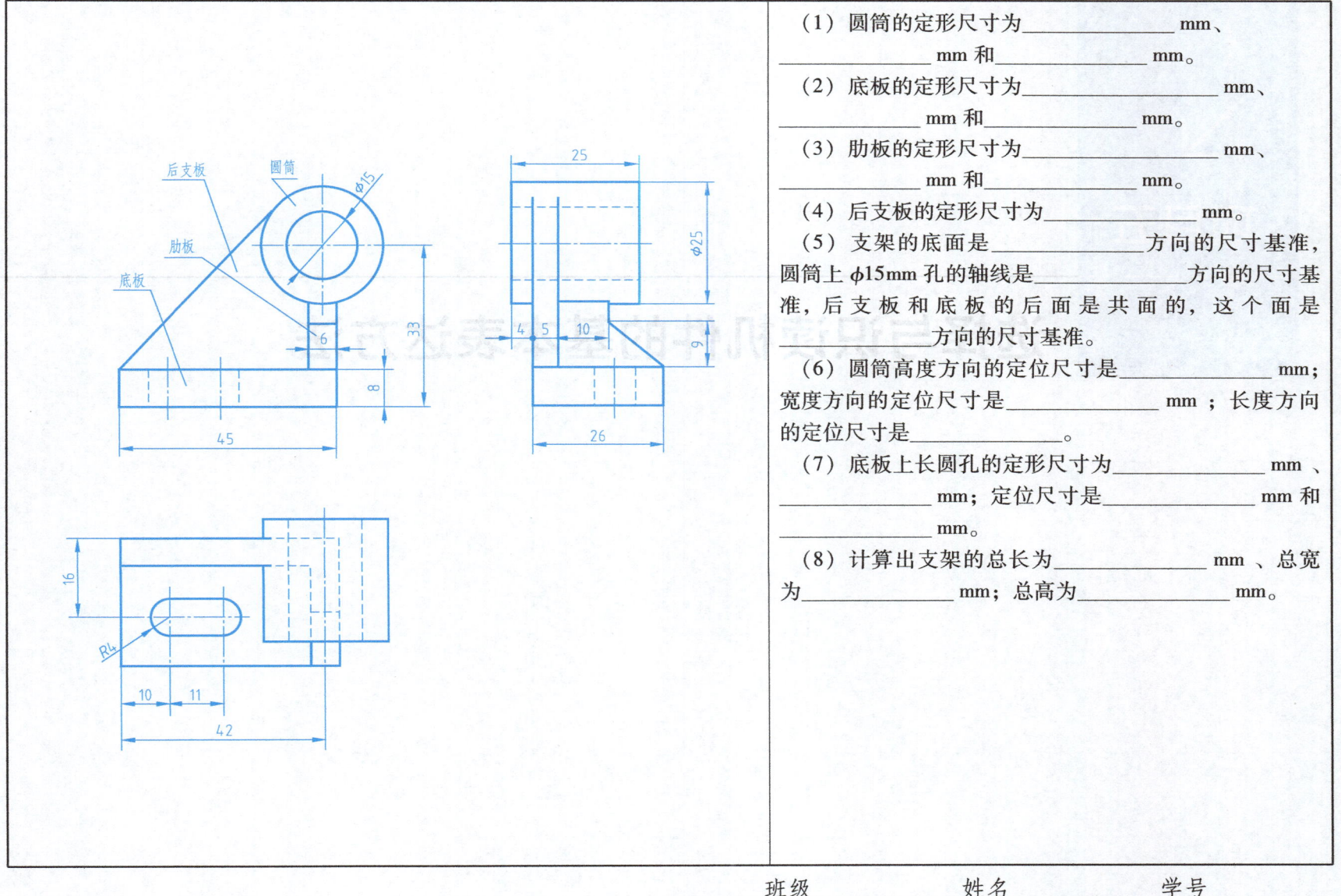

(1) 圆筒的定形尺寸为_____ mm、_____ mm 和_____ mm。

(2) 底板的定形尺寸为_____ mm、_____ mm 和_____ mm。

(3) 肋板的定形尺寸为_____ mm、_____ mm 和_____ mm。

(4) 后支板的定形尺寸为_____ mm。

(5) 支架的底面是_____方向的尺寸基准，圆筒上 ϕ15mm 孔的轴线是_____方向的尺寸基准，后支板和底板的后面是共面的，这个面是_____方向的尺寸基准。

(6) 圆筒高度方向的定位尺寸是_____ mm；宽度方向的定位尺寸是_____ mm；长度方向的定位尺寸是_____。

(7) 底板上长圆孔的定形尺寸为_____ mm、_____ mm；定位尺寸是_____ mm 和_____ mm。

(8) 计算出支架的总长为_____ mm、总宽为_____ mm；总高为_____ mm。

班级_____ 姓名_____ 学号_____

项目五

选择与识读机件的基本表达方法

→ 任务一　选择机件的视图表达方法

5-1-1　选择视图

（1）根据已知视图，选择左、右视图，将正确答案写在图下的横线上。

正确的左视图是_____，正确的右视图是_____。

（2）在括号内填写各视图的名称。

（3）在图形的上方写出 D、E、F 向视图的名称。

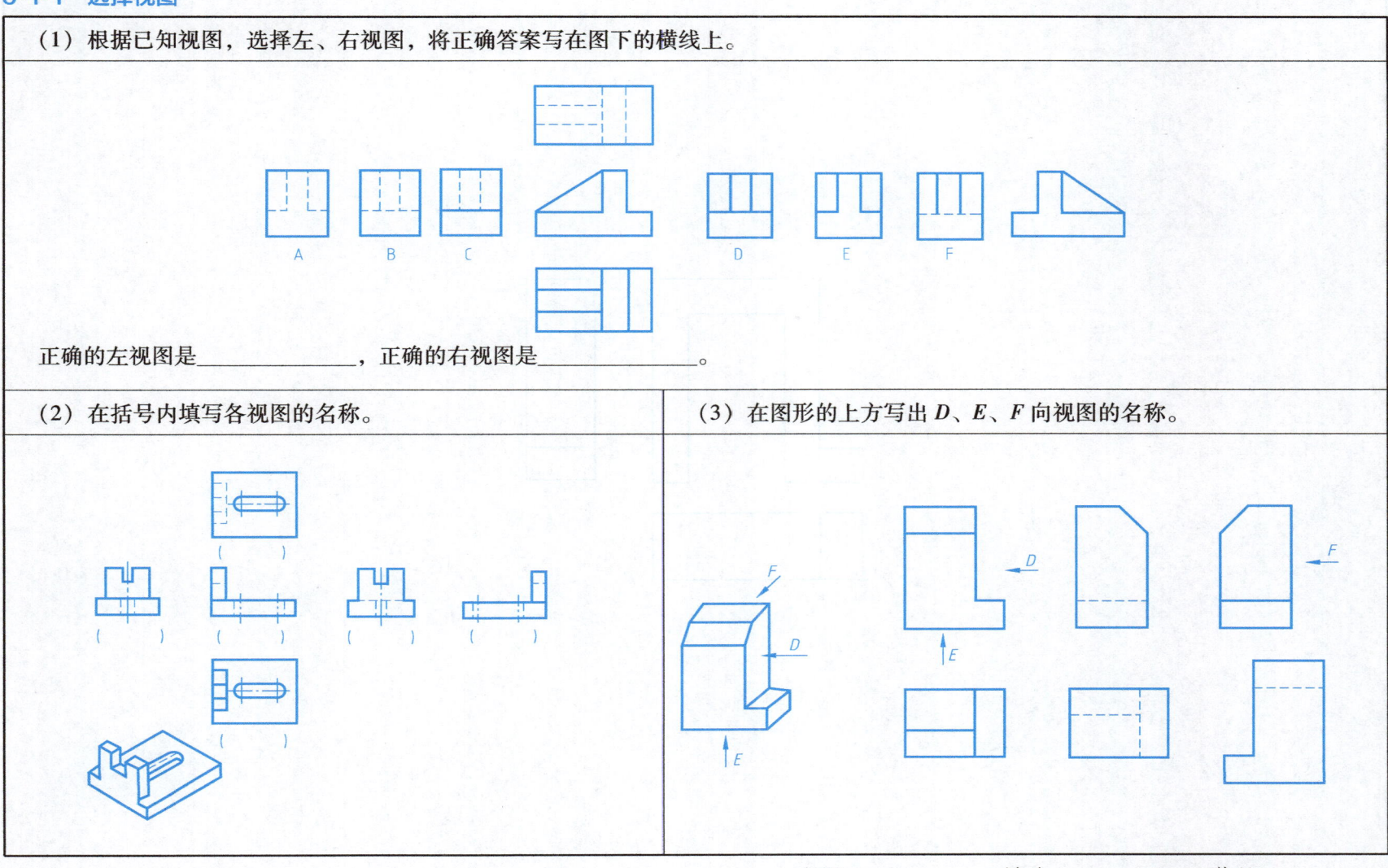

班级_____　姓名_____　学号_____

5-1-2 看懂三视图，补画出右视图、仰视图和后视图

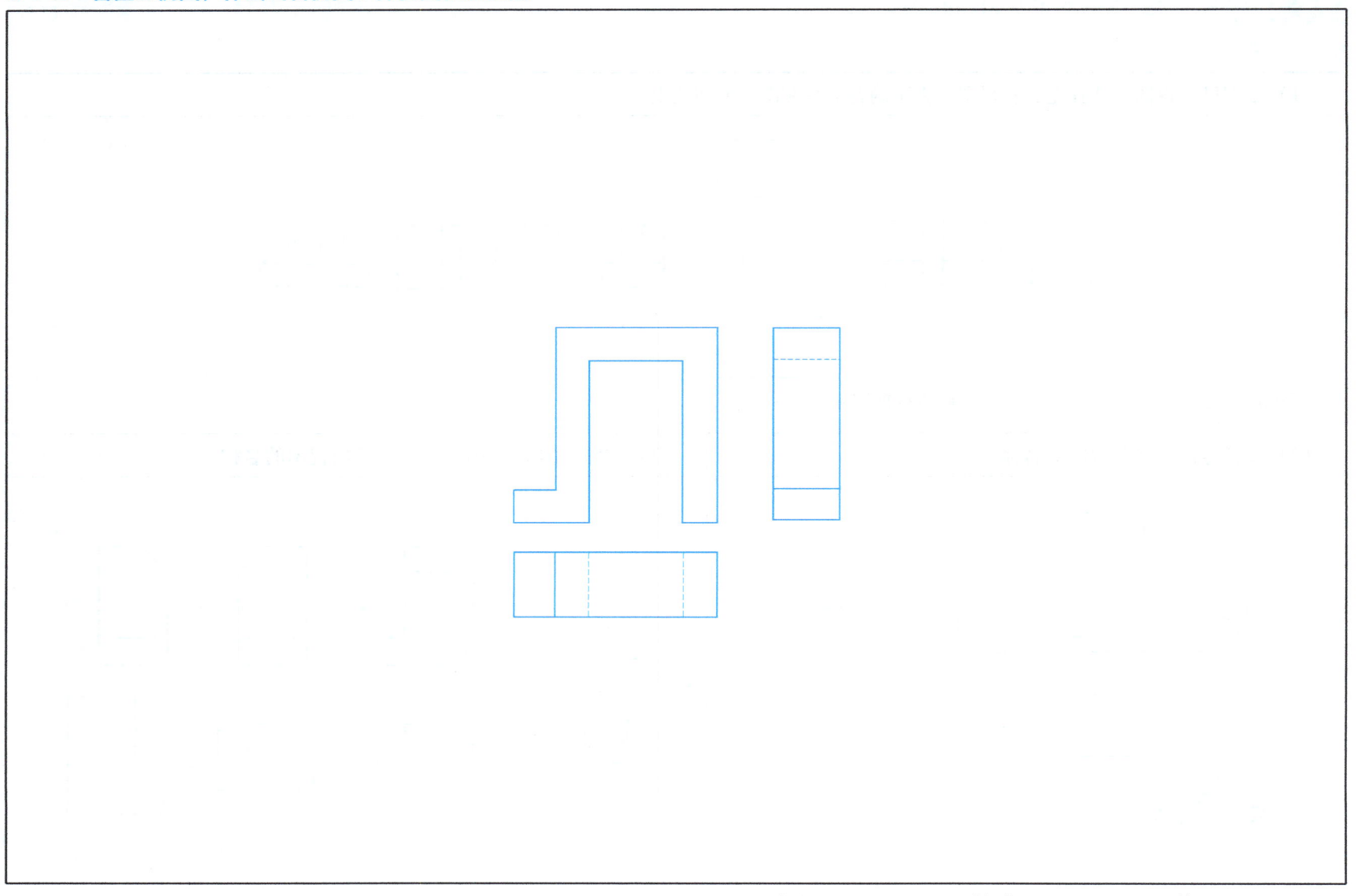

班级_____ 姓名_____ 学号_____

5-1-3 看懂三视图，补画出右视图、仰视图和后视图

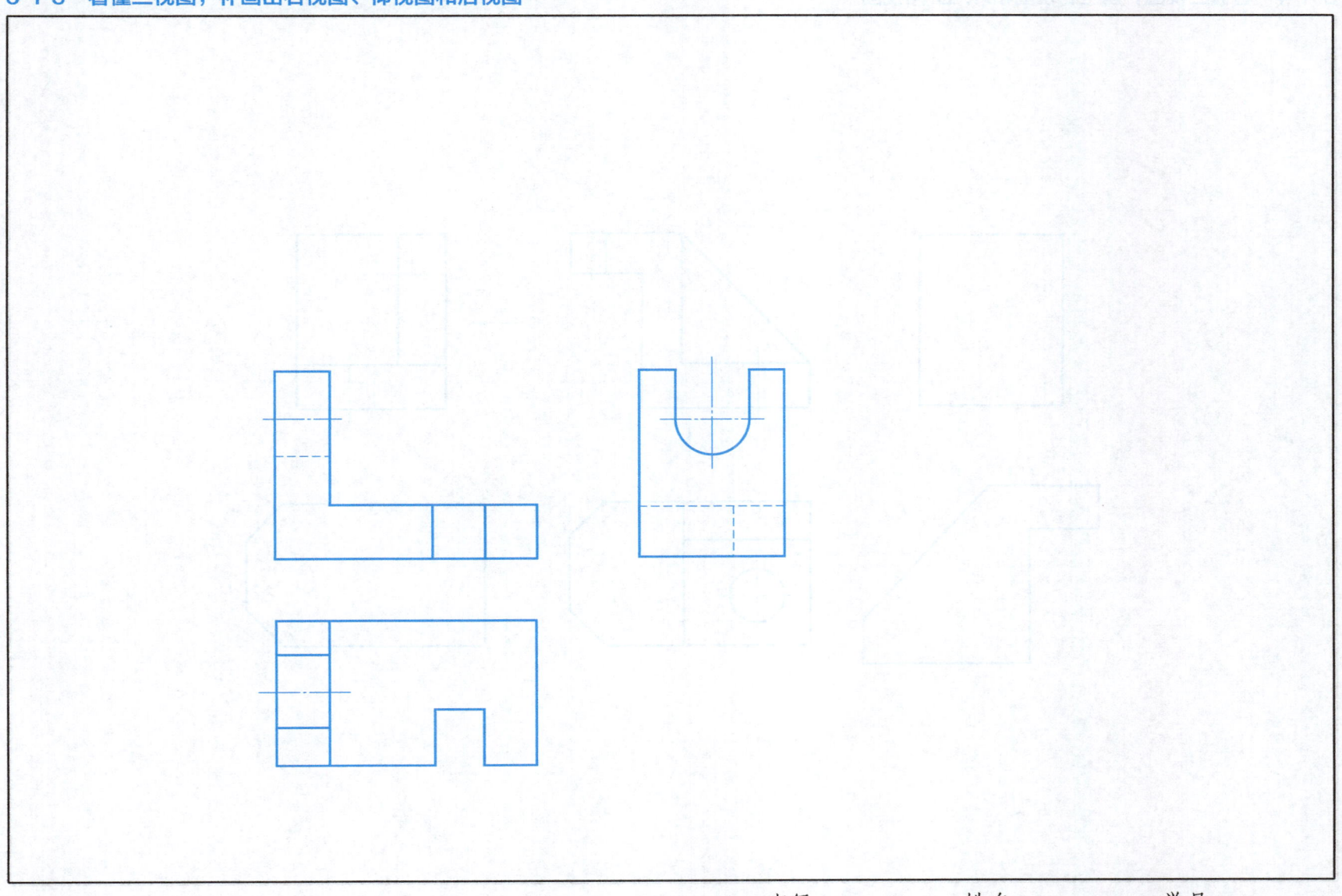

班级_____ 姓名_____ 学号_____

5-1-4 看懂三视图，画全右视图和 A、B 向视图

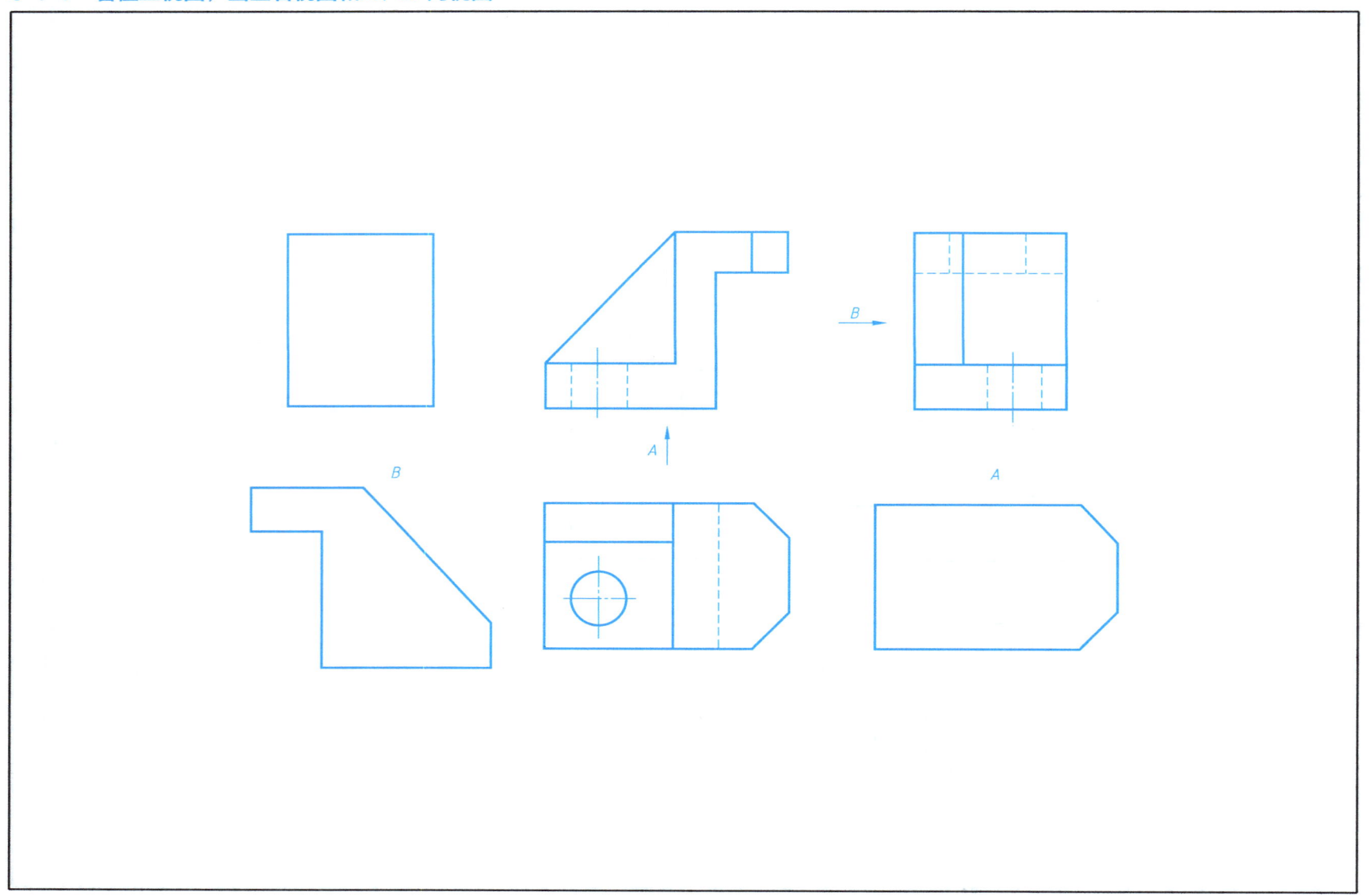

5-1-5 在括号内填写各视图的名称

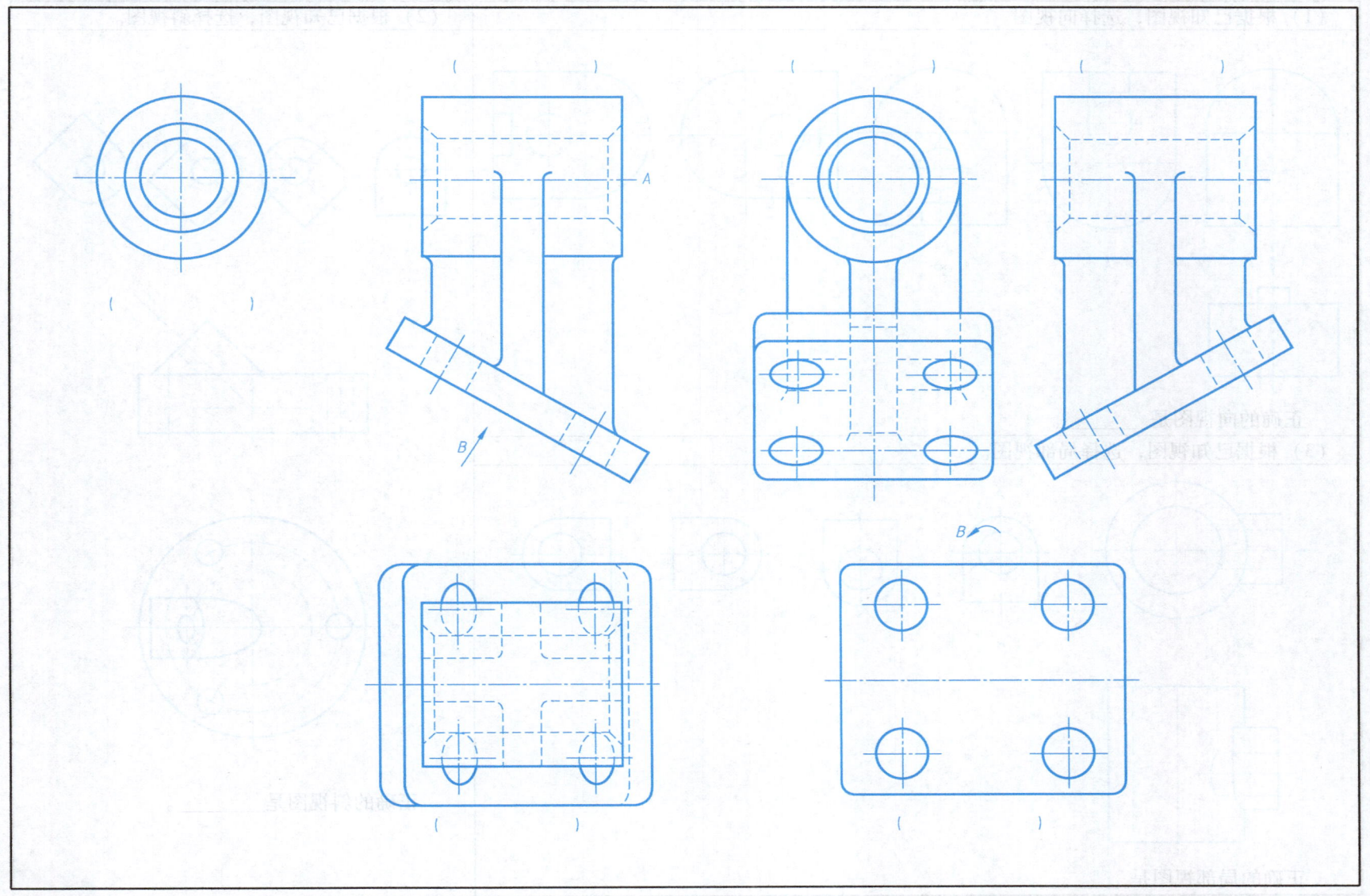

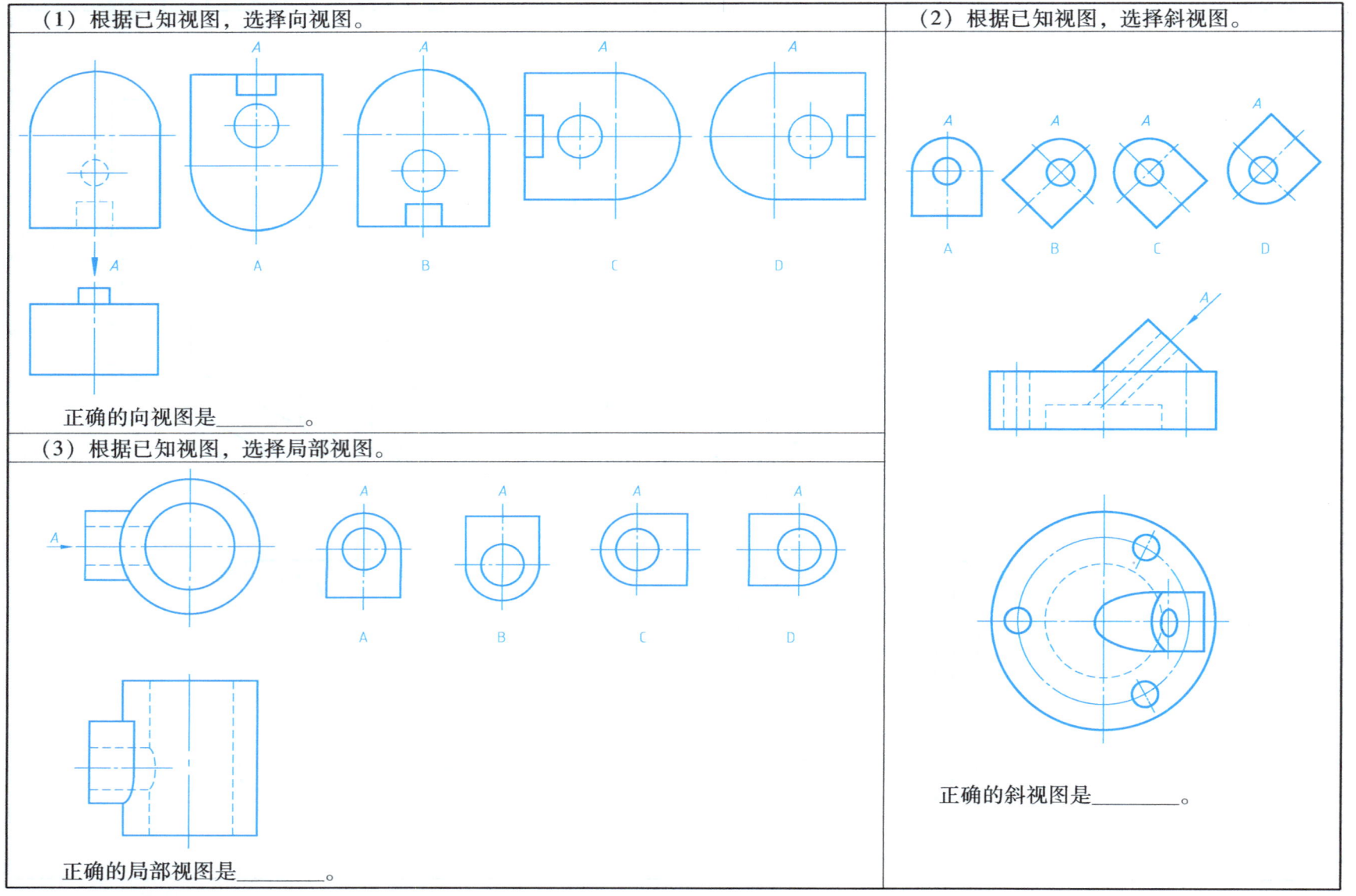

5-1-7 看懂图形的表达方案，其中 A、B、C、D 是旋转放置的斜视图，在横线上写出正确斜视图的名称

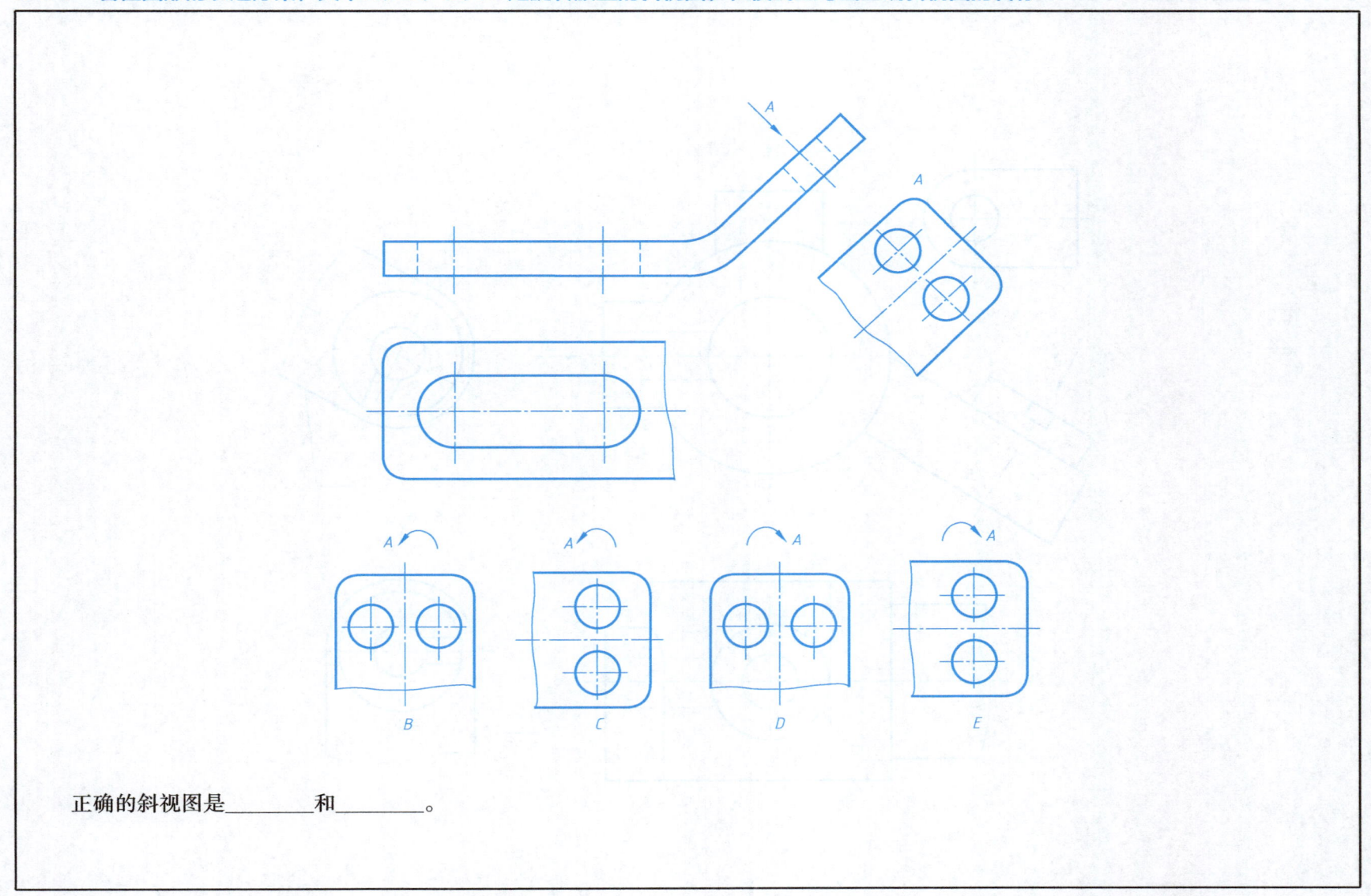

正确的斜视图是_____和_____。

5-1-8　看懂已知视图，在图形的上方写出名称，在横线上写出"前"或"后"

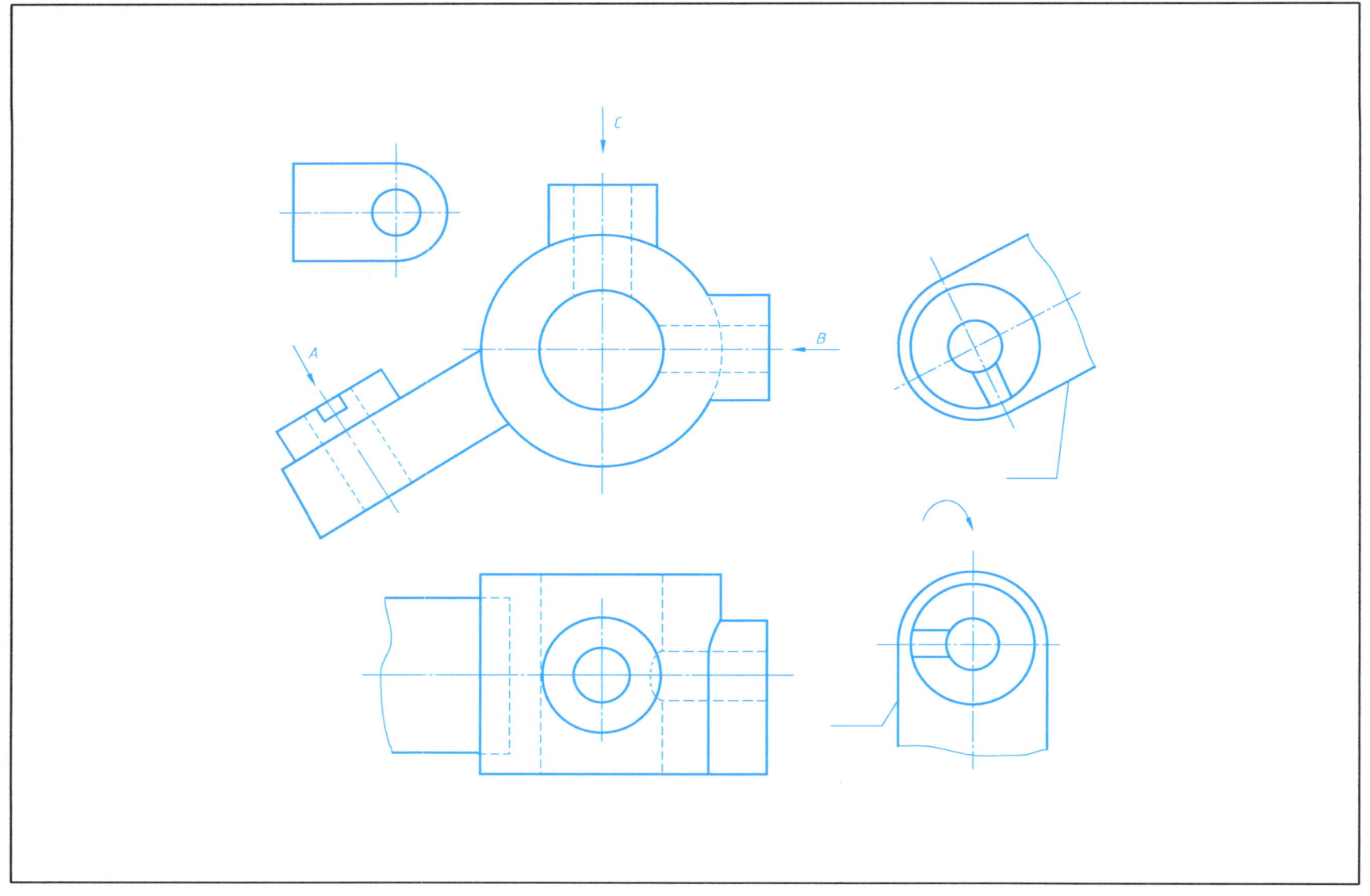

5-1-9　看懂已知视图，在指定位置作局部视图和斜视图

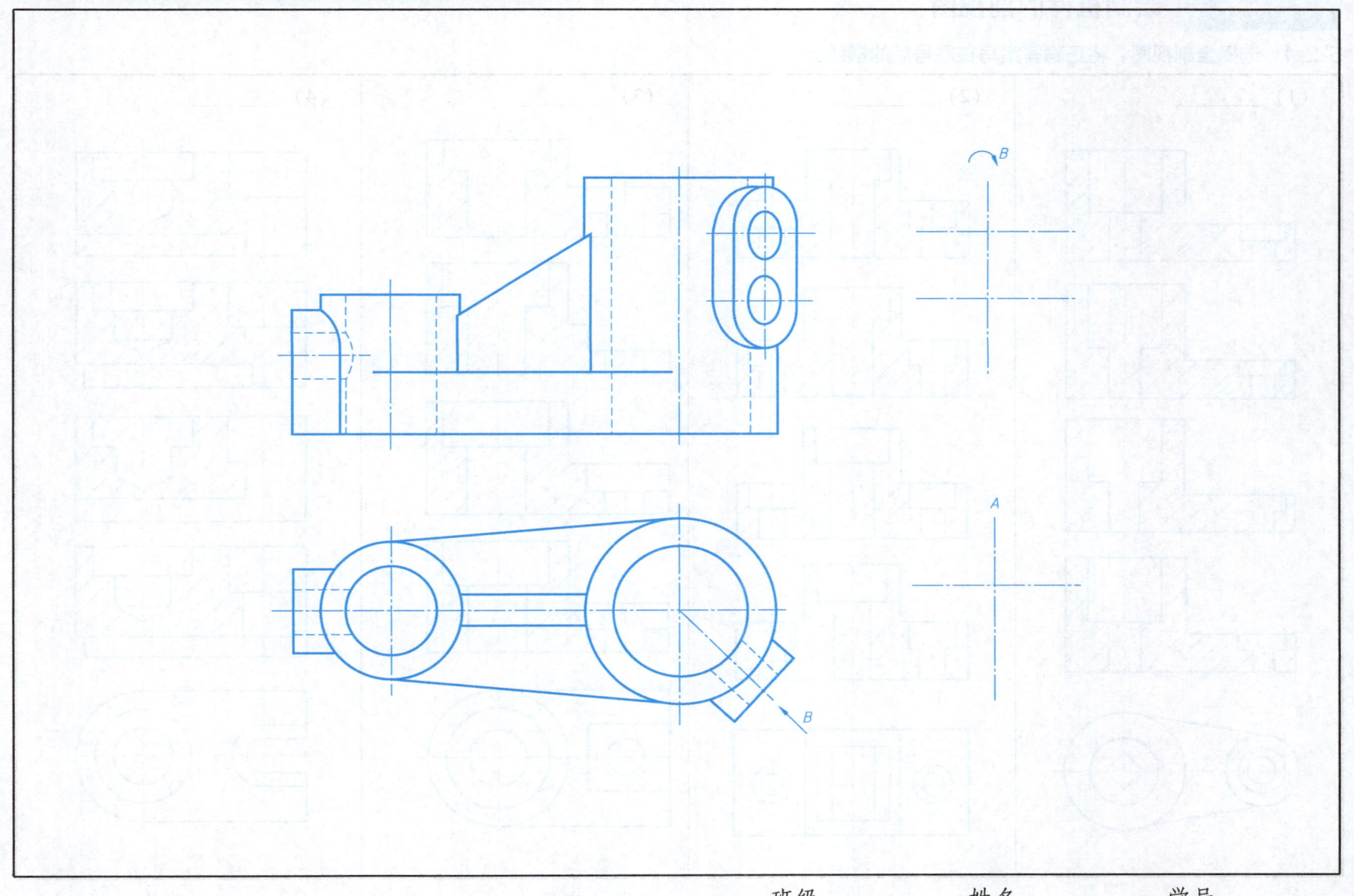

→ 任务二 绘制机件的剖视图

5-2-1 选择全剖视图，将正确答案写在题号后的横线上

(1) _____　　(2) _____　　(3) _____　　(4) _____

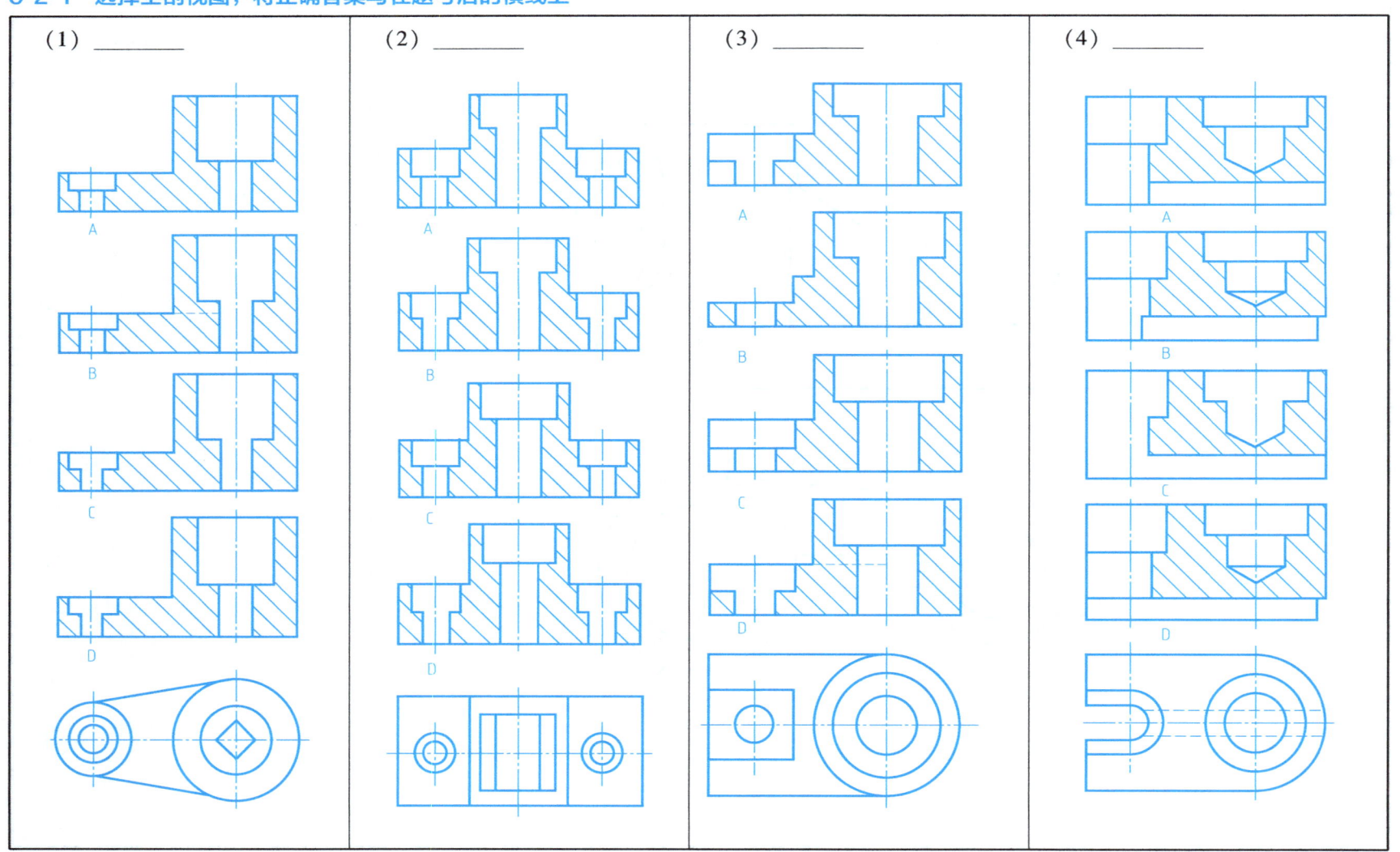

5-2-2 补画下列各全剖视图中的漏线

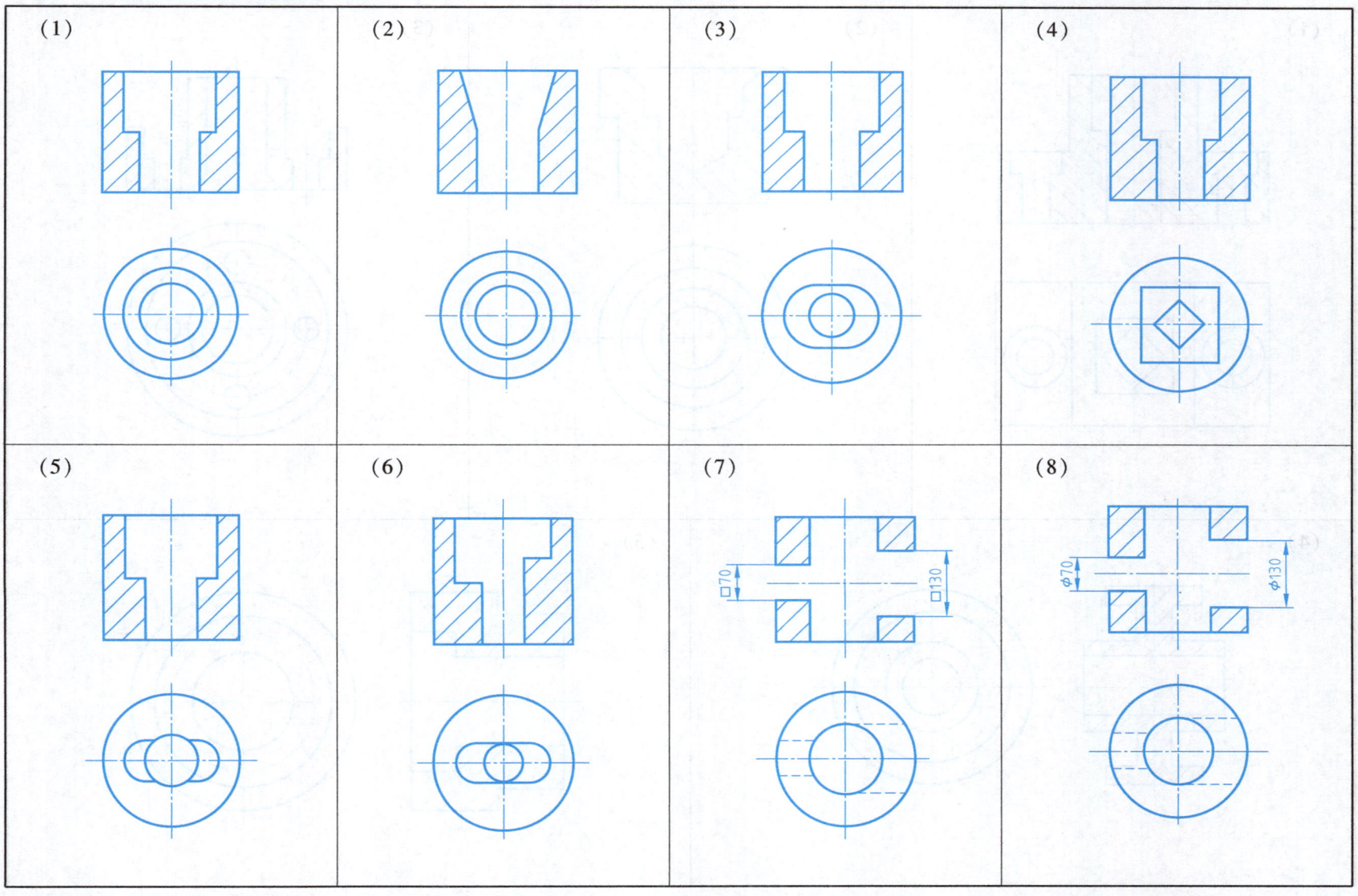

5-2-3 补画下列各全剖视图中的漏线

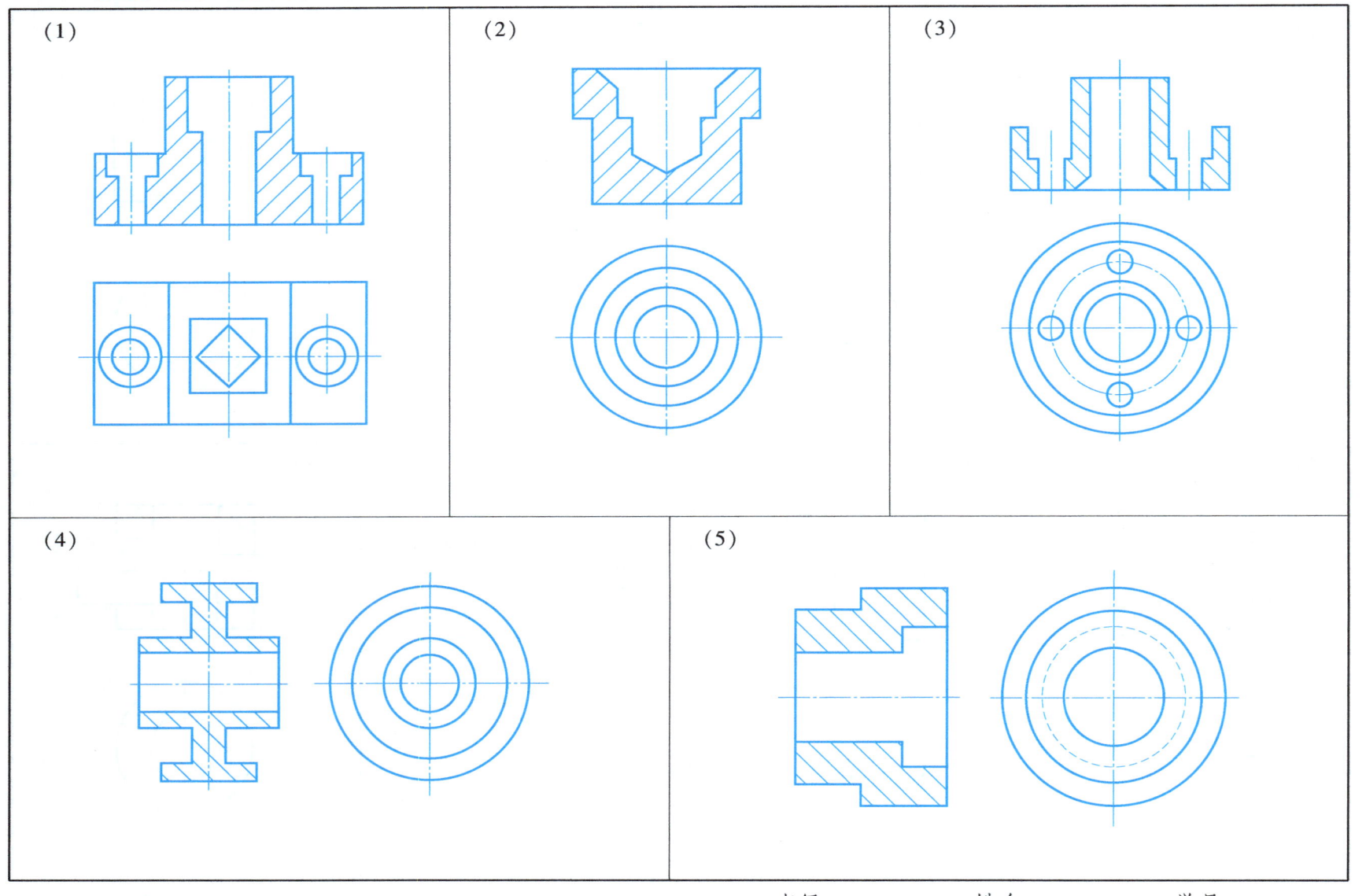

5-2-4 在指定位置将主视图画成全剖视图

(1)

(2)

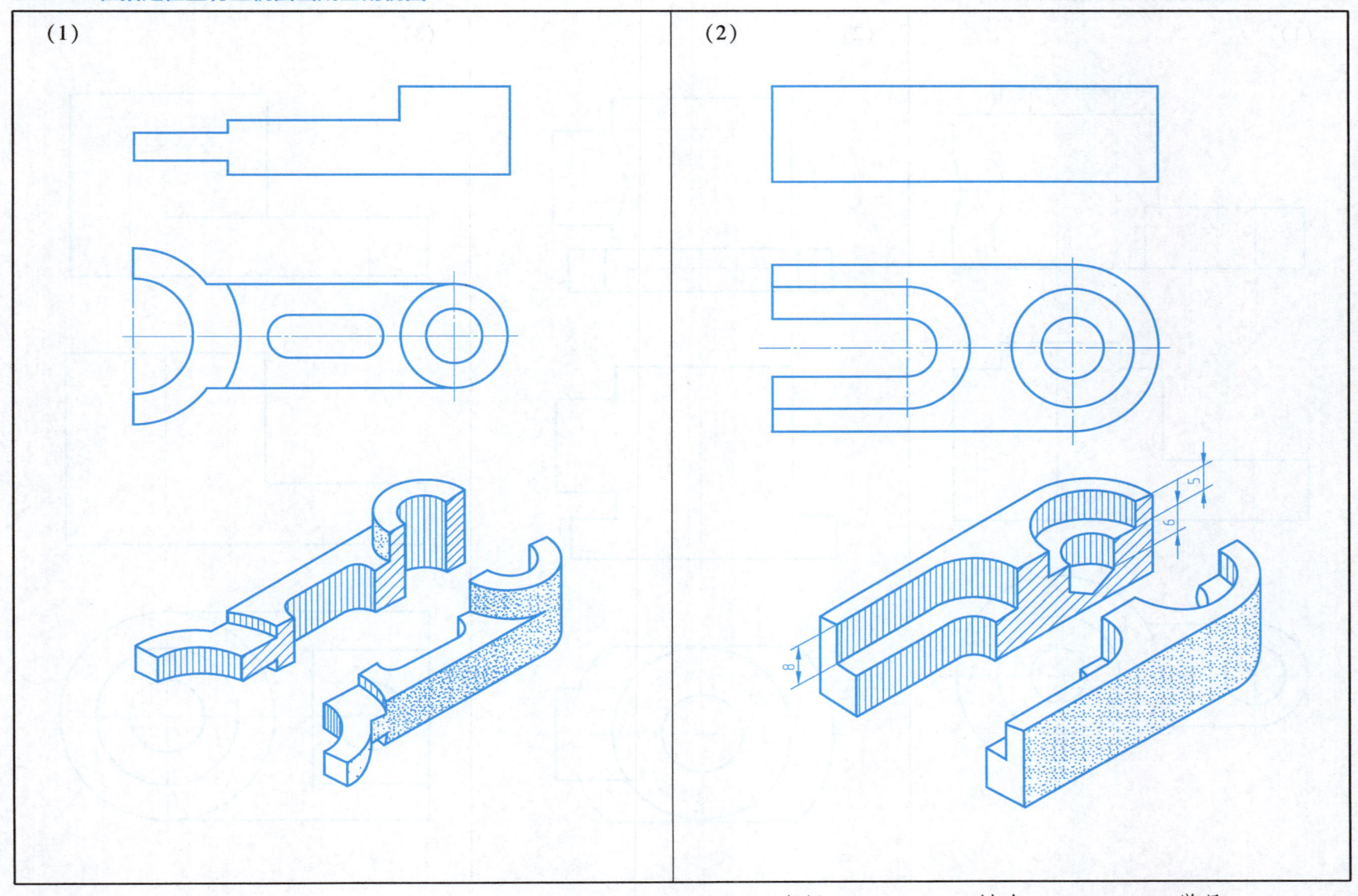

班级_____ 姓名_____ 学号_____

5-2-5 在指定位置将主视图画成全剖视图

(1)　(2)　(3)

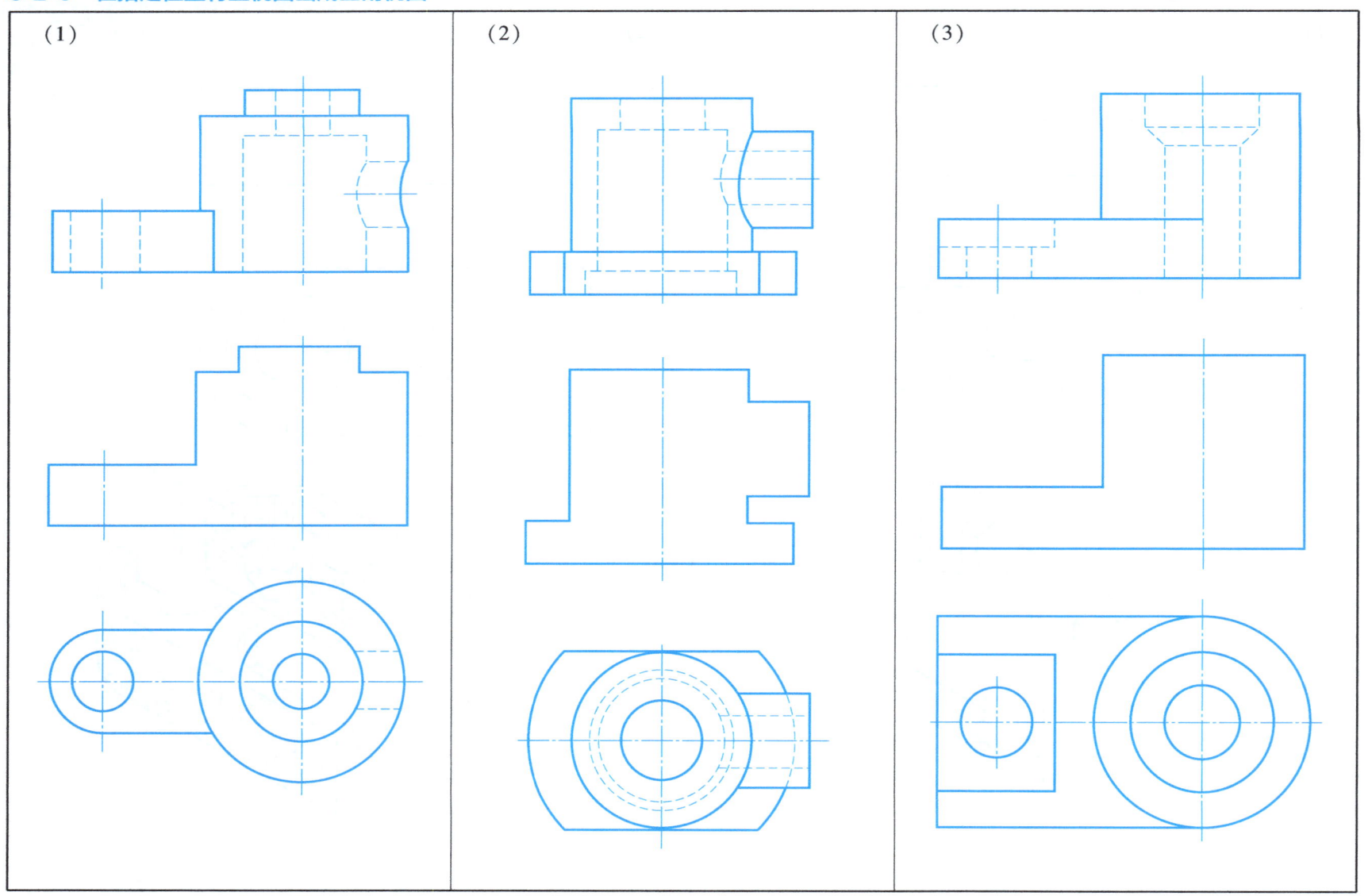

5-2-6 选择半剖视图，将正确答案写在题号后的横线上

(1) _____ (2) _____ (3) _____

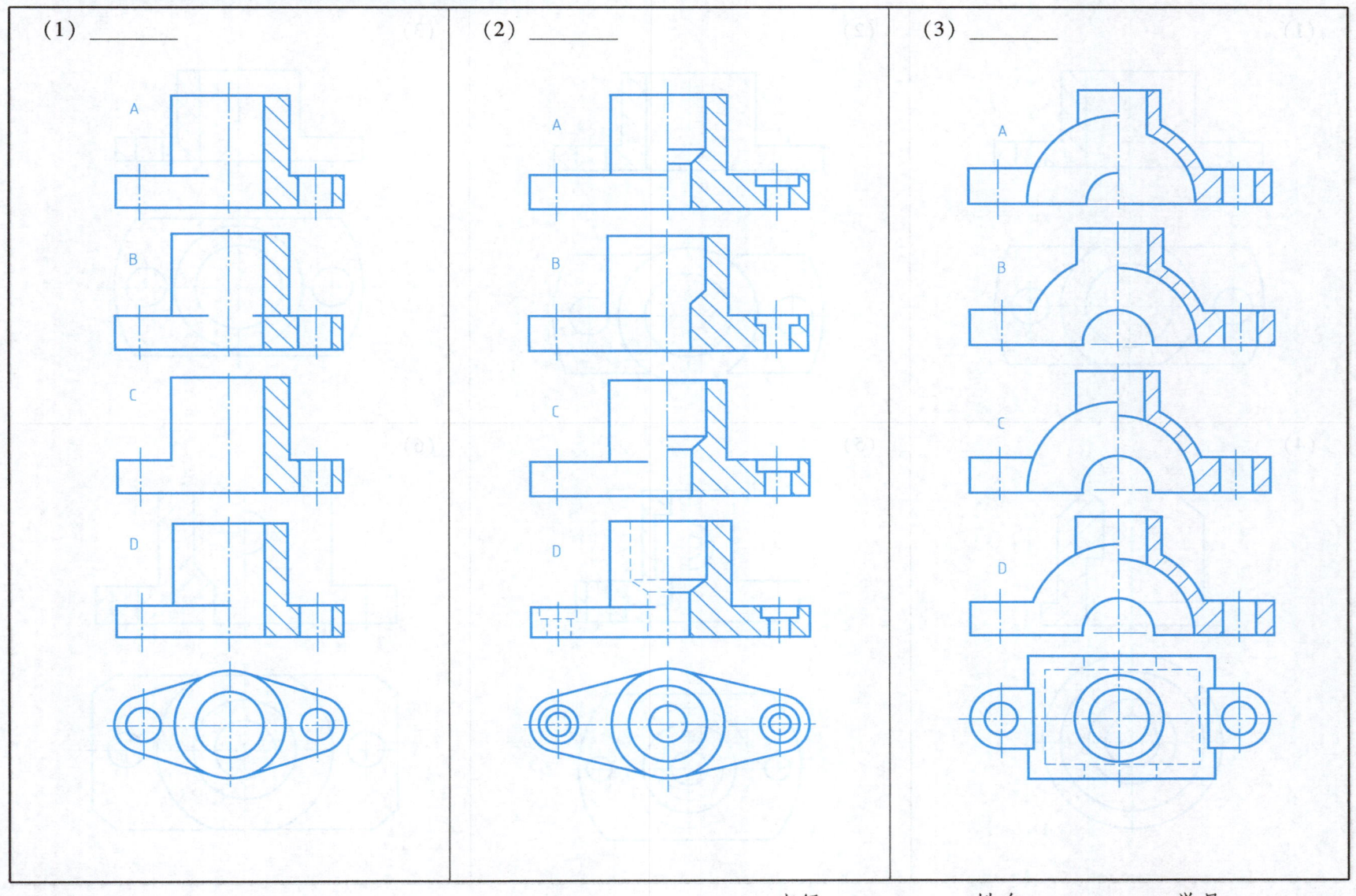

班级_____ 姓名_____ 学号_____

5-2-7 补画半剖视图中的漏线

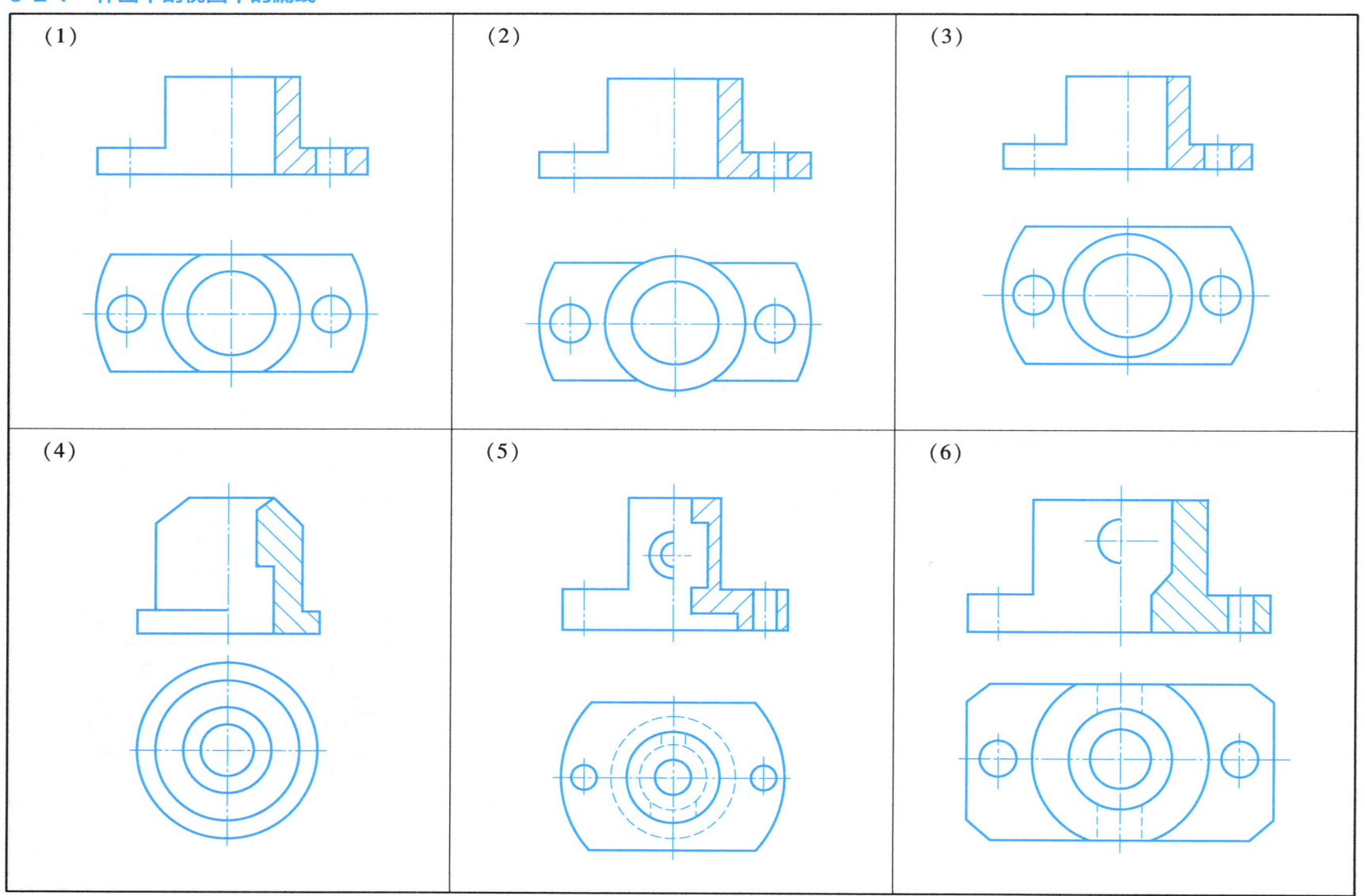

5-2-8 在指定位置将主视图画成半剖视图

(1) (2) (3)

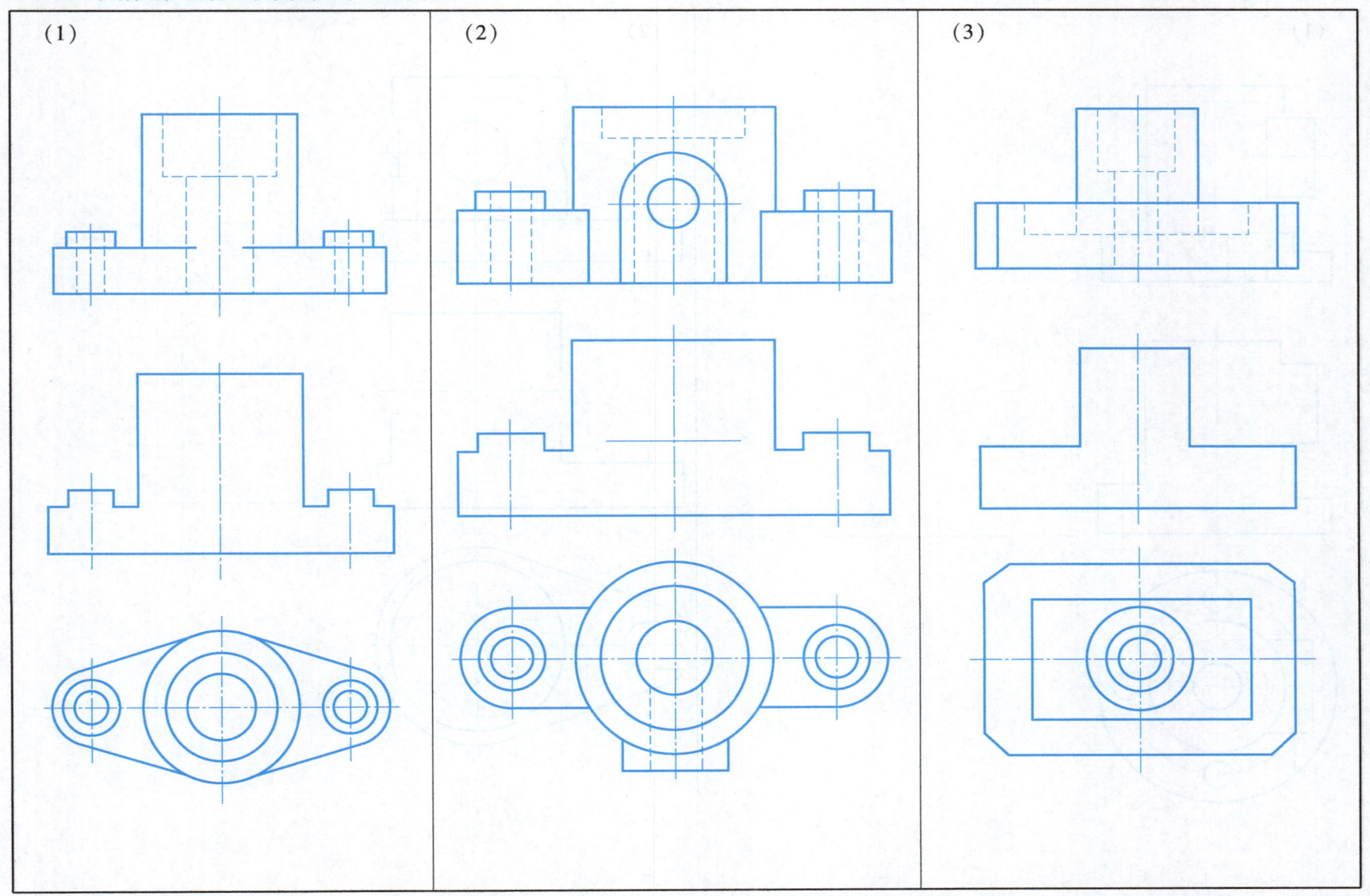

5-2-9 在指定位置将主视图画成全剖视图，并补画半剖的左视图

（1）

（2）

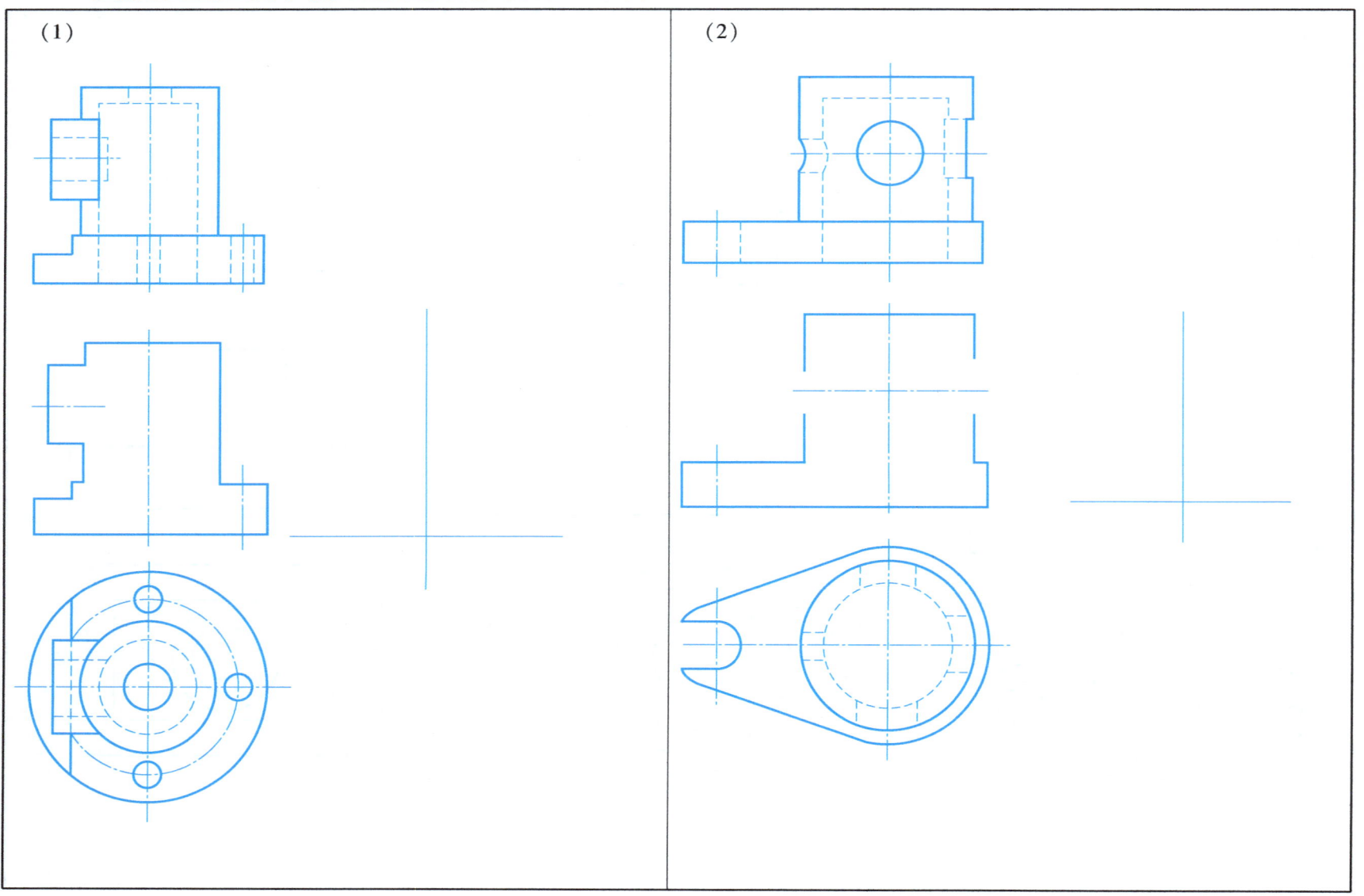

班级_____ 姓名_____ 学号_____

5-2-10 选择局部剖视图，将正确答案写在题号后的横线上

(1) _____ (2) _____ (3) _____ (4) _____ (5) _____

5-2-11 指出下列局部剖视图中的错误，在右边画出正确的局部剖视图

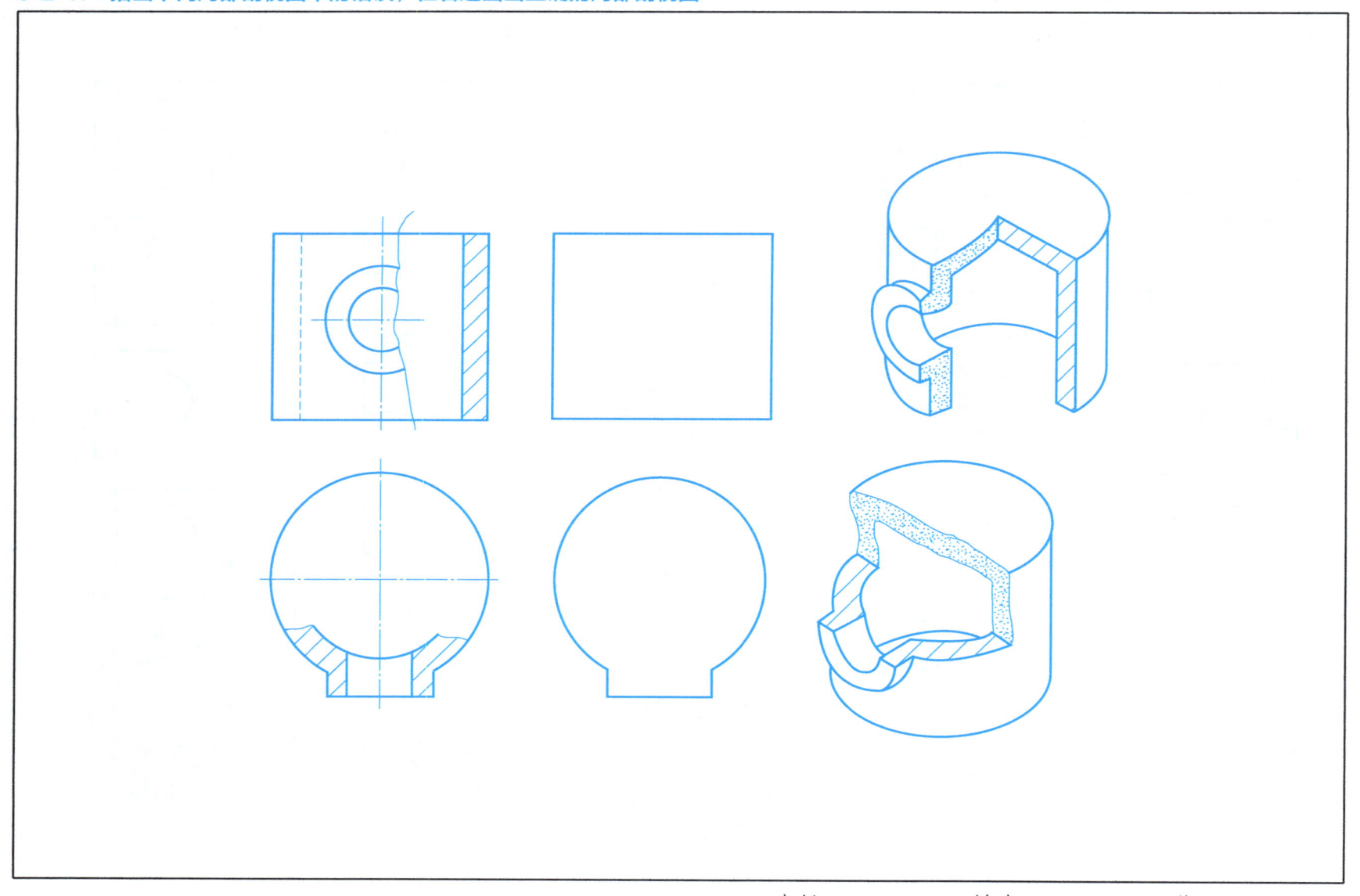

5-2-12 在原图上将视图改画成局部剖视图

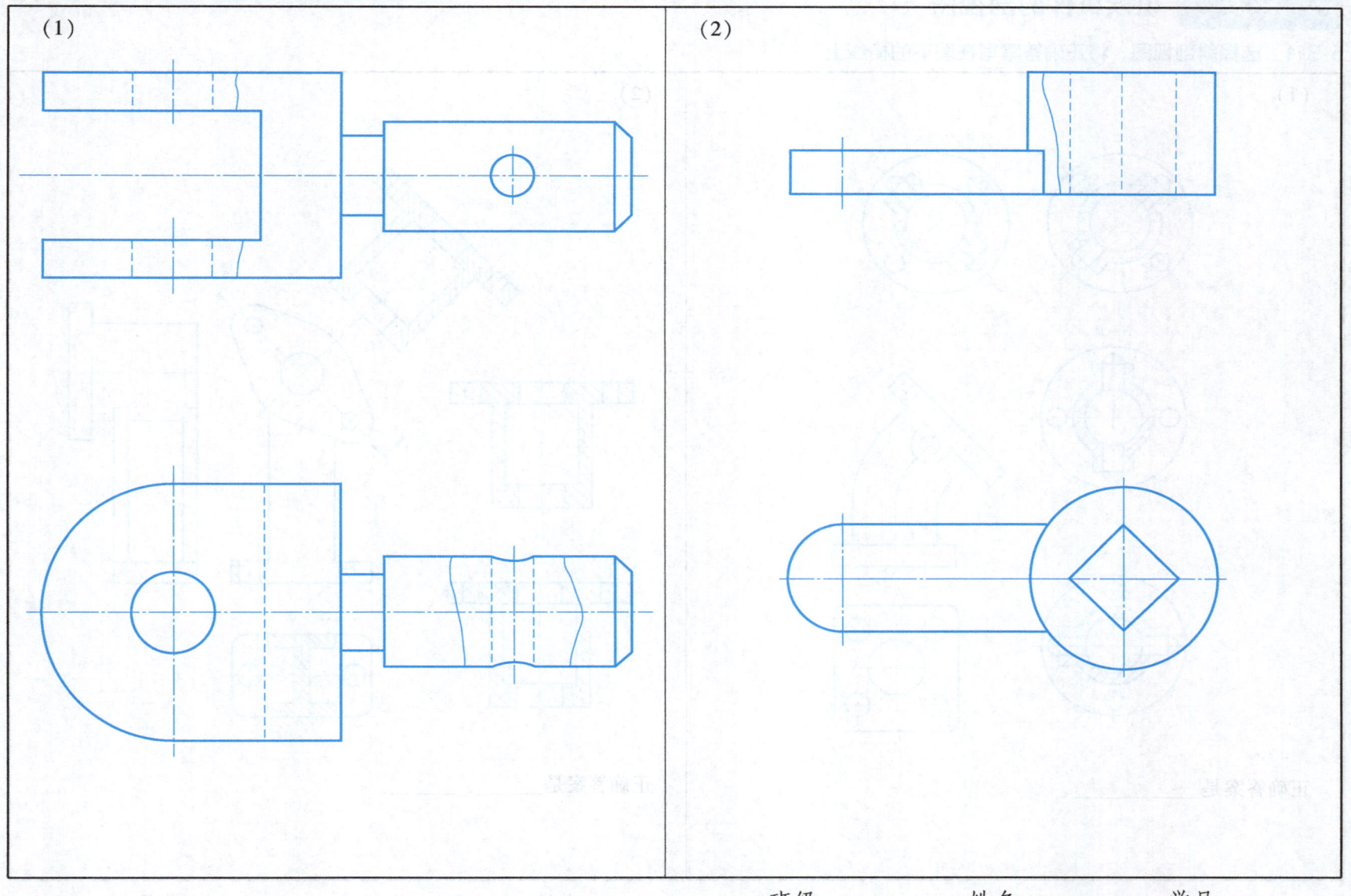

→ 任务三　识读机件的剖视图

5-3-1　选择斜剖视图，将正确答案写在图下的横线上

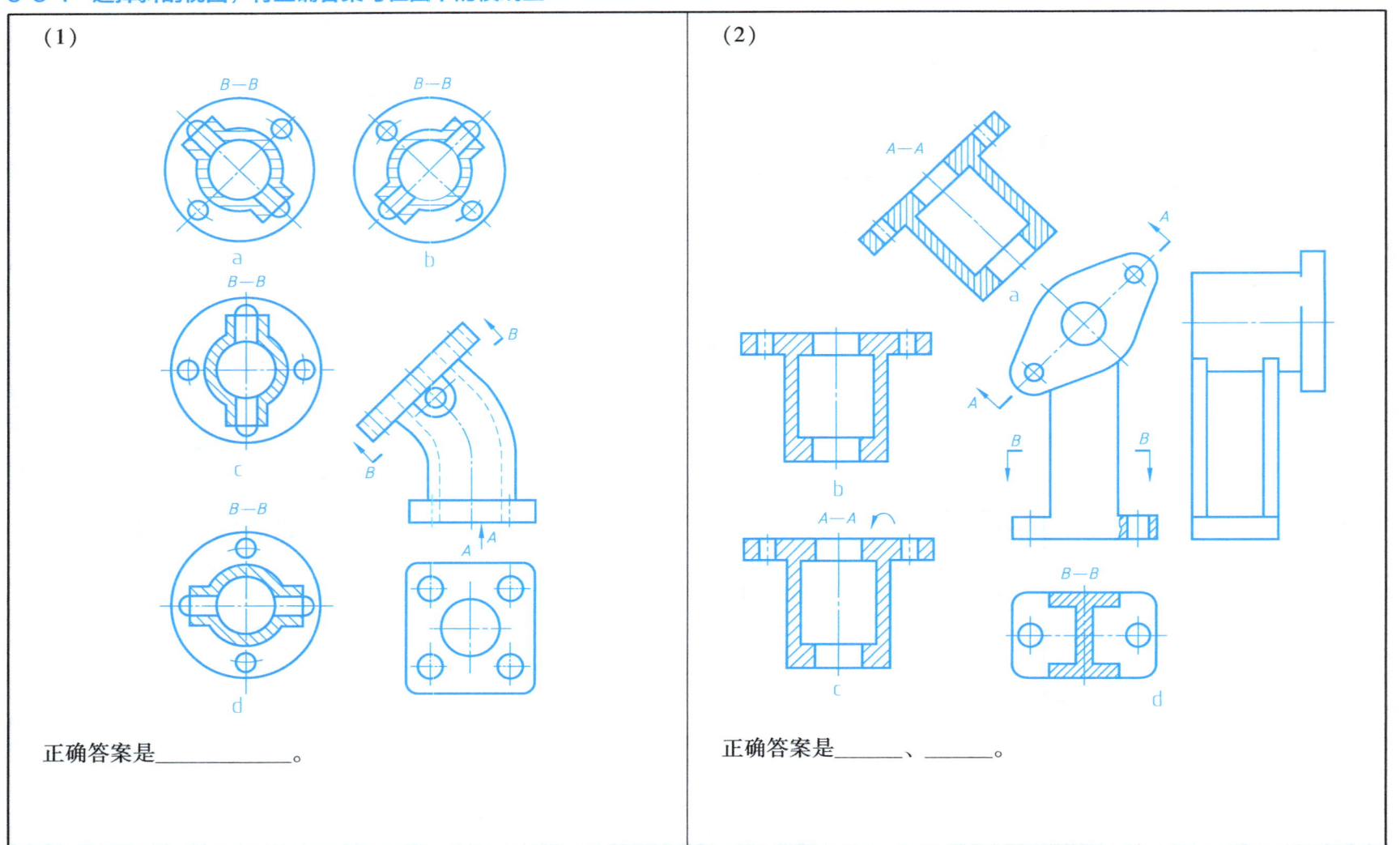

(1) 正确答案是_____。

(2) 正确答案是_____、_____。

5-3-2 按要求作图

在指定位置作出 A—A 剖视图，并按规定进行标注。

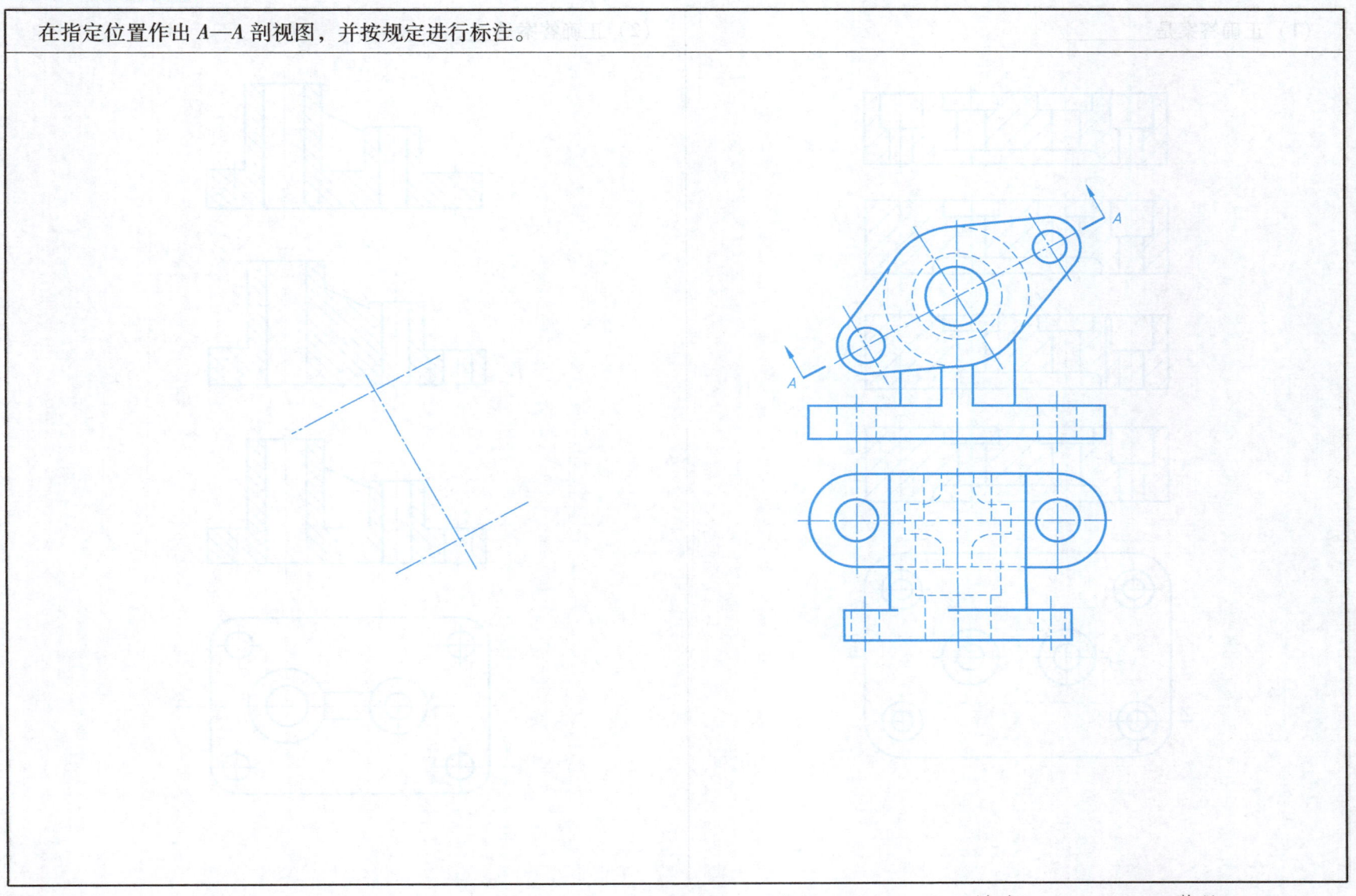

班级_____ 姓名_____ 学号_____

5-3-3 选择 A—A 剖视图，将正确答案写在题号后的横线上

（1）正确答案是_____。

（2）正确答案是_____。

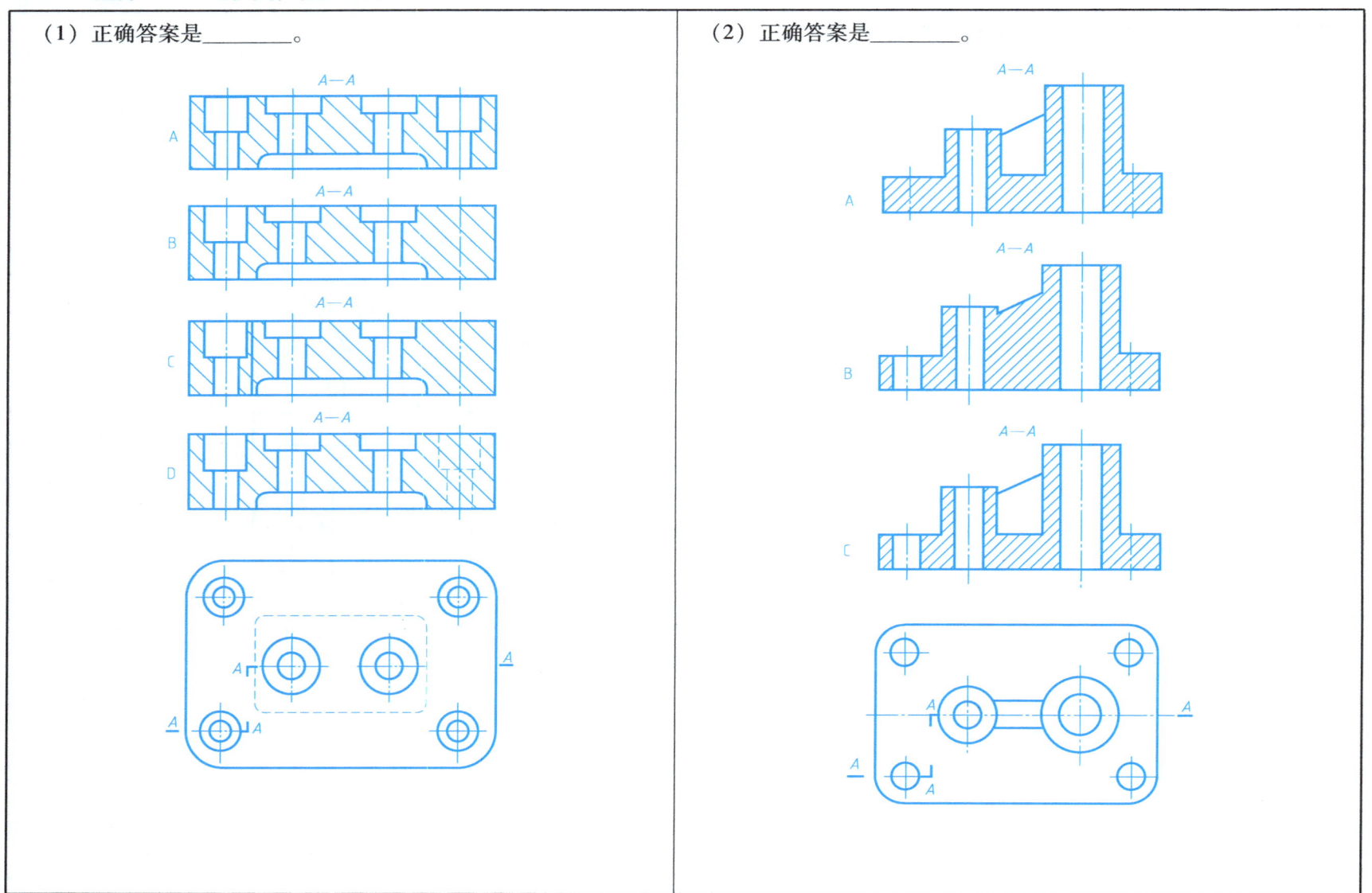

5-3-4 选择 A—A 剖视图，将正确答案写在题号后的横线上

（1）正确答案是_____。　　　　　　　　　　　　（2）正确答案是_____。

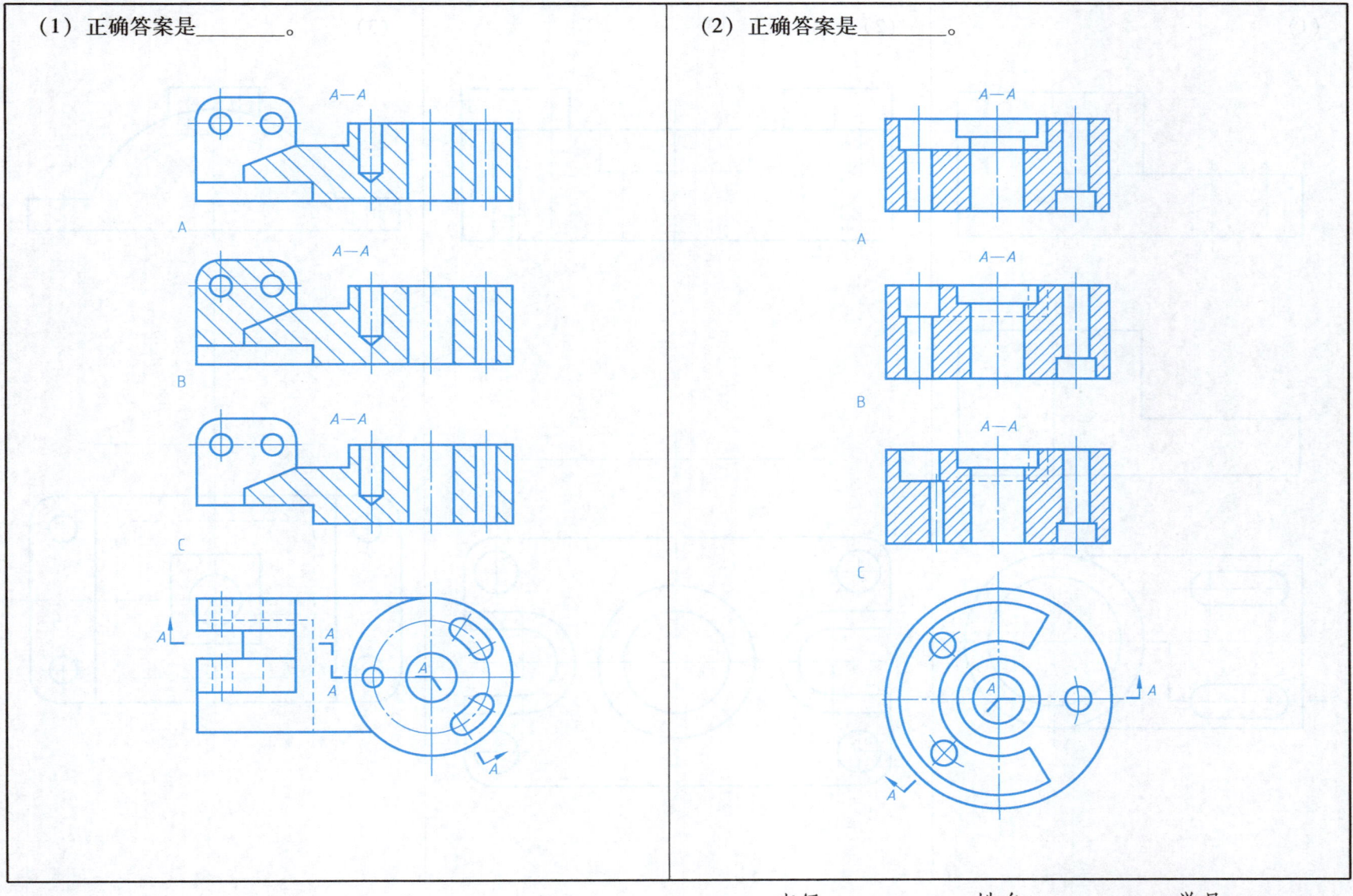

5-3-5 用几个平行的剖切平面，在指定位置将主视图画成全剖视图

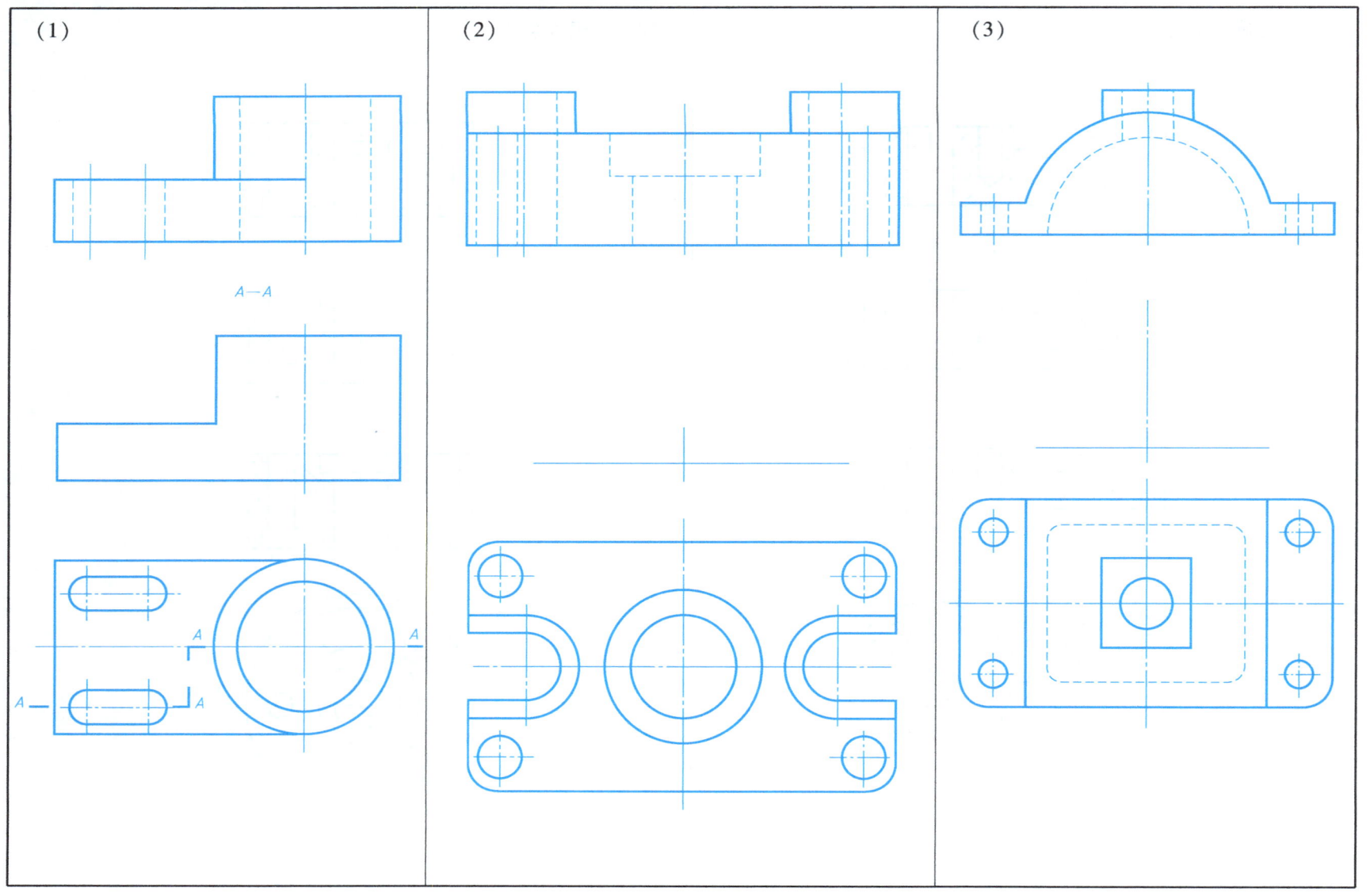

5-3-6 用相交的剖切面在指定位置将主视图画成全剖视图

(1) (2)

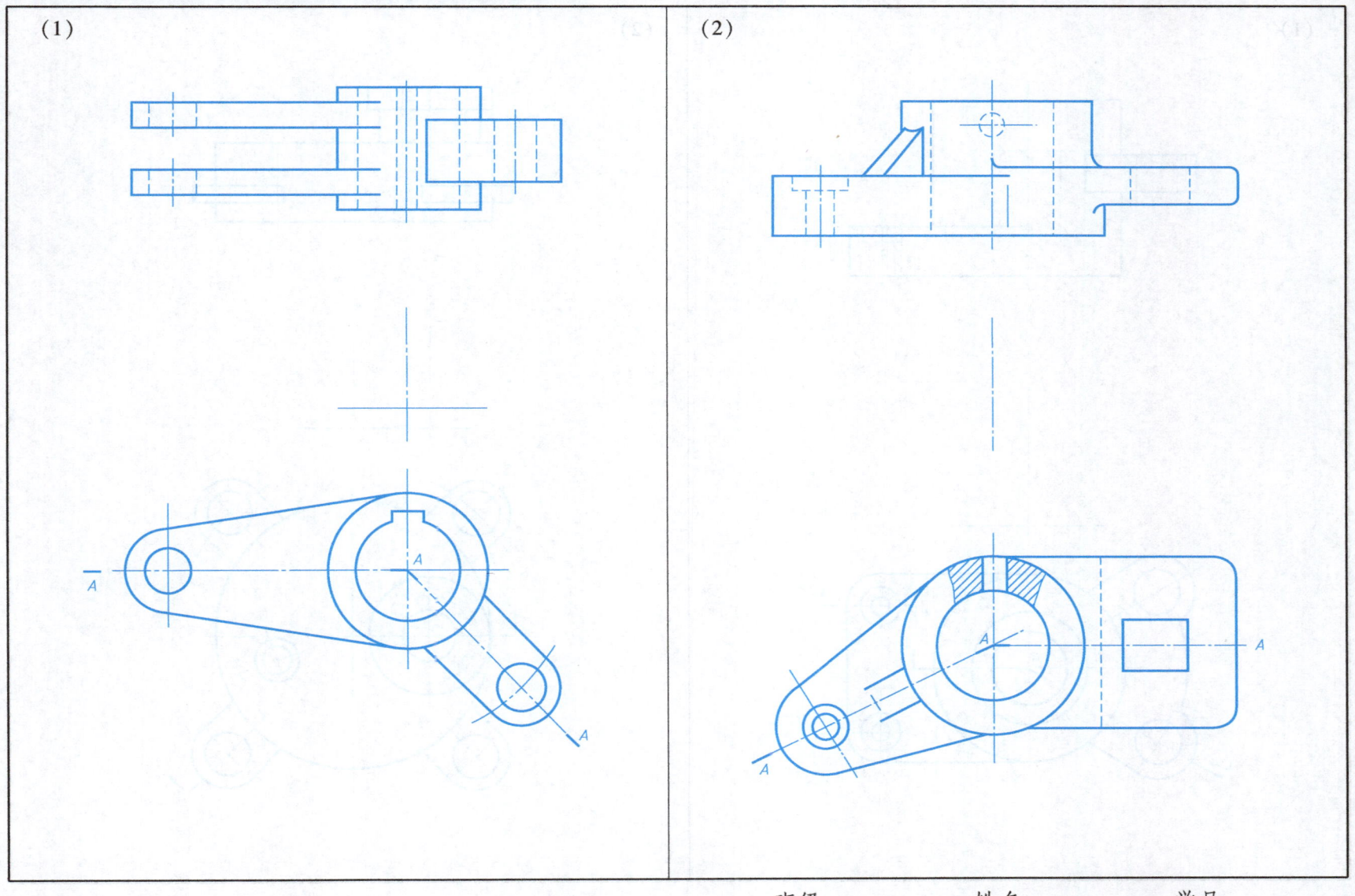

5-3-7 用相交的剖切面在指定位置将主视图画成全剖视图

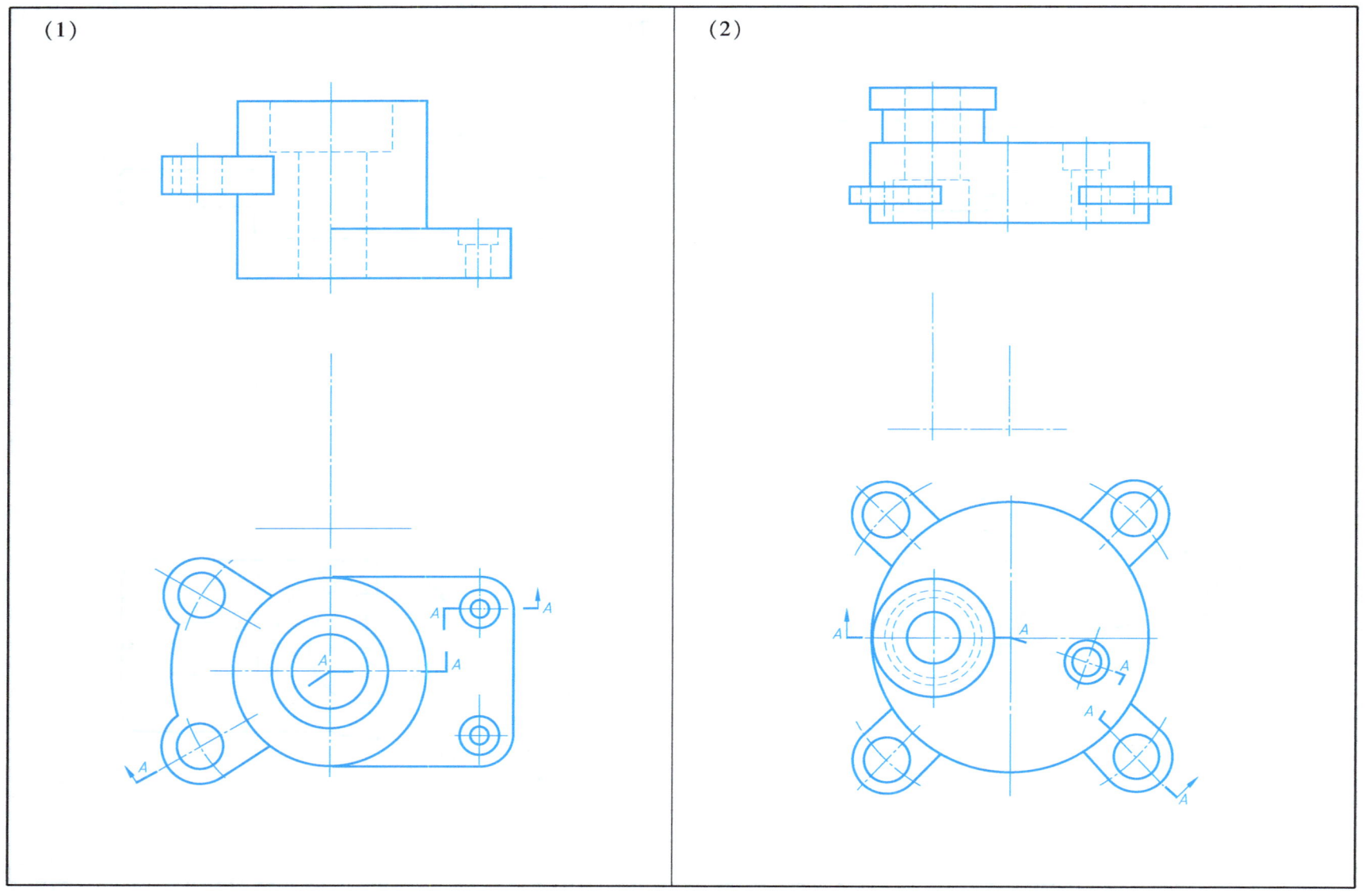

任务四 认知机件的其他表达方法

5-4-1 按要求做题

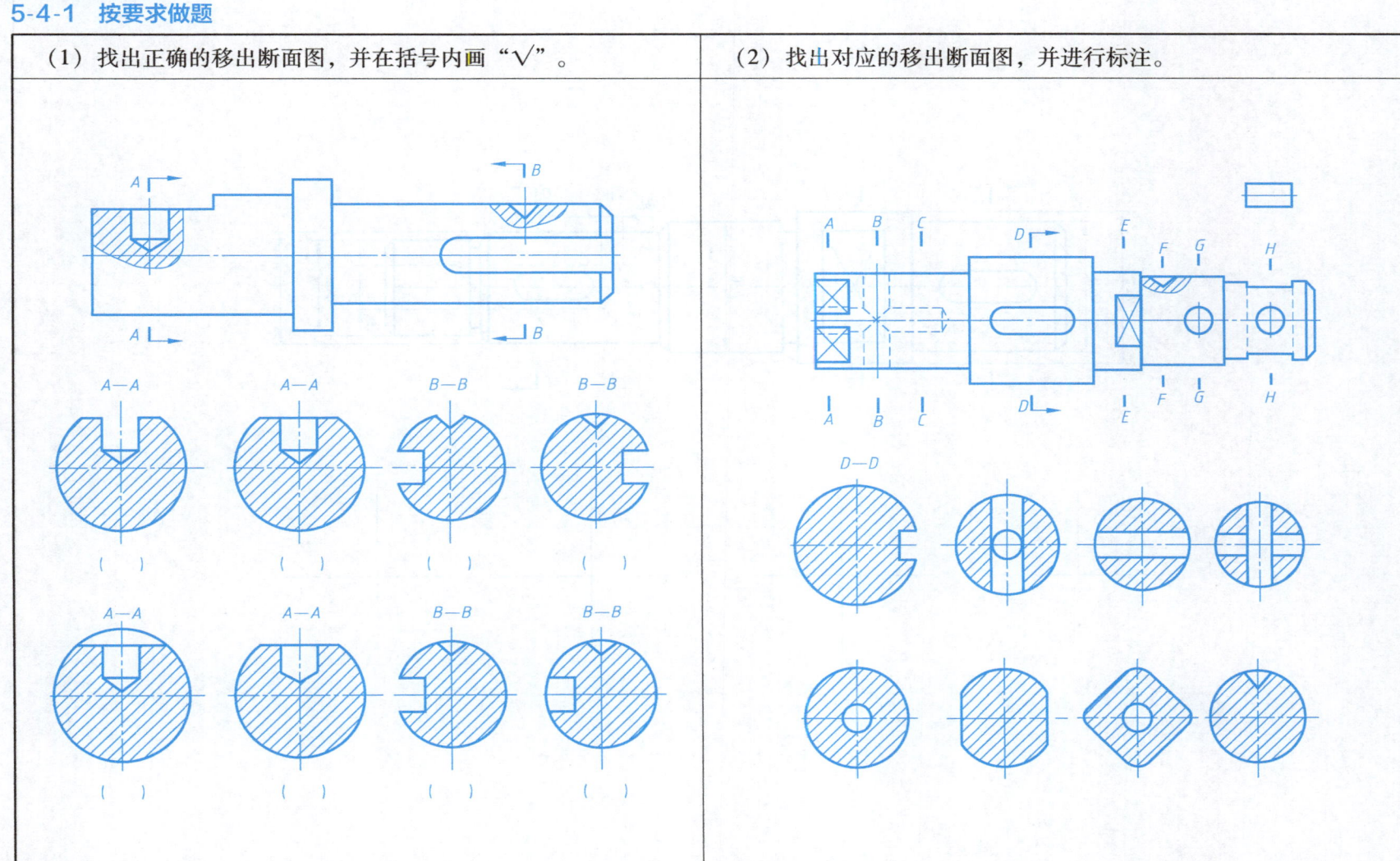

5-4-2 **画出轴上指定位置的断面图**（A 处键槽深 3mm，B 处为前后对称的两平面，两面相距 18mm，D 处键槽深 3mm）

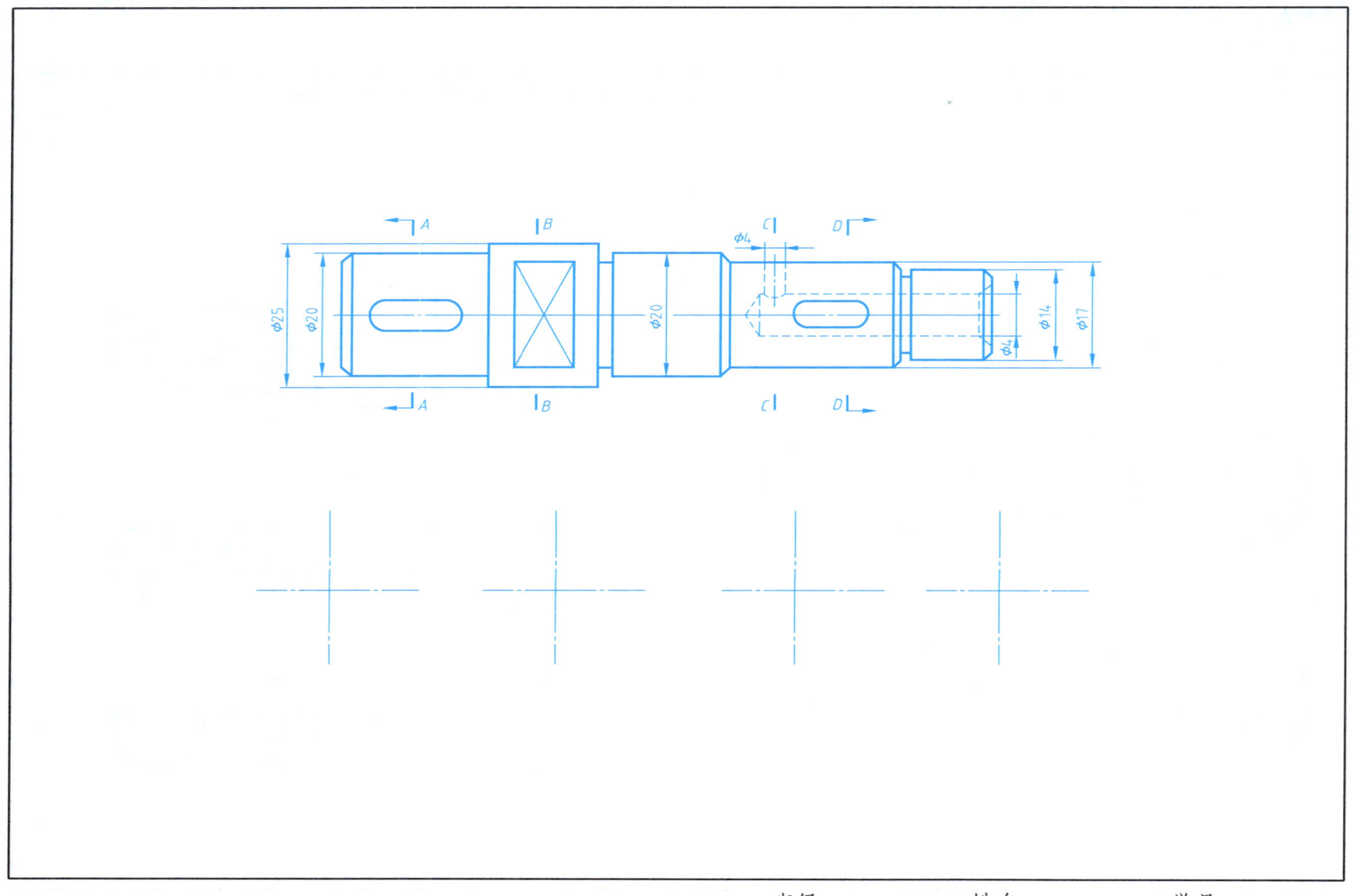

5-4-3 选择重合断面图，将正确答案写在题号后的横线上

(1) _____

(2) _____

(3) _____

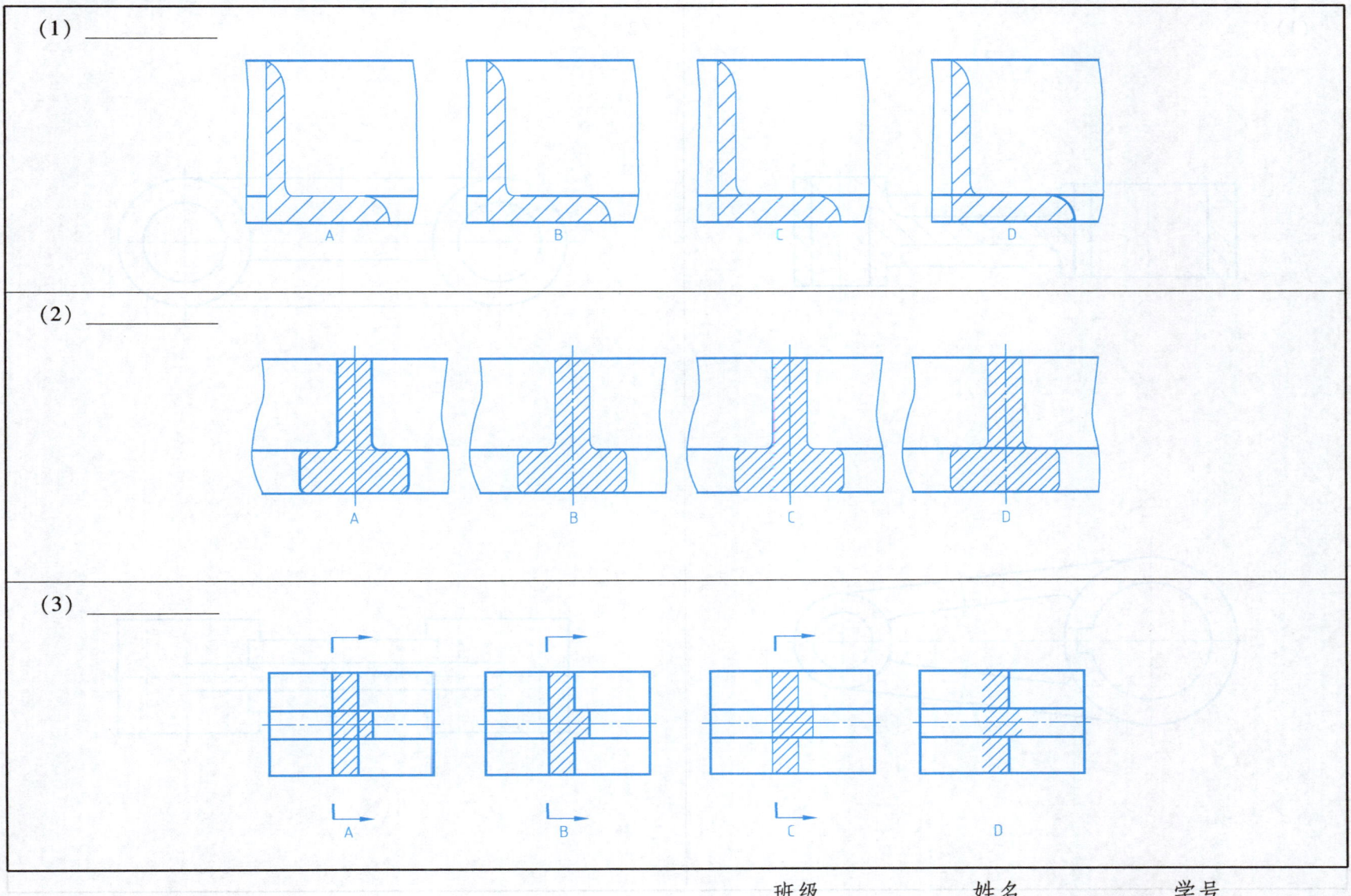

5-4-4　在指定位置作出正确的重合断面图

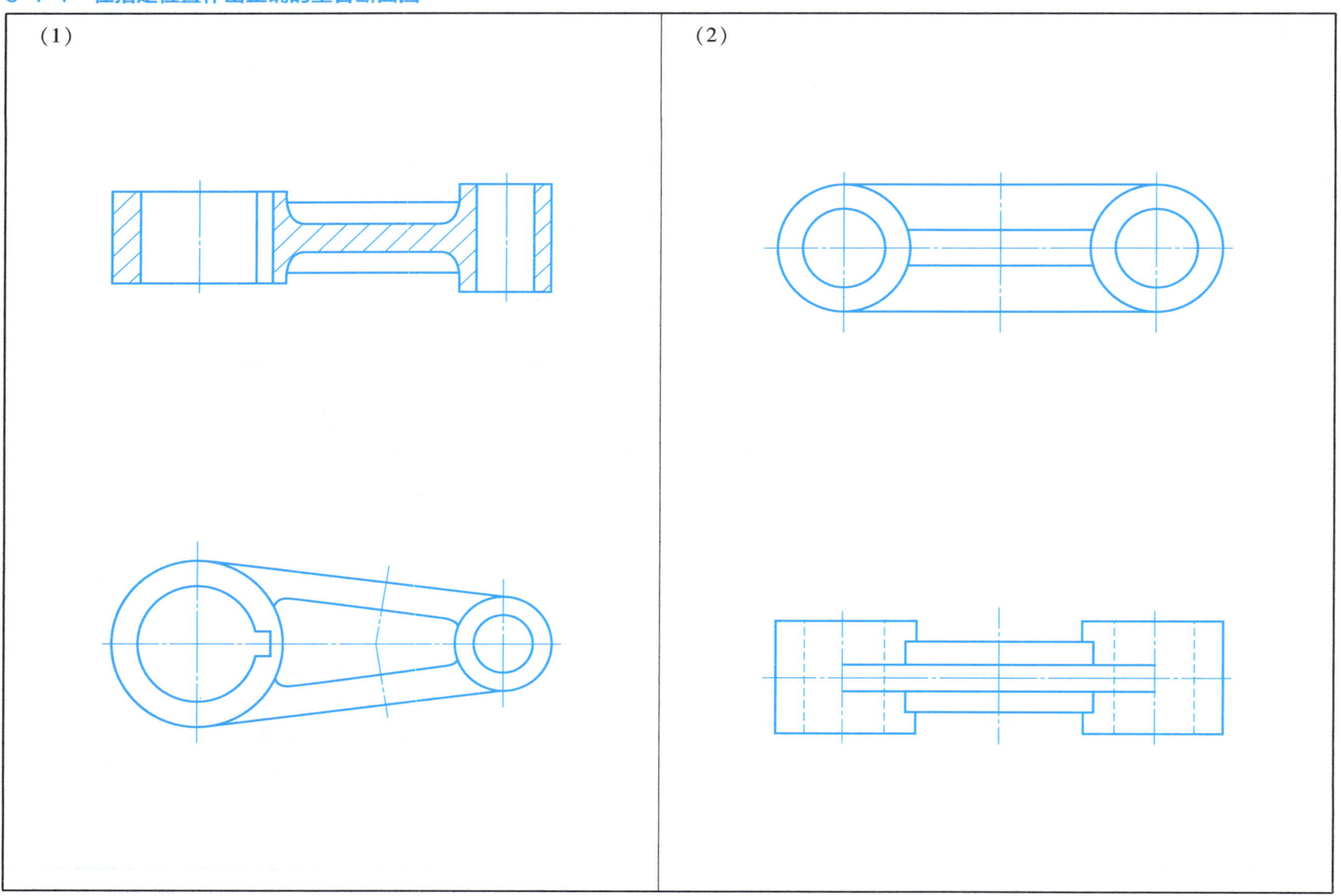

5-4-5 识读轴的表达方案，按要求作题

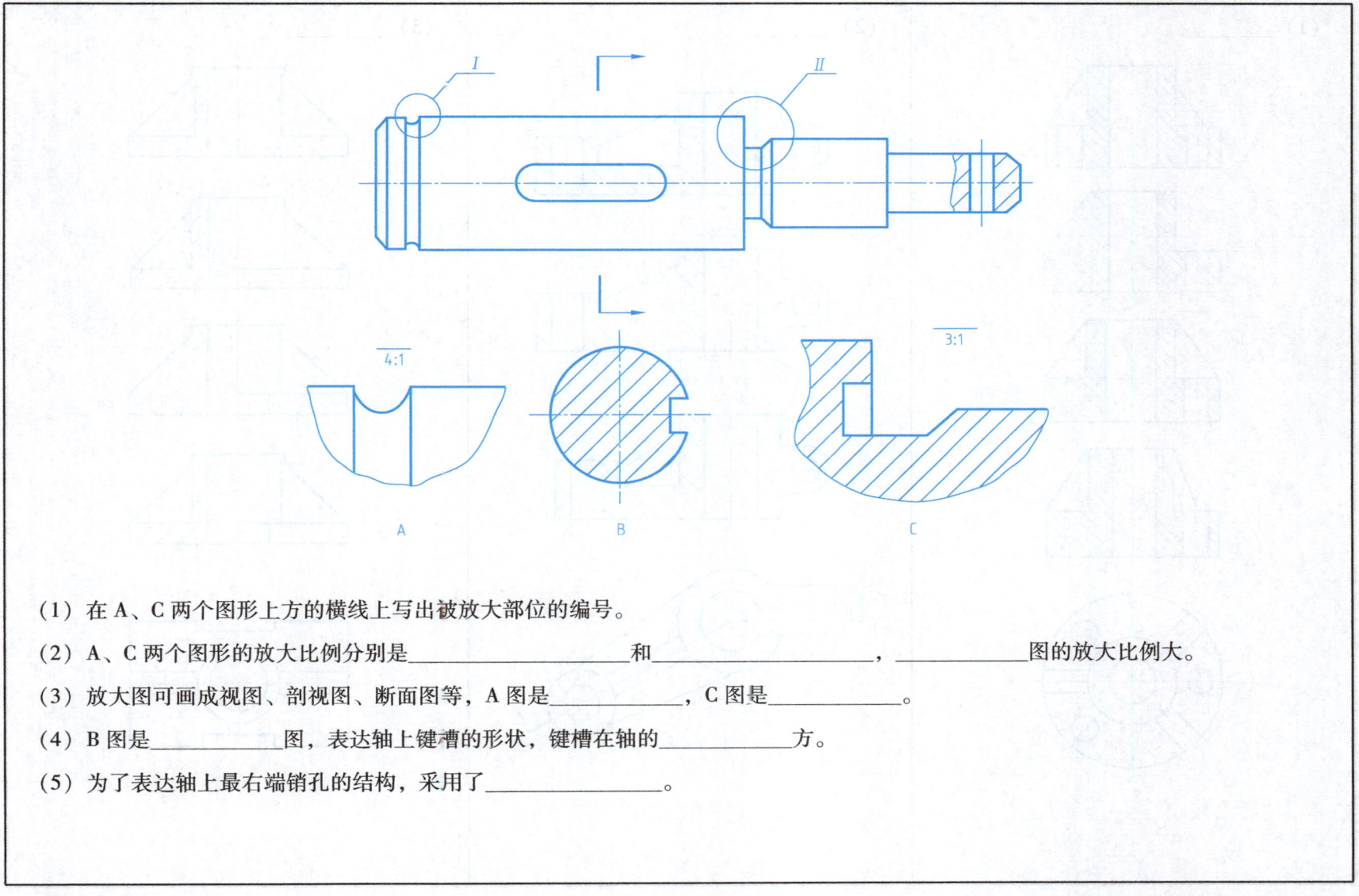

（1）在 A、C 两个图形上方的横线上写出被放大部位的编号。

（2）A、C 两个图形的放大比例分别是＿＿＿＿＿＿和＿＿＿＿＿＿，＿＿＿＿＿图的放大比例大。

（3）放大图可画成视图、剖视图、断面图等，A 图是＿＿＿＿＿，C 图是＿＿＿＿＿。

（4）B 图是＿＿＿＿＿图，表达轴上键槽的形状，键槽在轴的＿＿＿＿＿方。

（5）为了表达轴上最右端销孔的结构，采用了＿＿＿＿＿＿。

5-4-6 选择剖视图，将正确答案写在题号后的横线上

(1) _____ (2) _____ (3) _____

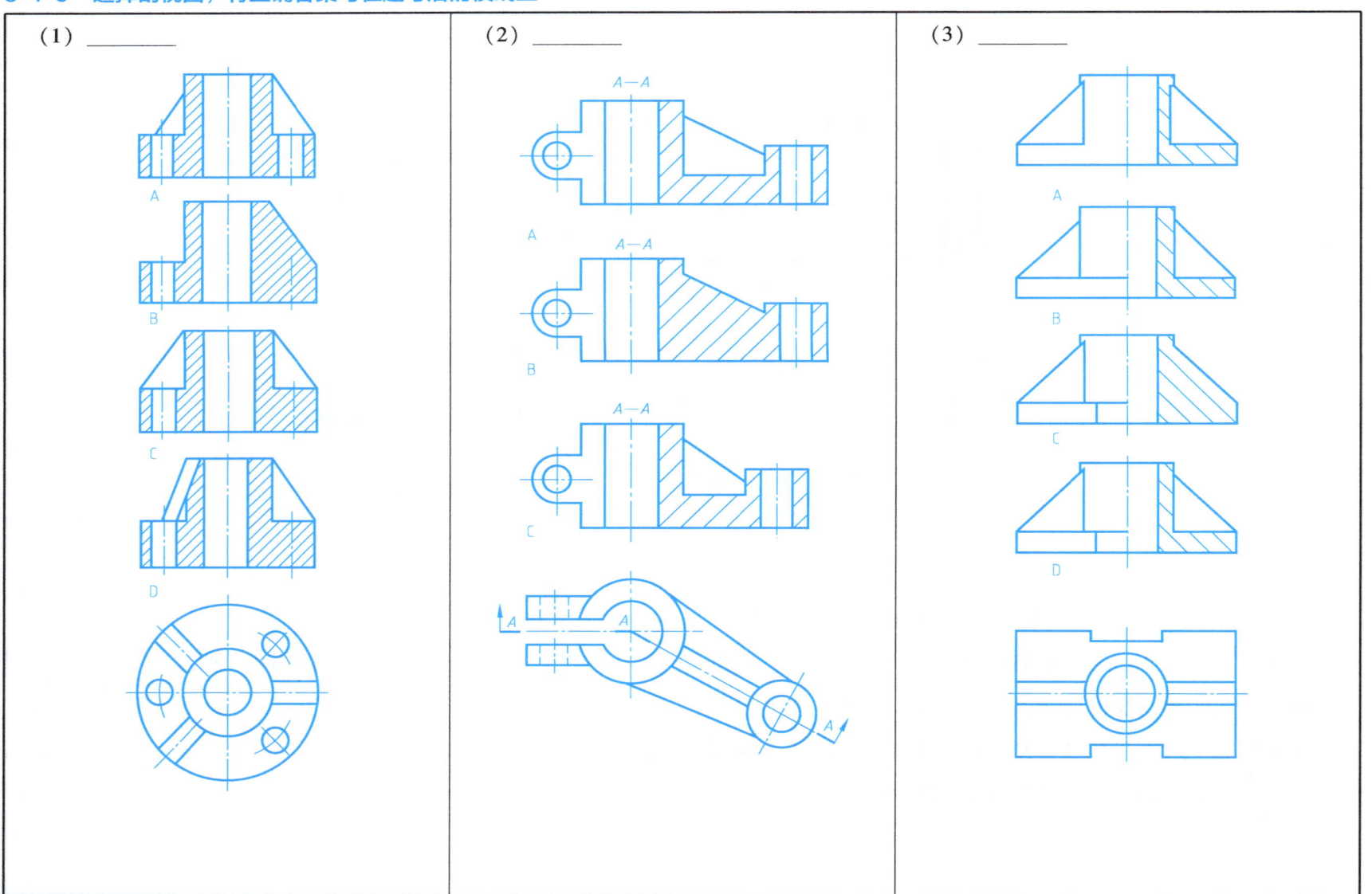

5-4-7 在给定位置画出正确的主视图

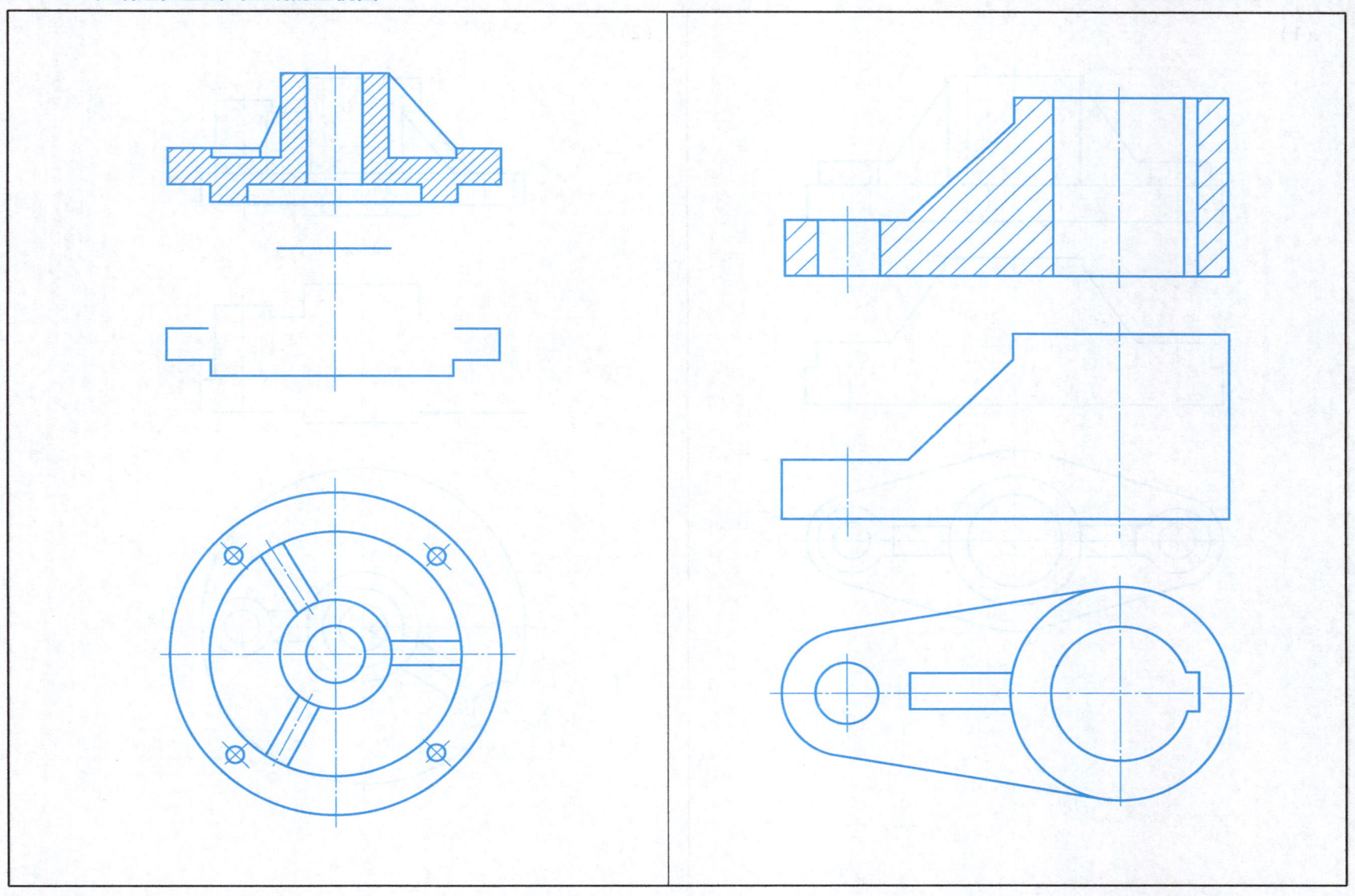

5-4-8 在给定位置画出全剖的主视图

(1)　　　　　　　　　　　　　　(2)

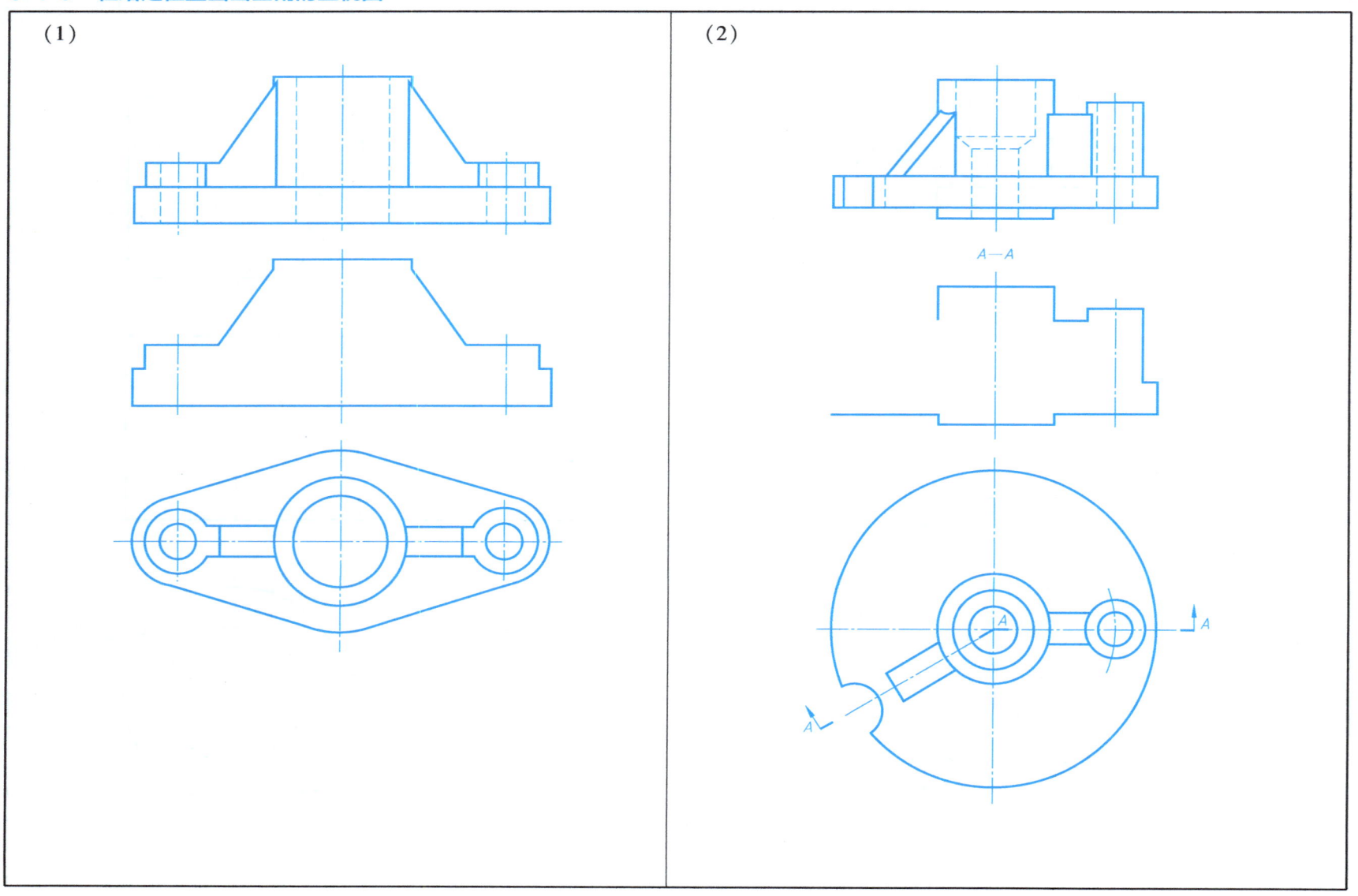

5-4-9 分析四通管的表达方案，在图中的括号里填写相应的尺寸（比例1∶2），并完成填空

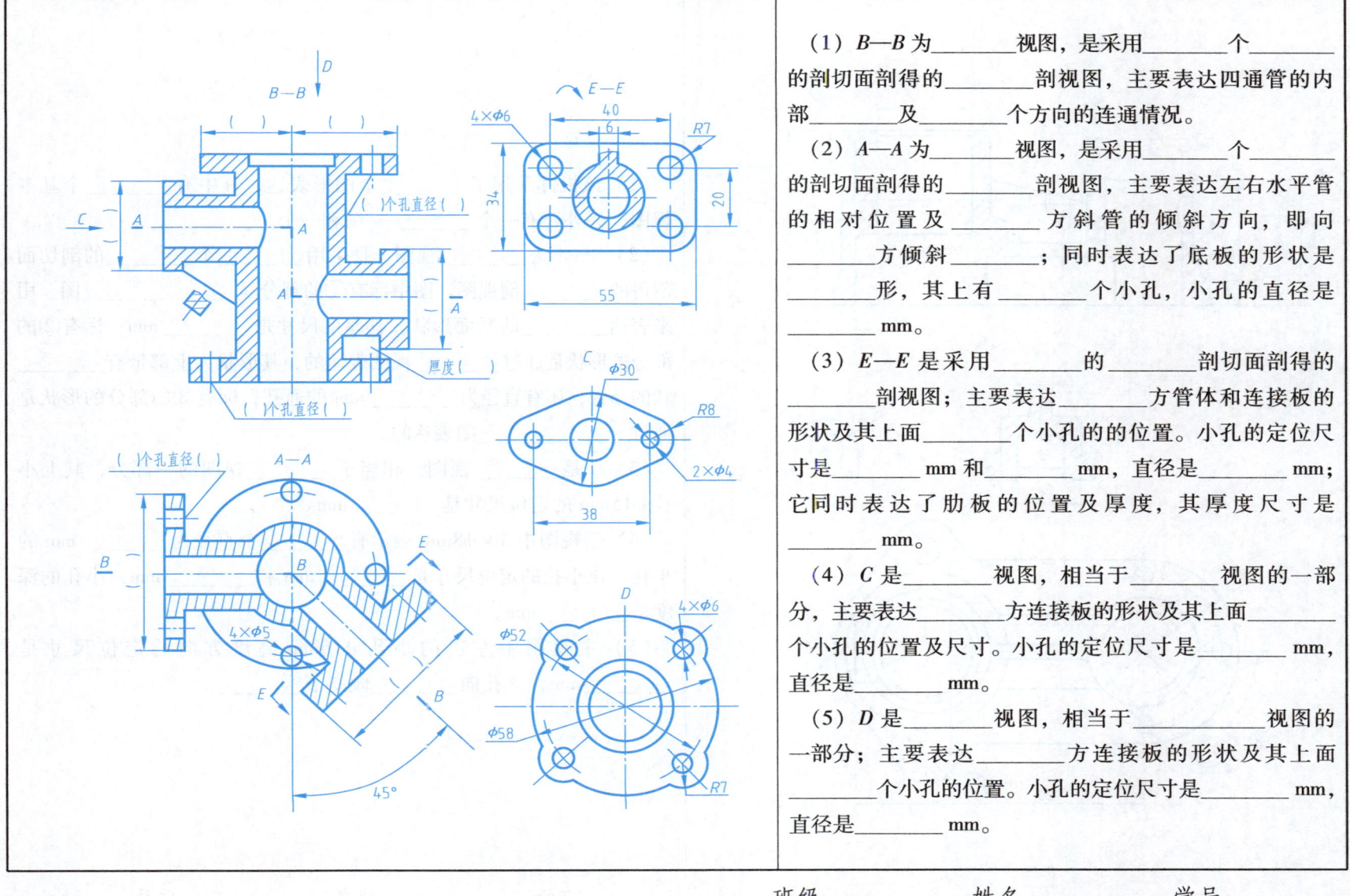

（1）B—B 为_____视图，是采用_____个_____的剖切面剖得的_____剖视图，主要表达四通管的内部_____及_____个方向的连通情况。

（2）A—A 为_____视图，是采用_____个_____的剖切面剖得的_____剖视图，主要表达左右水平管的相对位置及_____方斜管的倾斜方向，即向_____方倾斜_____；同时表达了底板的形状是_____形，其上有_____个小孔，小孔的直径是_____mm。

（3）E—E 是采用_____的_____剖切面剖得的_____剖视图；主要表达_____方管体和连接板的形状及其上面_____个小孔的的位置。小孔的定位尺寸是_____mm 和_____mm，直径是_____mm；它同时表达了肋板的位置及厚度，其厚度尺寸是_____mm。

（4）C 是_____视图，相当于_____视图的一部分，主要表达_____方连接板的形状及其上面_____个小孔的位置及尺寸。小孔的定位尺寸是_____mm，直径是_____mm。

（5）D 是_____视图，相当于_____视图的一部分；主要表达_____方连接板的形状及其上面_____个小孔的位置。小孔的定位尺寸是_____mm，直径是_____mm。

5-4-10 分析图示机件的表达方案，并完成填空

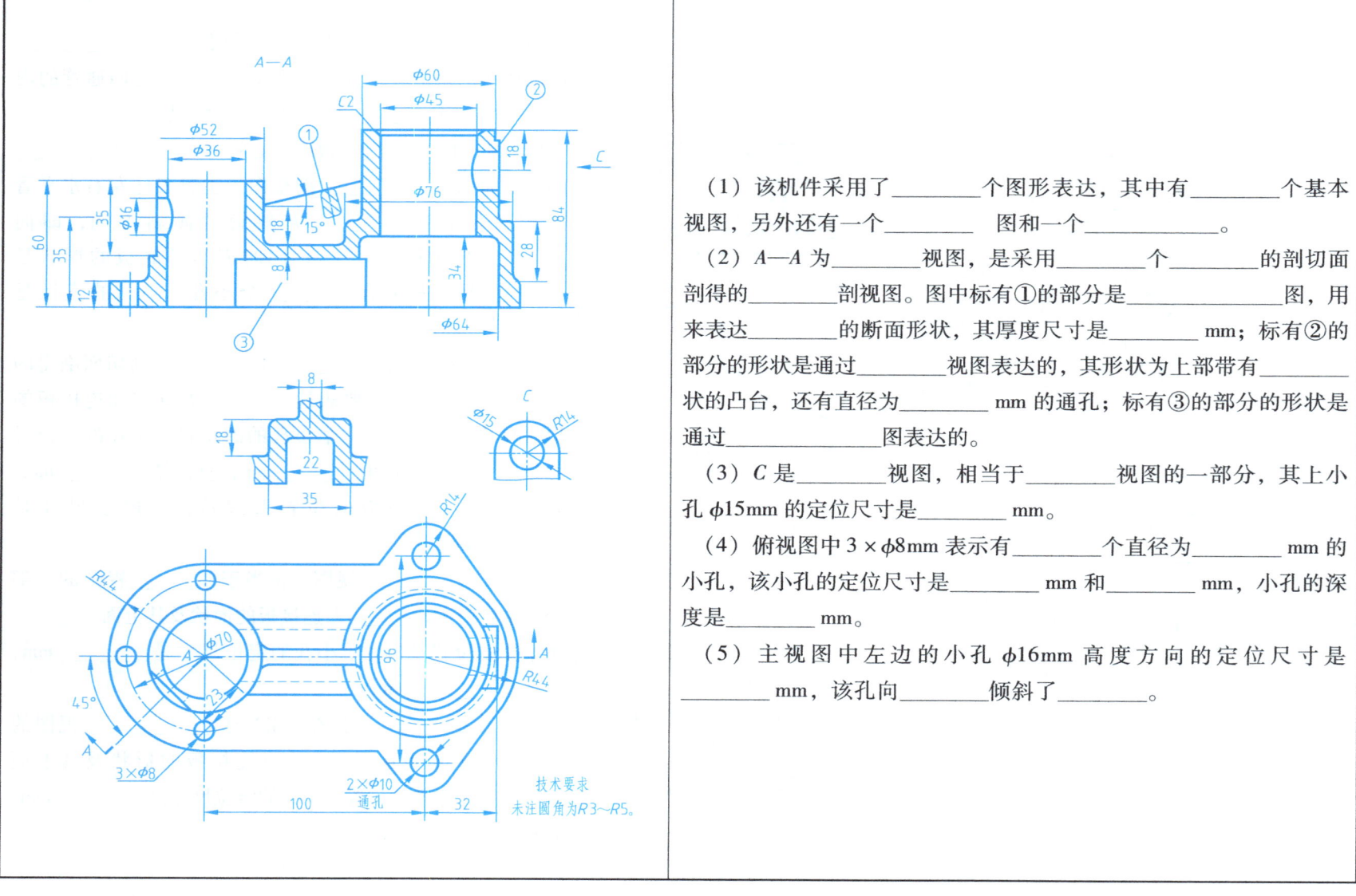

（1）该机件采用了_____个图形表达，其中有_____个基本视图，另外还有一个_____图和一个_____。

（2）A—A 为_____视图，是采用_____个_____的剖切面剖得的_____剖视图。图中标有①的部分是_____图，用来表达_____的断面形状，其厚度尺寸是_____mm；标有②的部分的形状是通过_____视图表达的，其形状为上部带有_____状的凸台，还有直径为_____mm 的通孔；标有③的部分的形状是通过_____图表达的。

（3）C 是_____视图，相当于_____视图的一部分，其上小孔 φ15mm 的定位尺寸是_____mm。

（4）俯视图中 3×φ8mm 表示有_____个直径为_____mm 的小孔，该小孔的定位尺寸是_____mm 和_____mm，小孔的深度是_____mm。

（5）主视图中左边的小孔 φ16mm 高度方向的定位尺寸是_____mm，该孔向_____倾斜了_____。

班级_____ 姓名_____ 学号_____

项目六

认知标准件与常用件的特殊表达方法

→ 任务一 认知螺纹及其表达方法

6-1-1 看懂下列图形，将正确的螺纹表达方法答案写在题号后的横线上

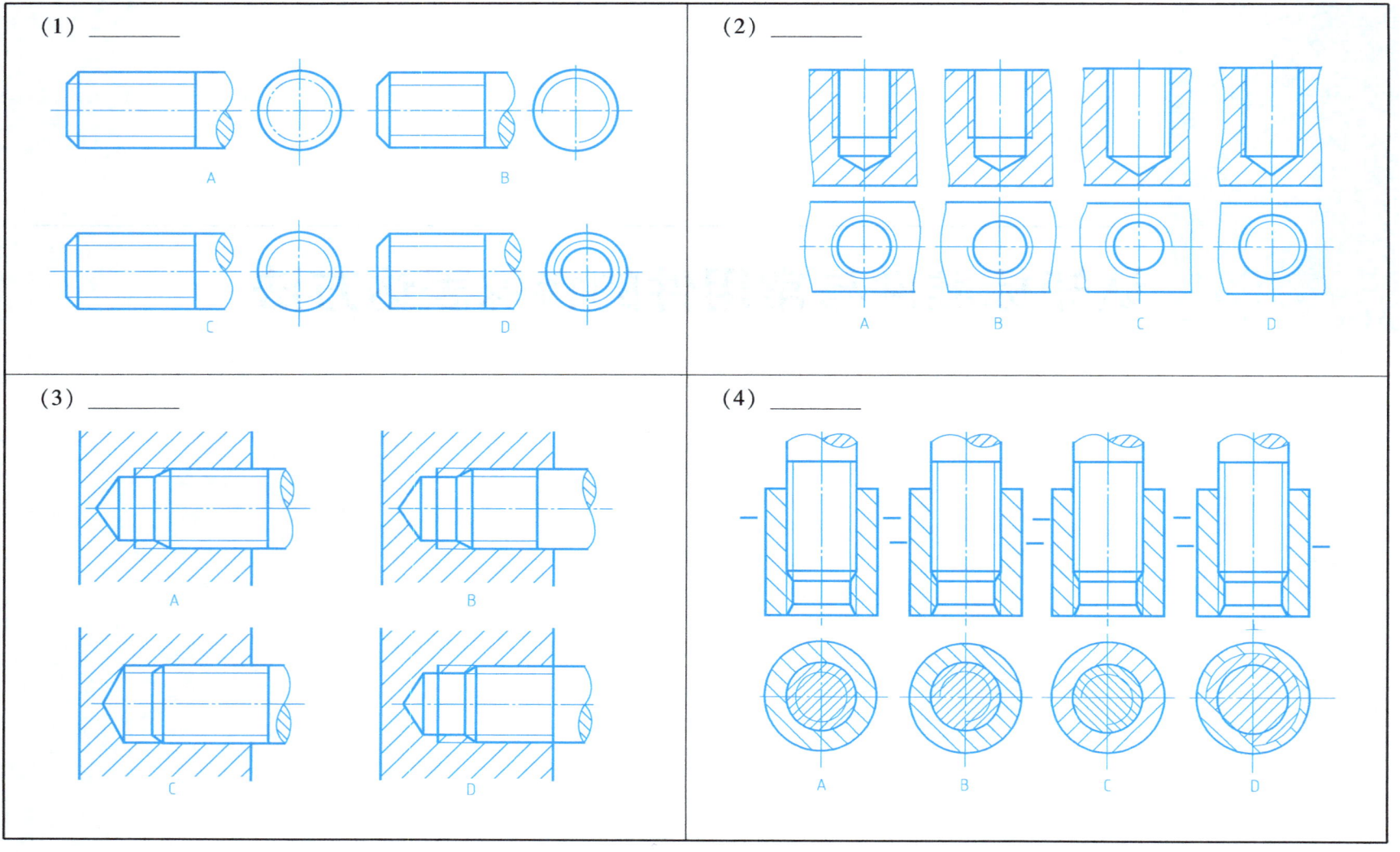

班级_____ 姓名_____ 学号_____

6-1-2　指出下列螺纹画法的错误，并将正确的图形画在下方

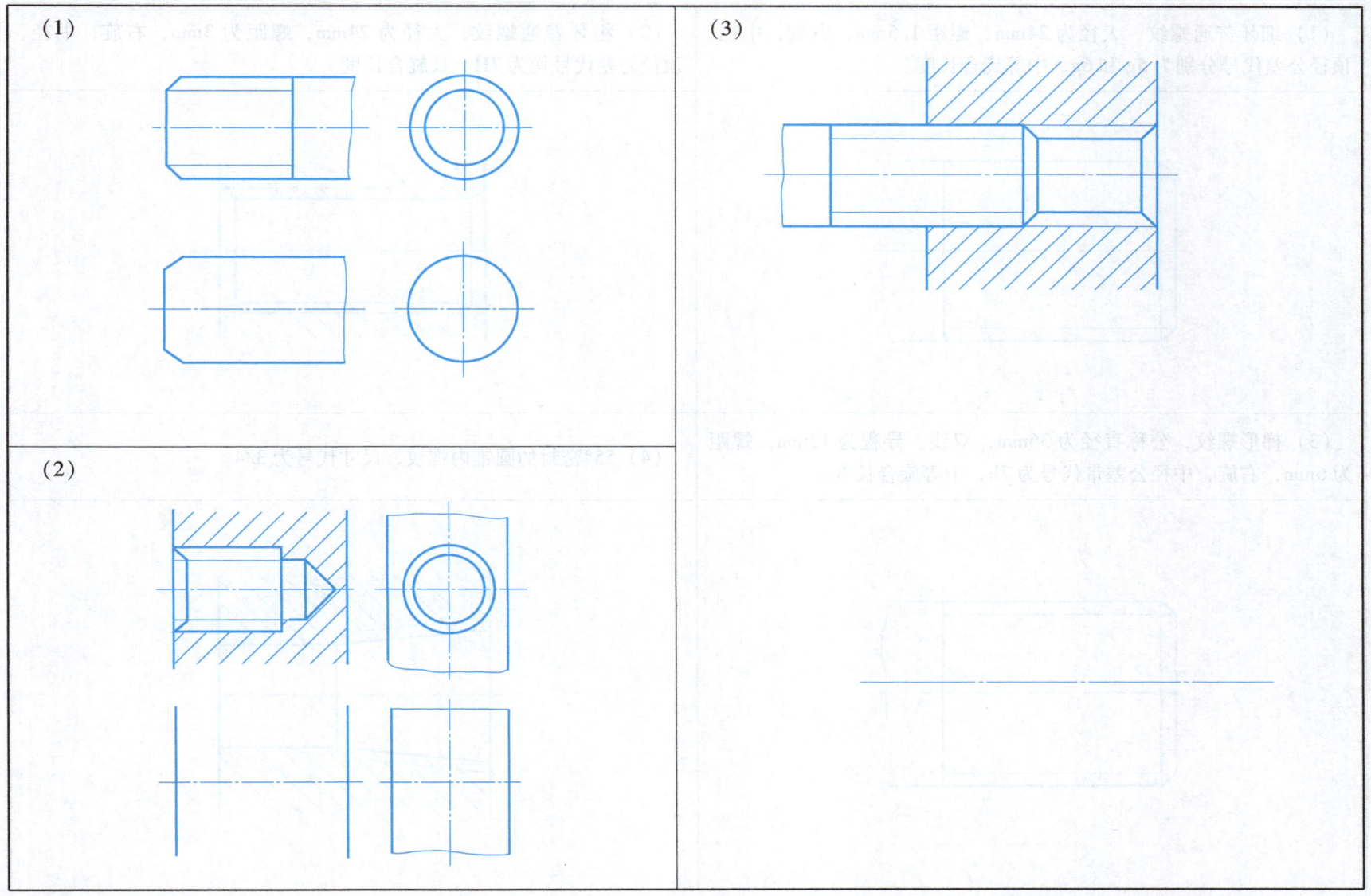

班级_____　姓名_____　学号_____

6-1-3 根据文字说明，在图形上标注螺纹的标记

（1）细牙普通螺纹，大径为24mm，螺距1.5mm，右旋，中径、顶径公差代号分别为5g和6g，中等旋合长度。	（2）粗牙普通螺纹，大径为24mm，螺距为3mm，右旋，中径、顶径公差代号均为7H，长旋合长度。
（3）梯形螺纹，公称直径为36mm，双线，导程为12mm，螺距为6mm，右旋，中径公差带代号为7h，中等旋合长度。	（4）55°密封的圆锥内螺纹，尺寸代号为3/4。

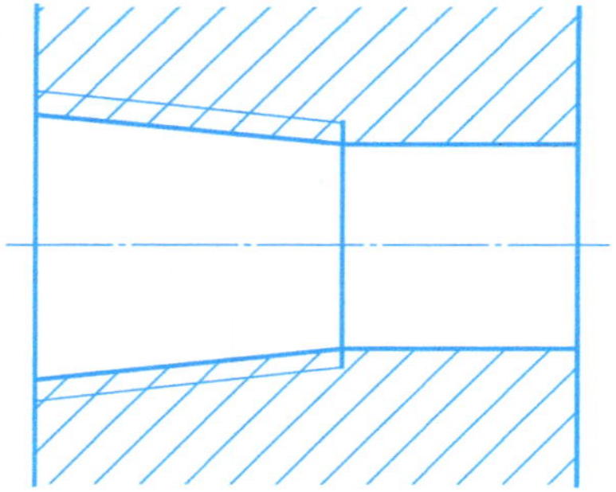

班级_____ 姓名_____ 学号_____

→ 任务二 认知螺纹紧固件及其连接画法

6-2-1 查表填写下列螺纹紧固件的数值，并写出规定标记

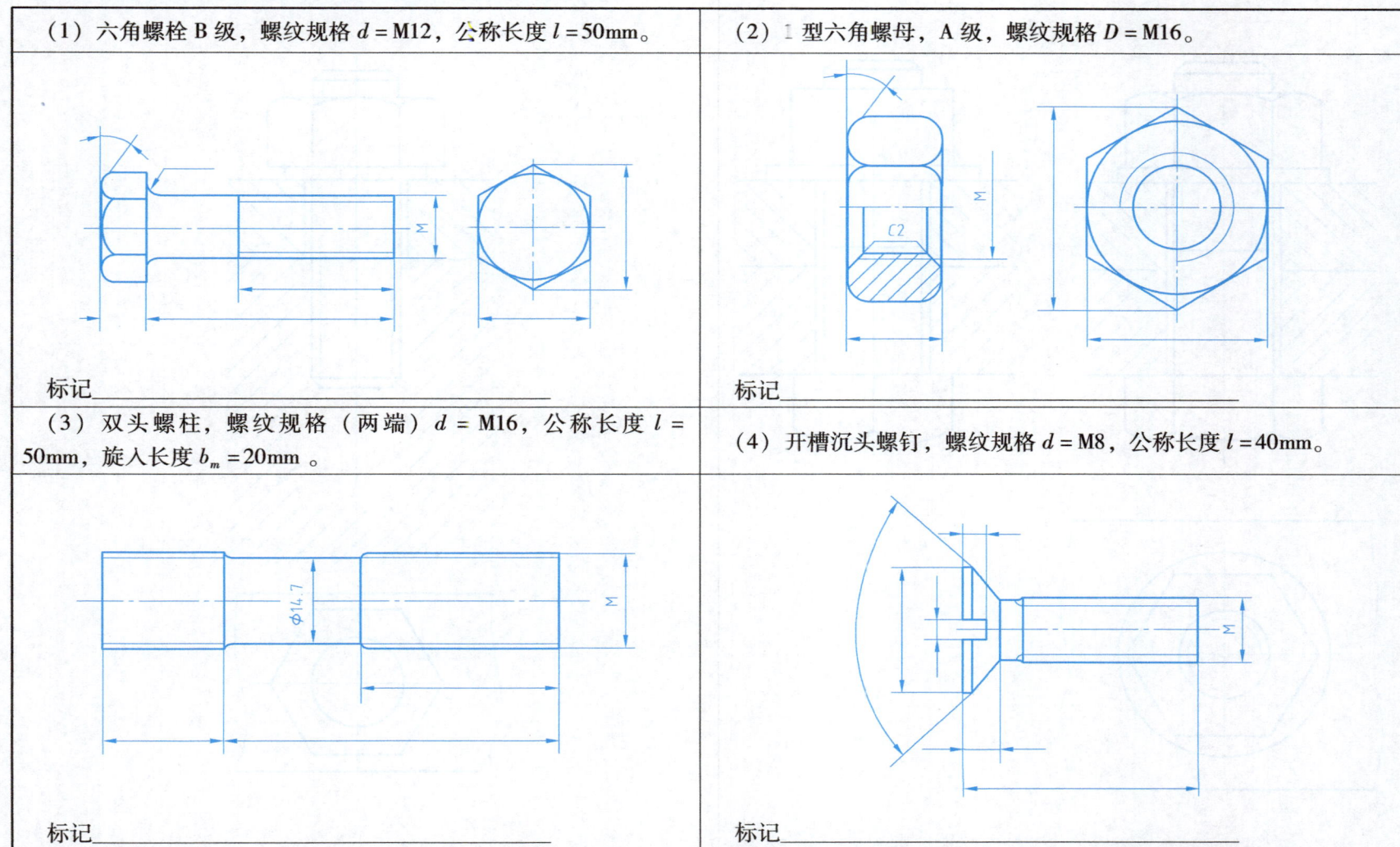

（1）六角螺栓 B 级，螺纹规格 $d = M12$，公称长度 $l = 50mm$。

标记_____

（2）1 型六角螺母，A 级，螺纹规格 $D = M16$。

标记_____

（3）双头螺柱，螺纹规格（两端）$d = M16$，公称长度 $l = 50mm$，旋入长度 $b_m = 20mm$。

标记_____

（4）开槽沉头螺钉，螺纹规格 $d = M8$，公称长度 $l = 40mm$。

标记_____

班级_____ 姓名_____ 学号_____

6-2-2 补画螺栓连接图中的漏线

(1) 分析螺栓连接的三视图，补画图中漏画的图线。

(2) 分析螺柱连接的两视图，补画图中漏画的图线。

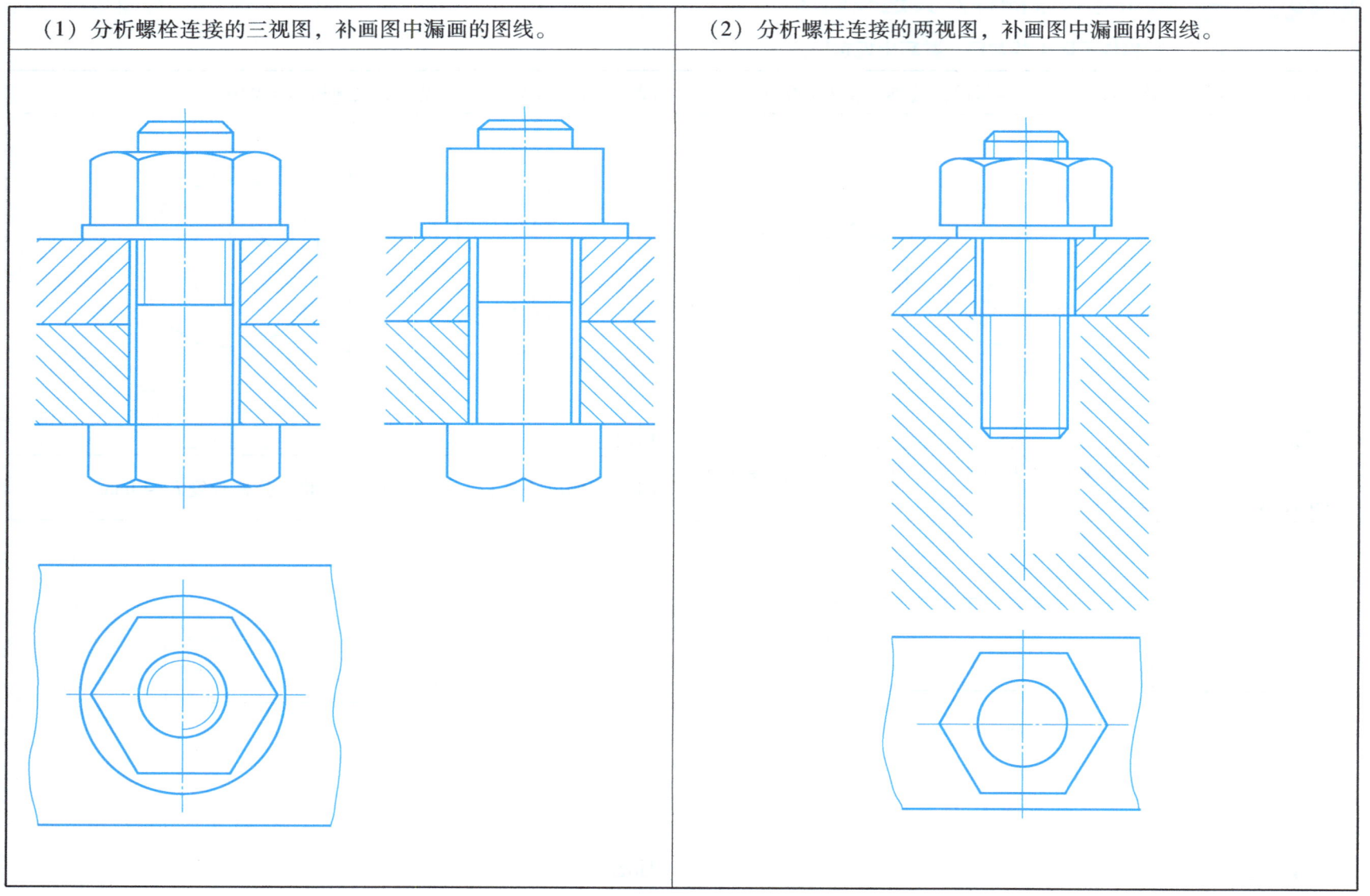

班级_____ 姓名_____ 学号_____

6-2-3 补画螺钉连接图中的漏线

（1）分析开槽圆柱头螺钉连接的两视图，补画图中漏画的图线。

（2）分析开槽沉头螺钉连接的两视图，补画图中漏画的图线。

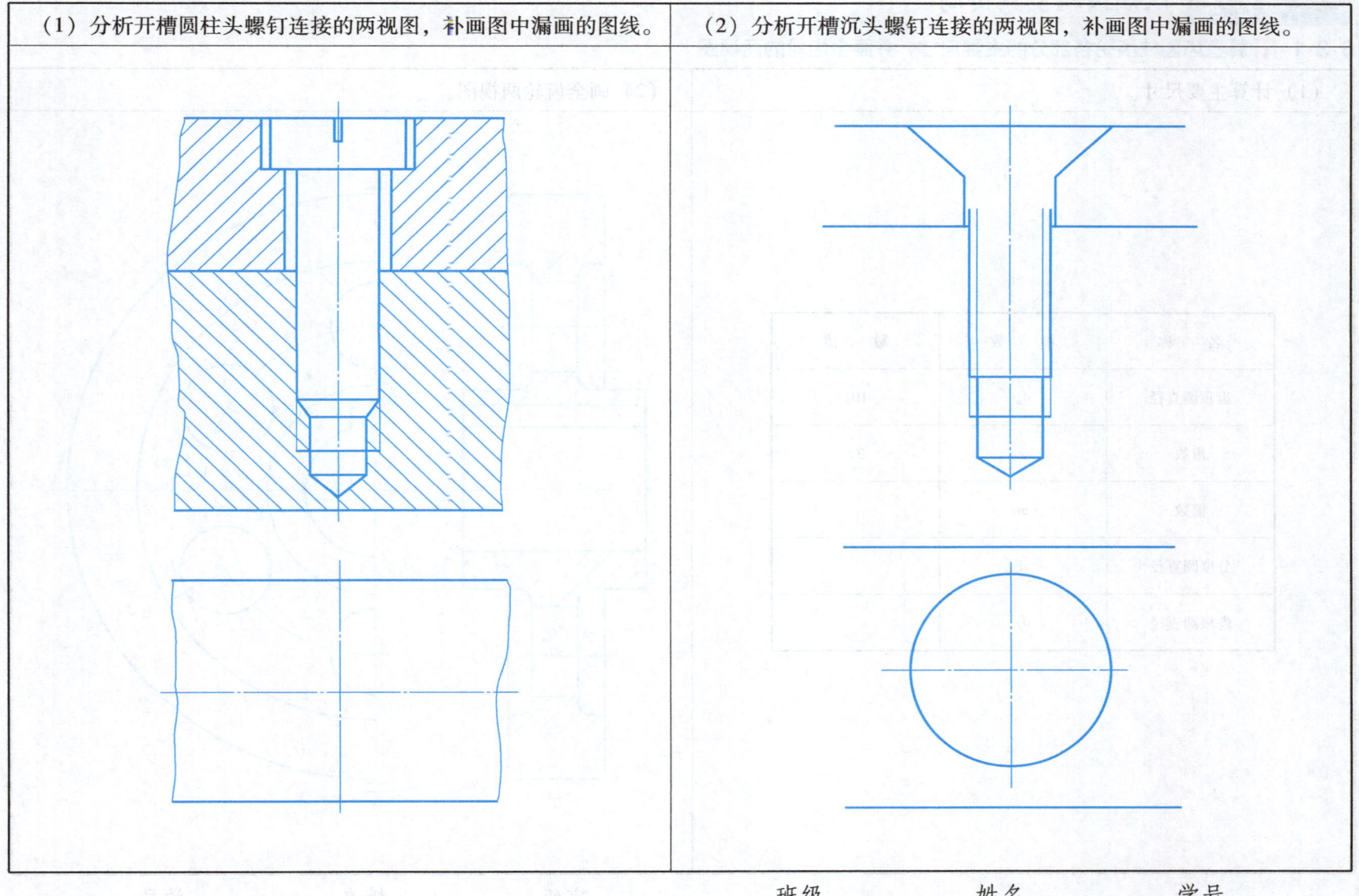

任务三 认知齿轮及其传动

6-3-1 计算直齿圆柱齿轮各部分的主要尺寸，并画全齿轮的两视图

（1）计算主要尺寸。

名　称	参　数	数　值
齿顶圆直径	d_a	102
齿数	z	32
模数	m	
分度圆直径	d	
齿根圆直径	d_f	

（2）画全齿轮两视图。

班级＿＿＿＿　姓名＿＿＿＿　学号＿＿＿＿

6-3-2 已知大齿轮的模数 $m=2$mm，两齿轮的中心距 $a=60$mm，小齿轮的齿数 $z_1=20$，试计算齿轮的有关尺寸，并完成两齿轮的啮合图。

z_2	
d_1	
d_{a1}	
d_{f1}	
d_1	
d_{a2}	
d_{f2}	

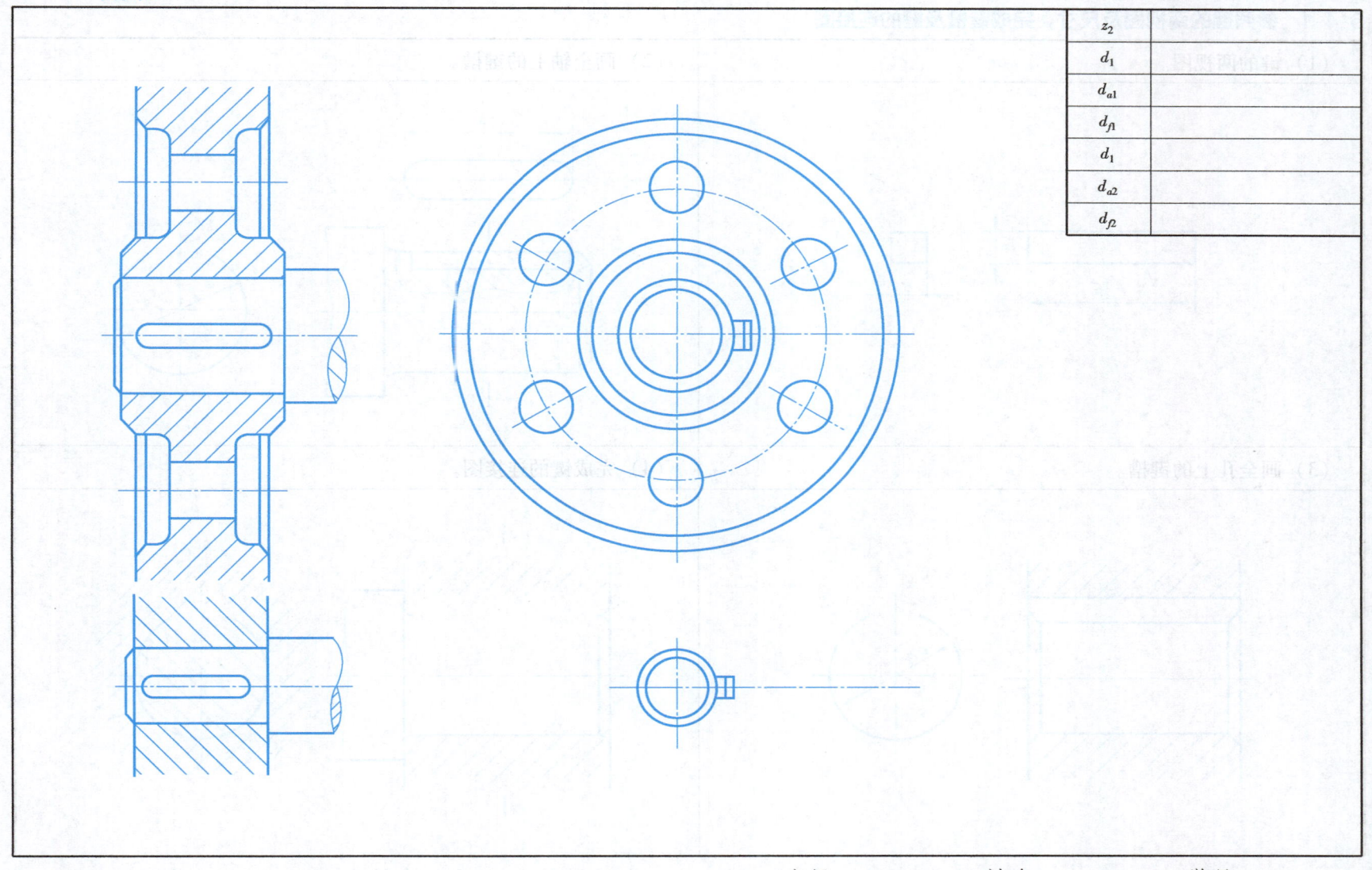

→ **任务四** 认知其他标准件和常用件

6-4-1 参照键的两视图及尺寸，完成键槽及键的连接图

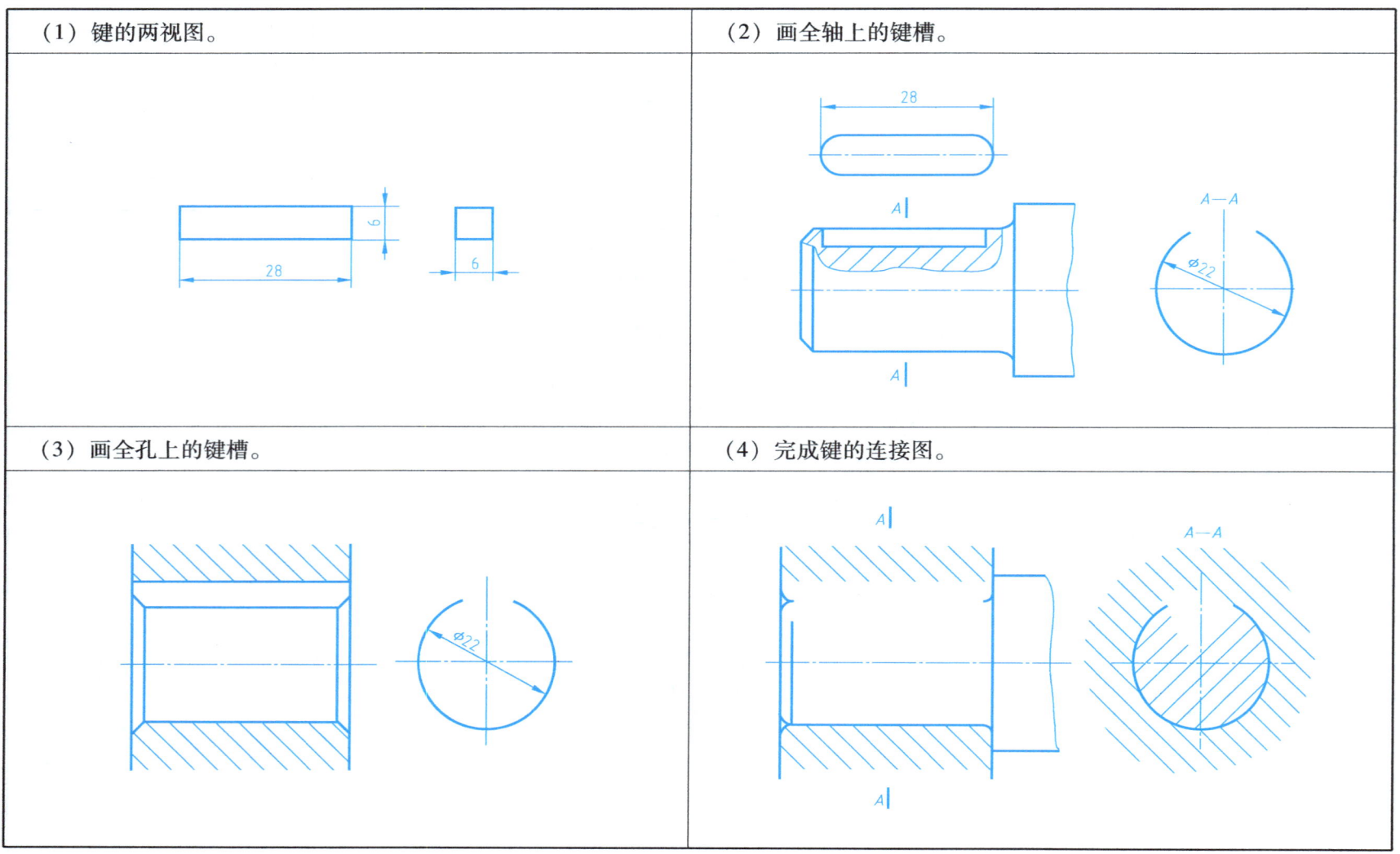

6-4-2　两个被连接的零件用公称直径 8mm 的圆柱销连接，选择销的适当长度，完成其连接图，并写出销的规定标记

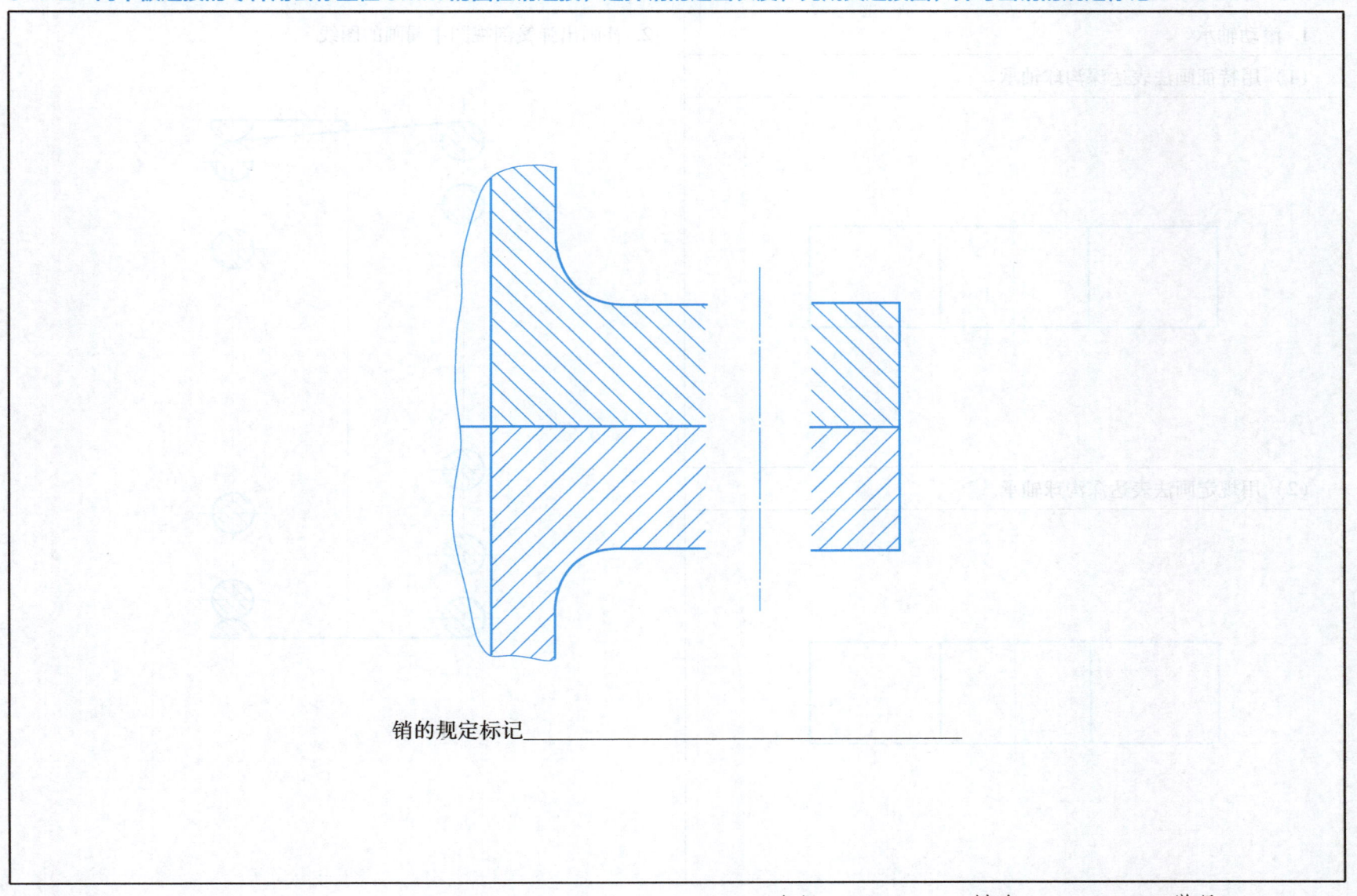

销的规定标记＿＿＿＿＿＿＿＿＿＿＿＿＿＿＿＿＿＿＿＿＿＿＿＿＿＿

班级＿＿＿＿＿　姓名＿＿＿＿＿　学号＿＿＿＿＿

6-4-3 按要求作图

1. 滚动轴承

（1）用特征画法表达深沟球轴承。

（2）用规定画法表达深沟球轴承。

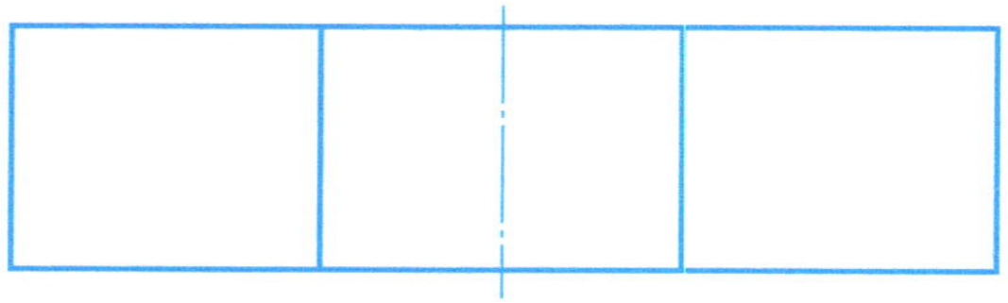

2. 补画出弹簧剖视图中漏画的图线

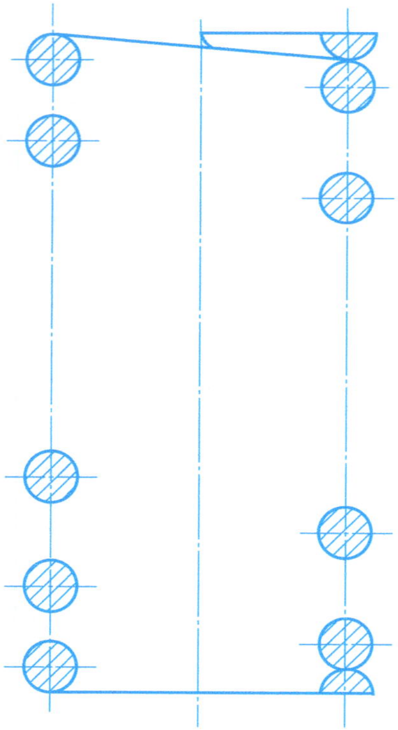

班级_____ 姓名_____ 学号_____

6-4-4 分析下图，在横线上写出其中标准件和常用件的名称

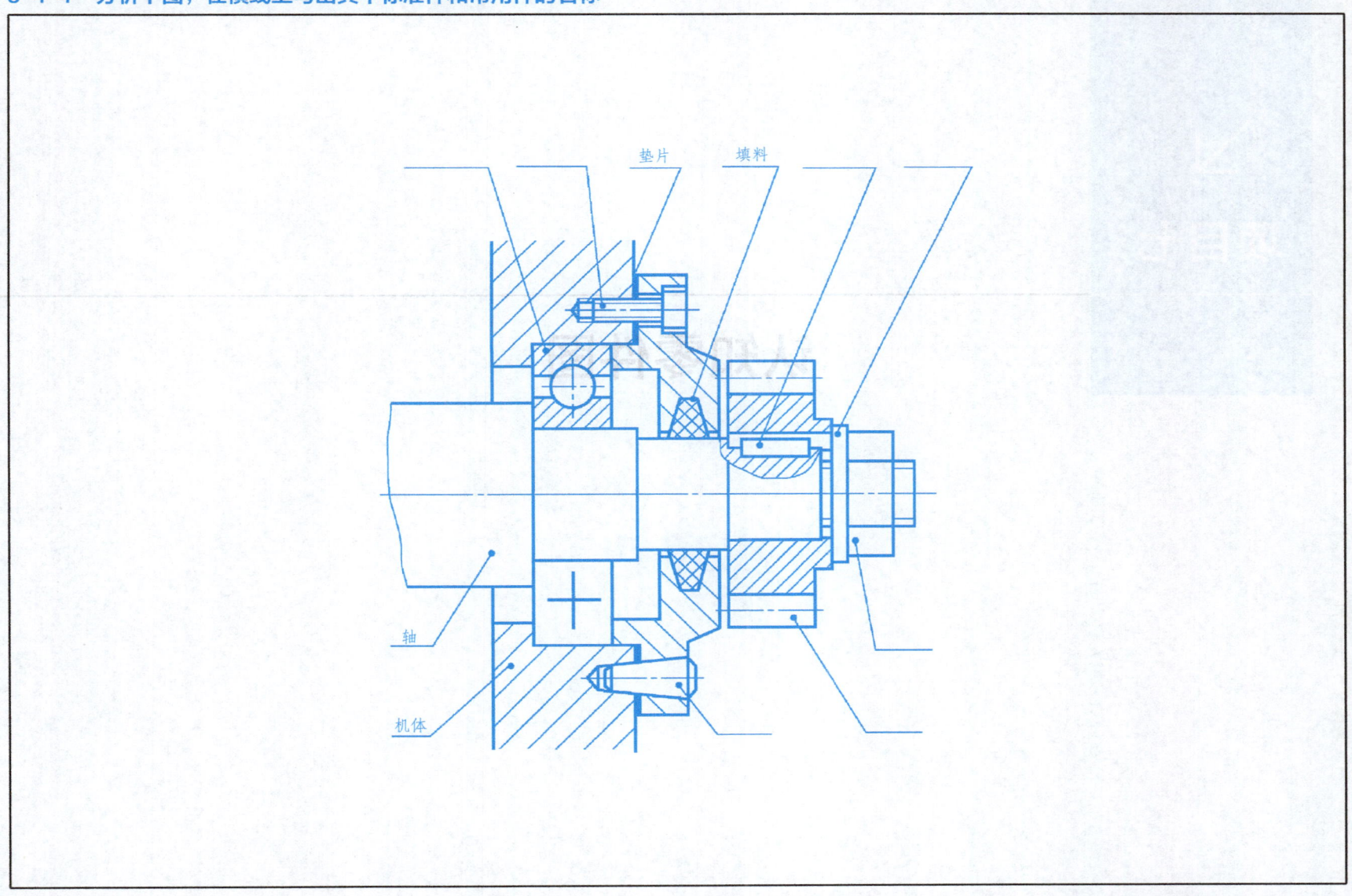

项目七

认知零件图

→ 任务一   选择零件的表达方案

7-1-1   选择零件的主视图，将正确答案写在图下的横线上

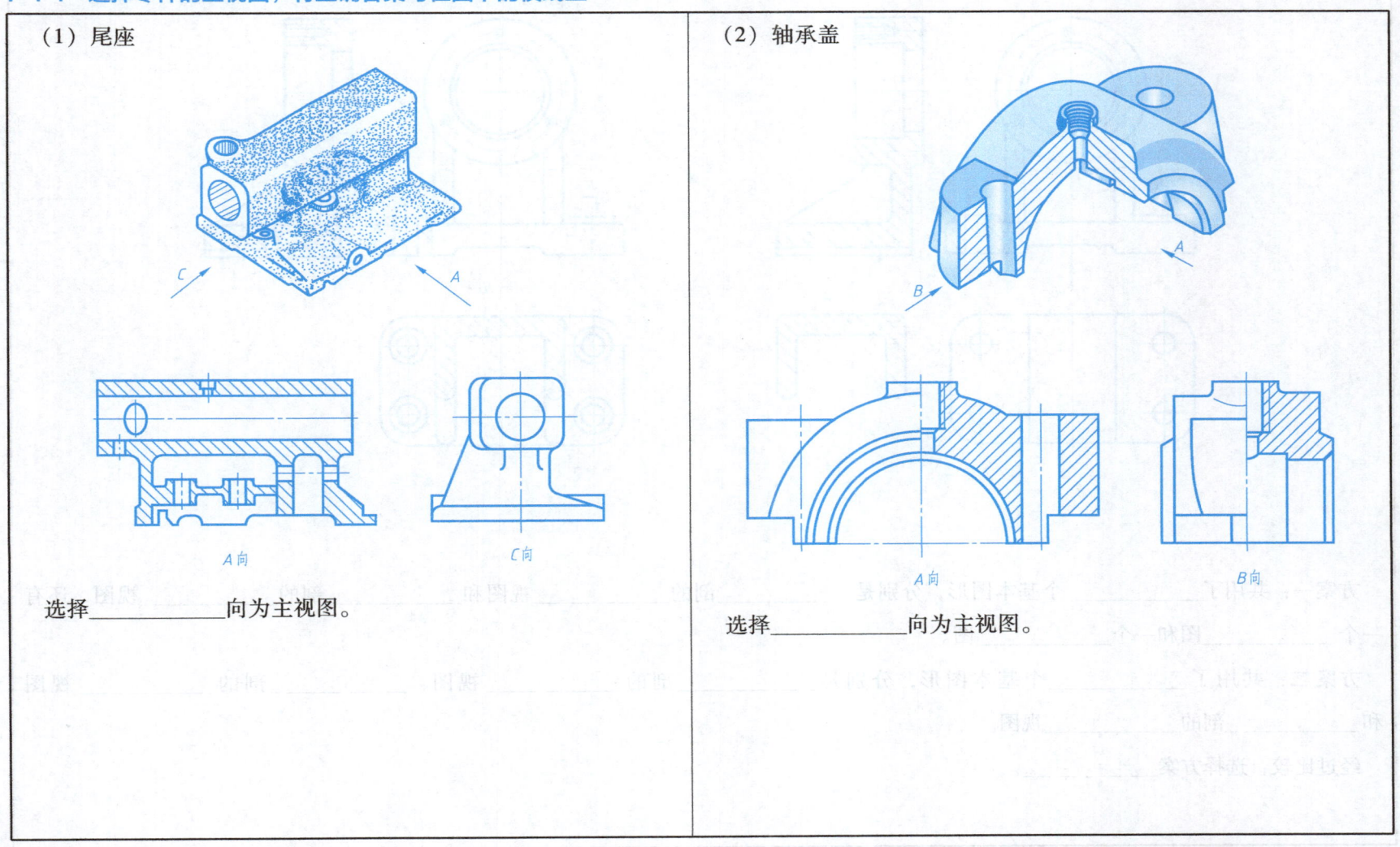

（1）尾座

选择_____向为主视图。

（2）轴承盖

选择_____向为主视图。

7-1-2 分析比较支架的两种表达方案，选择其中一种

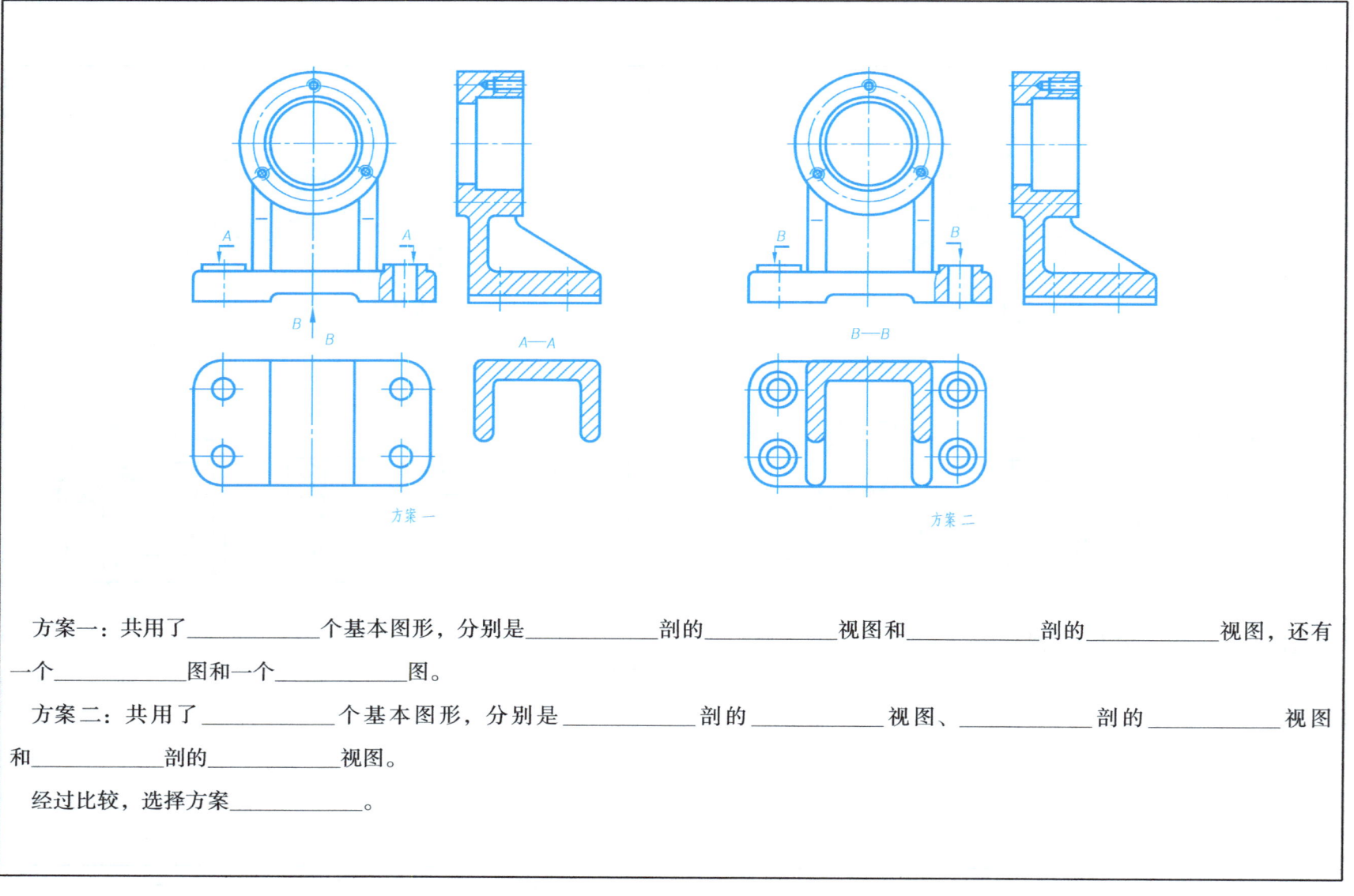

方案一：共用了_____个基本图形，分别是_____剖的_____视图和_____剖的_____视图，还有一个_____图和一个_____图。

方案二：共用了_____个基本图形，分别是_____剖的_____视图、_____剖的_____视图和_____剖的_____视图。

经过比较，选择方案_____。

7-1-3 根据轴承座的轴测图，选择主视图和剖视图，将正确答案写在题号后的横线上

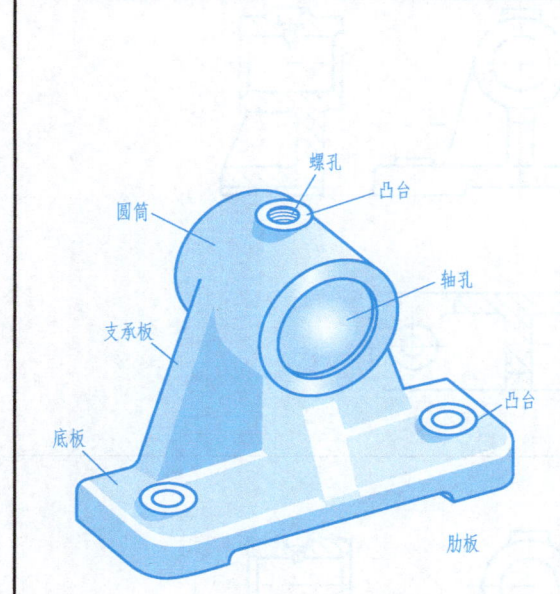

轴承座的功用是支承轴，主体结构由四部分组成，各部分的名称及主要作用如下：

圆筒：容纳轴或轴瓦；

支撑板：连接圆筒和底板；

底板：与机座连接；

肋板：支撑圆筒，增加强度和刚度。

此外，轴承座的局部结构有圆筒顶部的凸台和螺孔，用于安装油杯加润滑油；底板上有两个安装孔，是通过螺栓与机座固定。

（1）主视图的选择，选择＿＿＿＿＿＿。

a)　　　　b)

（2）剖视图的选择，选择＿＿＿＿＿＿。

a)　　　　b)

班级＿＿＿＿＿＿　姓名＿＿＿＿＿＿　学号＿＿＿＿＿＿

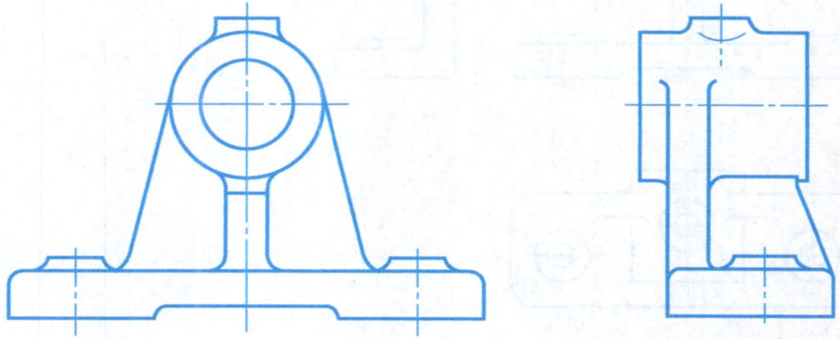

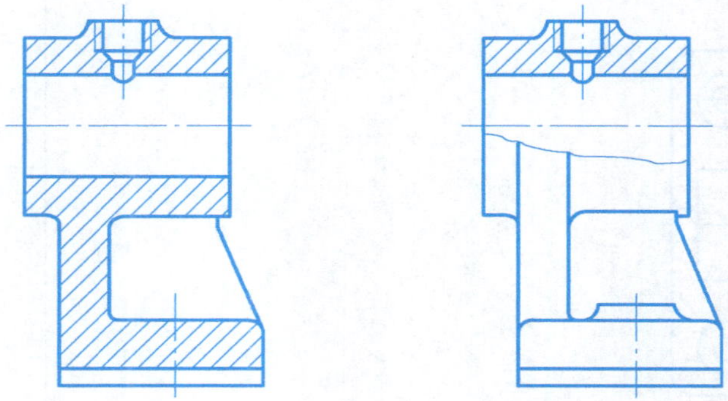

7-1-4 根据轴承座的四种表达方案，选择最佳的方案

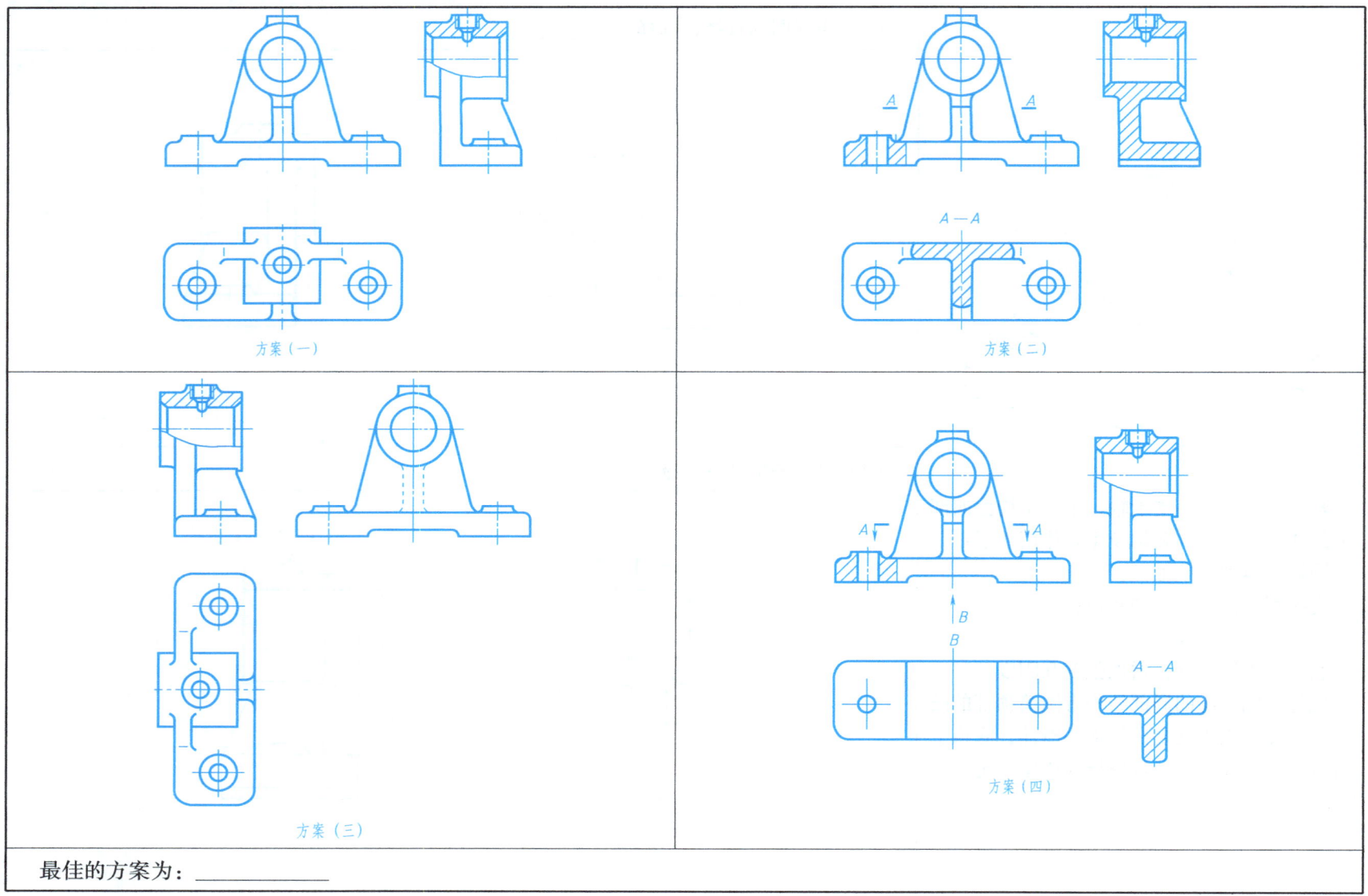

最佳的方案为：_____

7-1-5 根据泵体的已知视图,想象其结构,并在下页的表达方案中选择一组最佳的表达方案,抄画在右边的空白处

7-1-6 泵体的表达方法

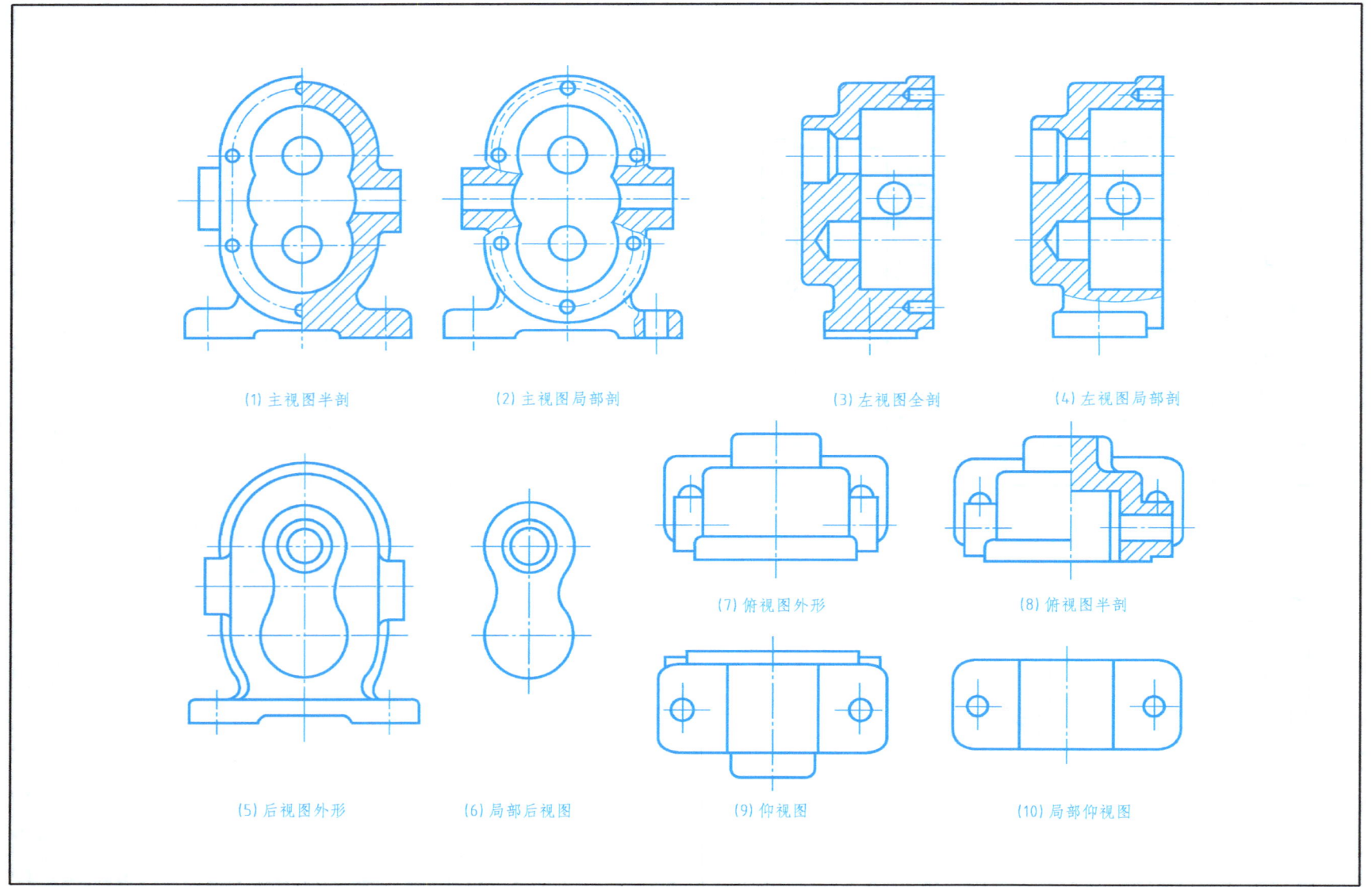

任务二　识读零件图的尺寸

7-2-1　零件图的尺寸分析与标注

（1）指出零件长、宽、高三个方向的主要尺寸基准和辅助尺寸基准。

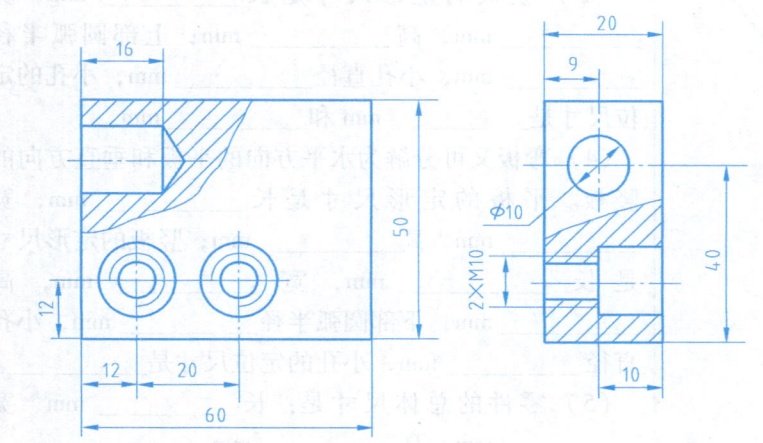

（2）分析两零件的结合尺寸 D，在两种方案中选择正确的，在括号内打"√"。

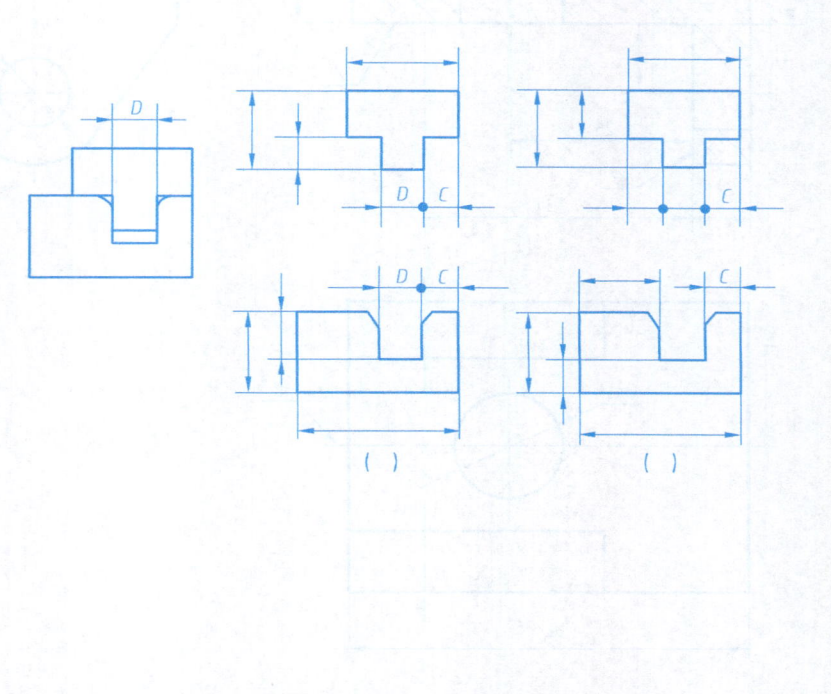

（　）　　　　（　）

7-2-2 分析零件图中的尺寸，并回答问题

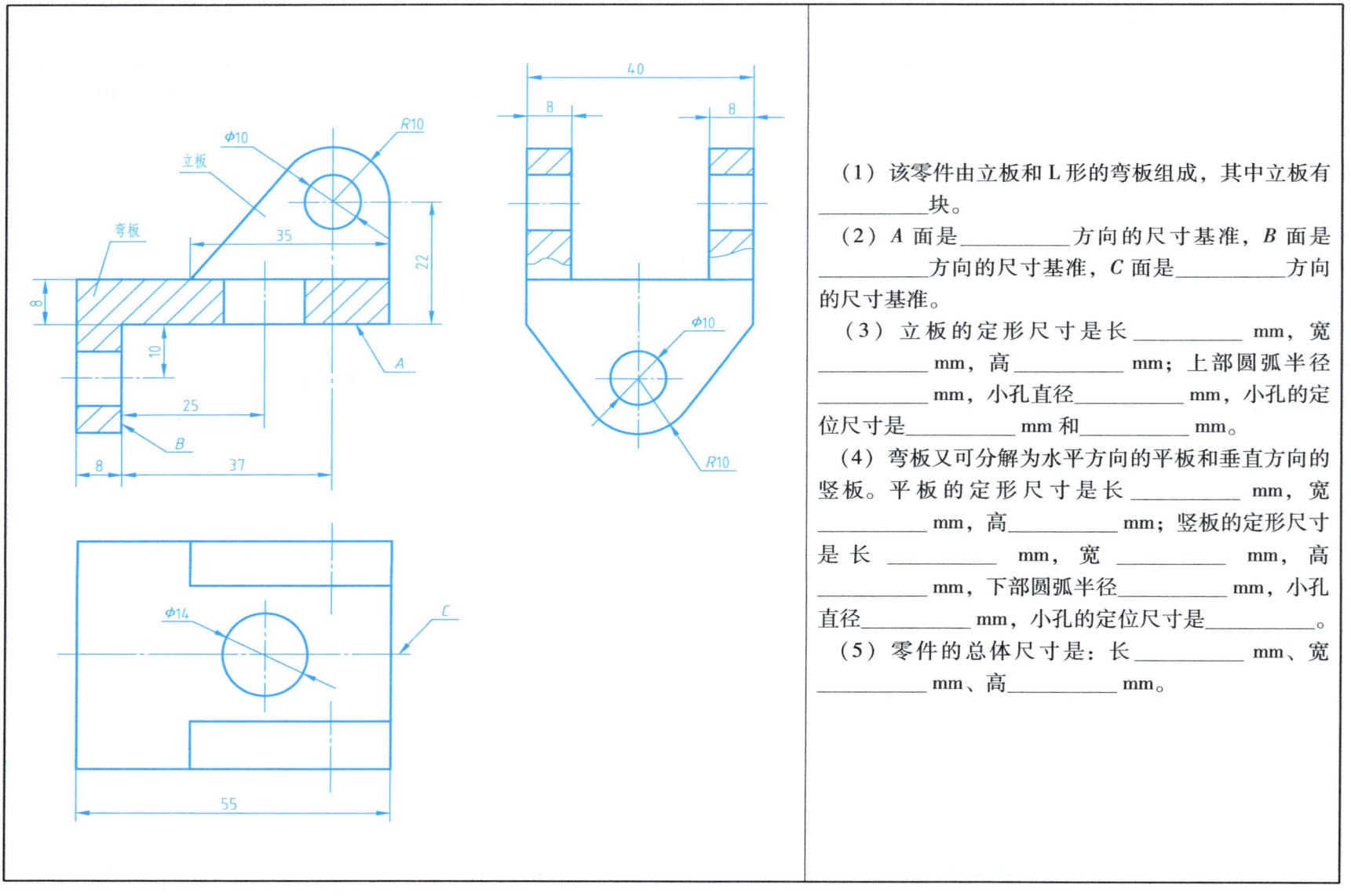

（1）该零件由立板和 L 形的弯板组成，其中立板有_____块。

（2）A 面是_____方向的尺寸基准，B 面是_____方向的尺寸基准，C 面是_____方向的尺寸基准。

（3）立板的定形尺寸是长_____mm，宽_____mm，高_____mm；上部圆弧半径_____mm，小孔直径_____mm，小孔的定位尺寸是_____mm 和_____mm。

（4）弯板又可分解为水平方向的平板和垂直方向的竖板。平板的定形尺寸是长_____mm，宽_____mm，高_____mm；竖板的定形尺寸是长_____mm，宽_____mm，高_____mm，下部圆弧半径_____mm，小孔直径_____mm，小孔的定位尺寸是_____。

（5）零件的总体尺寸是：长_____mm、宽_____mm、高_____mm。

→ 任务三 认知零件上的工艺结构

7-3-1 看懂下面各图指引线处所表达的工艺结构，将其写在横线上

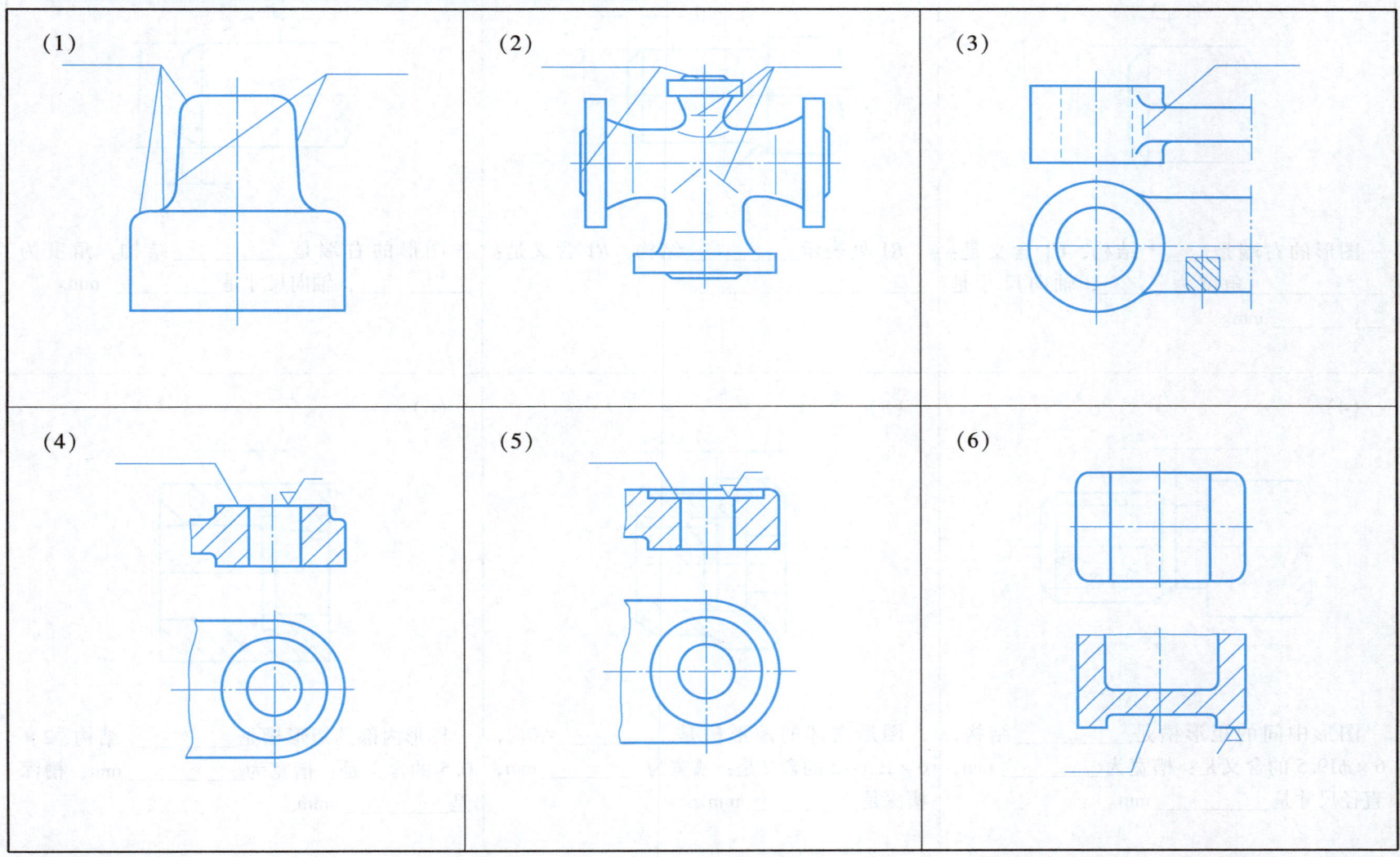

7-3-2　分析下面各图所表达的工艺结构及尺寸的含义，完成填空题

（1）

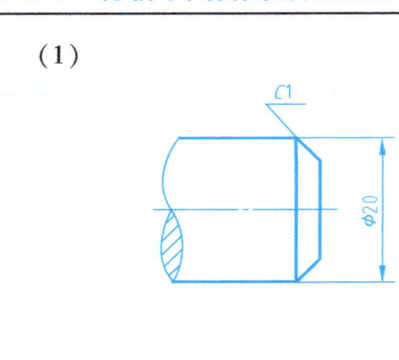

图形的右端是_____结构，C1 含义是：_____角度为_____，轴向尺寸是_____ mm。

（2）

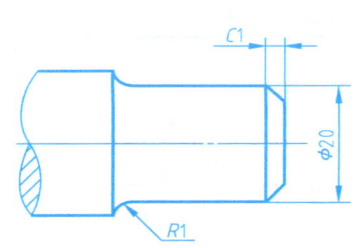

R1 处表示_____结构，R1 含义是：_____。

（3）

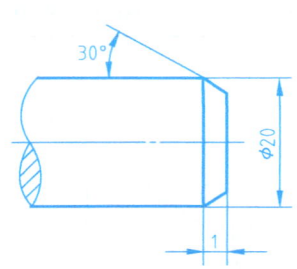

图形的右端是_____结构，角度为_____，轴向尺寸是_____ mm。

（4）

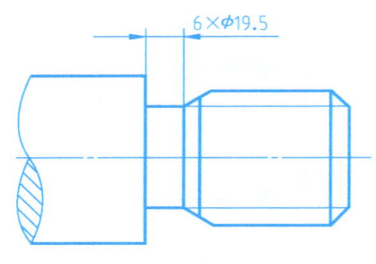

图形中间的矩形槽是_____结构，6×φ19.5 的含义是：槽宽为_____ mm，直径尺寸是_____ mm。

（5）

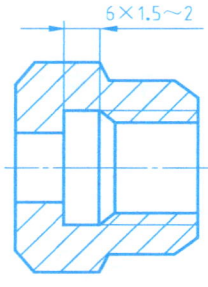

图形内部的矩形槽是_____结构，6×1.5~2 的含义是：槽宽为_____ mm，槽深是_____ mm。

（6）

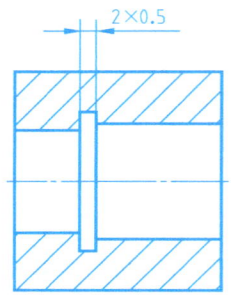

图形内部的矩形槽是_____结构，2×0.5 的含义是：槽宽为_____ mm，槽深是_____ mm。

班级_____　姓名_____　学号_____

7-3-3 **分析下面各图所表达的工艺结构及尺寸标注的正误，选择正确答案写在题号后的横线上**

(1) _____

(2) _____

(3) _____

(4) _____

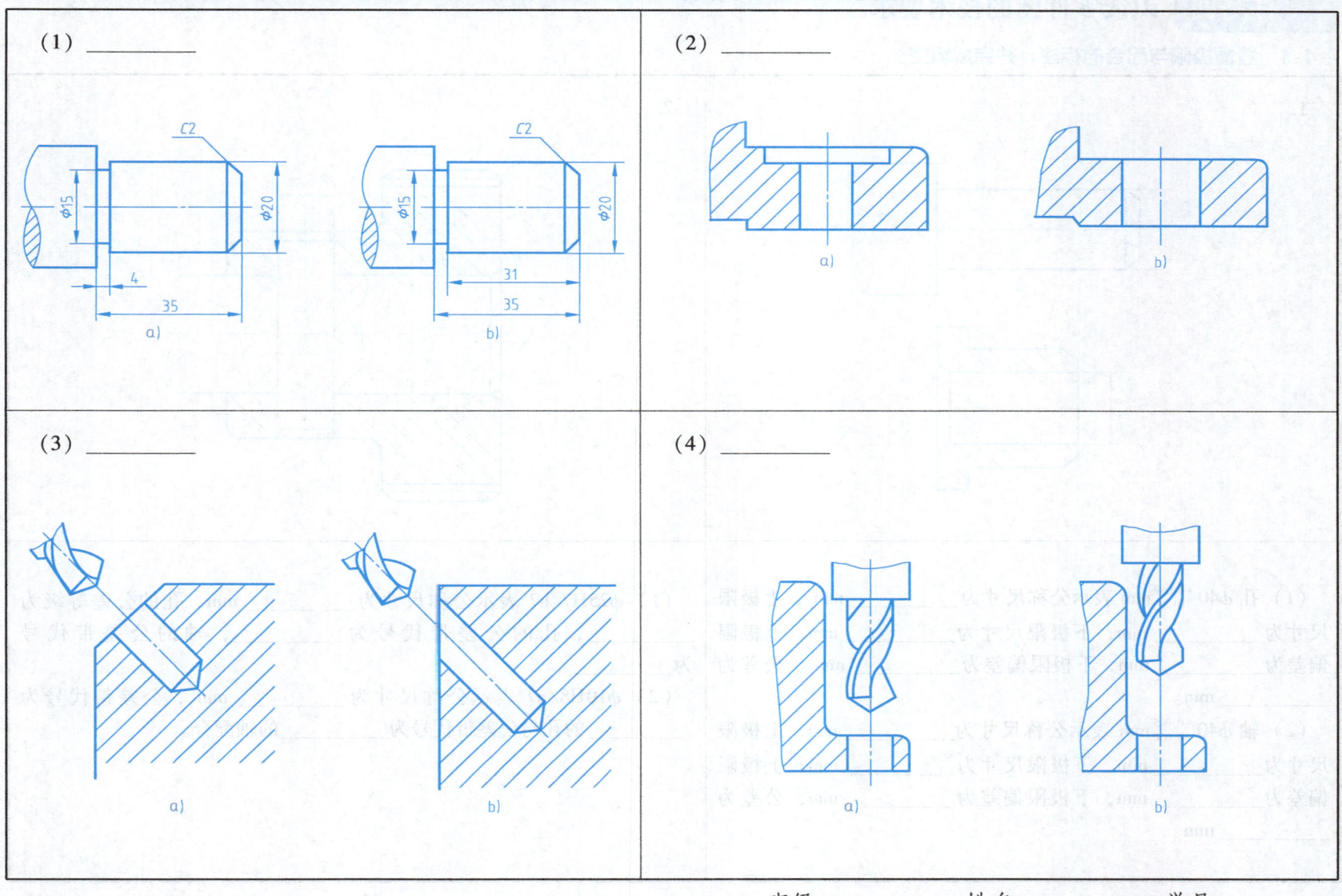

→ 任务四 识读零件图的技术要求

7-4-1 看懂极限与配合的标注，并完成填空

1.

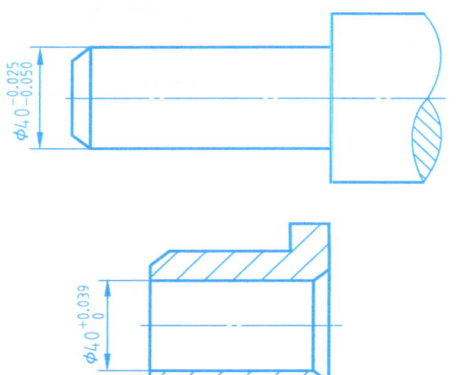

(1) 孔 $\phi 40^{+0.039}_{0}$ mm 表示公称尺寸为＿＿＿＿＿ mm，上极限尺寸为＿＿＿＿＿ mm，下极限尺寸为＿＿＿＿＿ mm，上极限偏差为＿＿＿＿＿ mm，下极限偏差为＿＿＿＿＿ mm，公差为＿＿＿＿＿ mm。

(2) 轴 $\phi 40^{-0.025}_{-0.050}$ mm 表示公称尺寸为＿＿＿＿＿ mm，上极限尺寸为＿＿＿＿＿ mm，下极限尺寸为＿＿＿＿＿ mm，上极限偏差为＿＿＿＿＿ mm，下极限偏差为＿＿＿＿＿ mm，公差为＿＿＿＿＿ mm。

2.

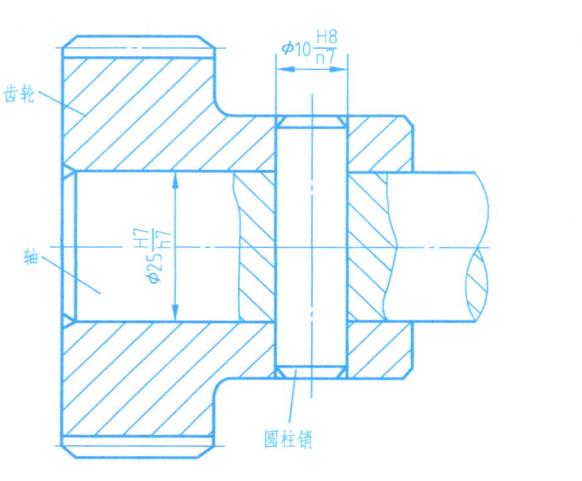

(1) $\phi 25H7/h7$ 表示公称尺寸为＿＿＿＿＿ mm，孔的公差等级为＿＿＿＿＿，孔的公差带代号为＿＿＿＿＿，轴的公差带代号为＿＿＿＿＿。

(2) $\phi 10H8/n7$ 表示公称尺寸为＿＿＿＿＿ mm，公差带代号为＿＿＿＿＿的孔与公差带代号为＿＿＿＿＿的轴配合。

班级＿＿＿＿＿ 姓名＿＿＿＿＿ 学号＿＿＿＿＿

7-4-2 根据已知条件，完成极限与配合的标注及填空

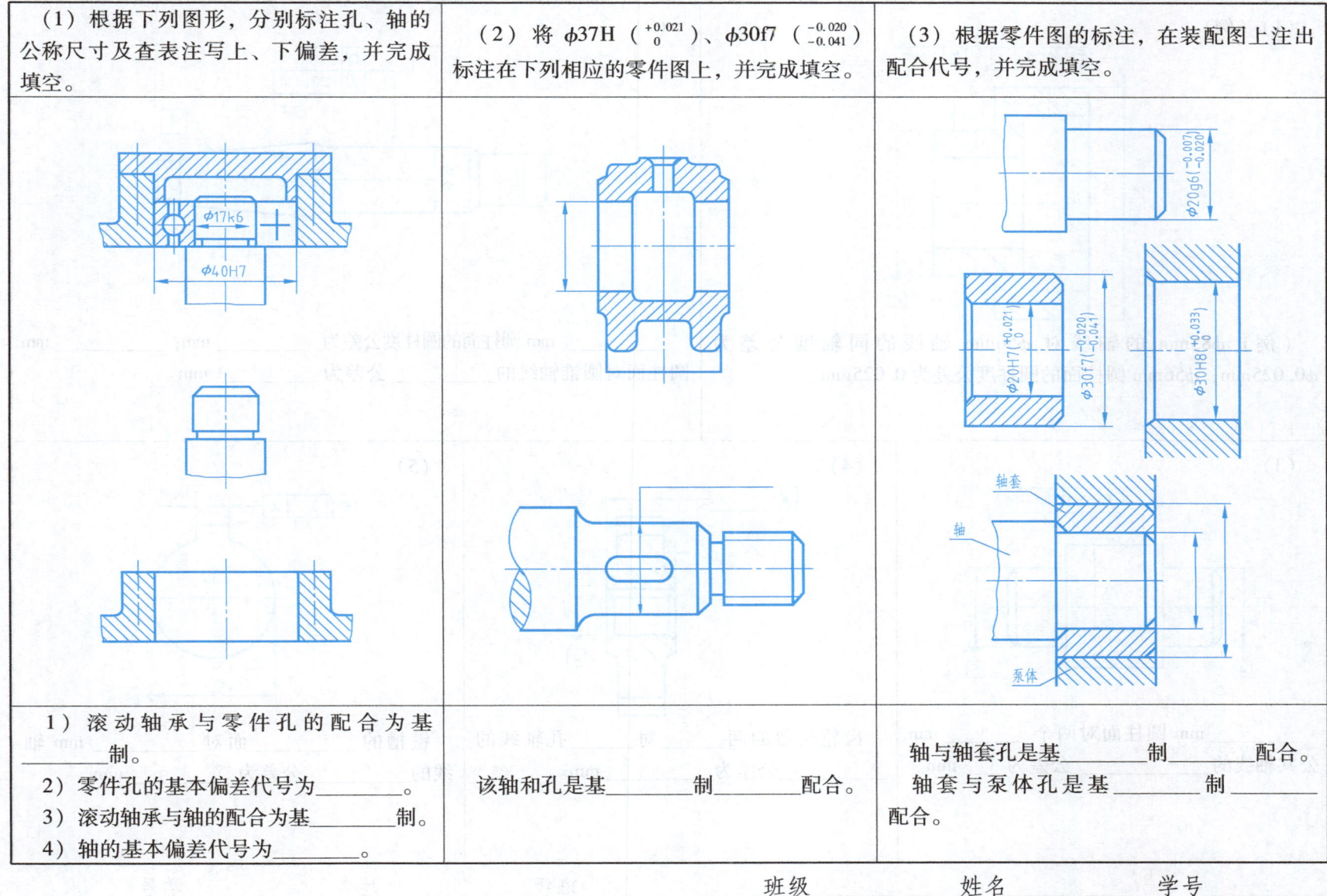

（1）根据下列图形，分别标注孔、轴的公称尺寸及查表注写上、下偏差，并完成填空。

1）滚动轴承与零件孔的配合为基_____制。
2）零件孔的基本偏差代号为_____。
3）滚动轴承与轴的配合为基_____制。
4）轴的基本偏差代号为_____。

（2）将 φ37H（$^{+0.021}_{0}$）、φ30f7（$^{-0.020}_{-0.041}$）标注在下列相应的零件图上，并完成填空。

该轴和孔是基_____制_____配合。

（3）根据零件图的标注，在装配图上注出配合代号，并完成填空。

轴与轴套孔是基_____制_____配合。
轴套与泵体孔是基_____制_____配合。

班级_____ 姓名_____ 学号_____

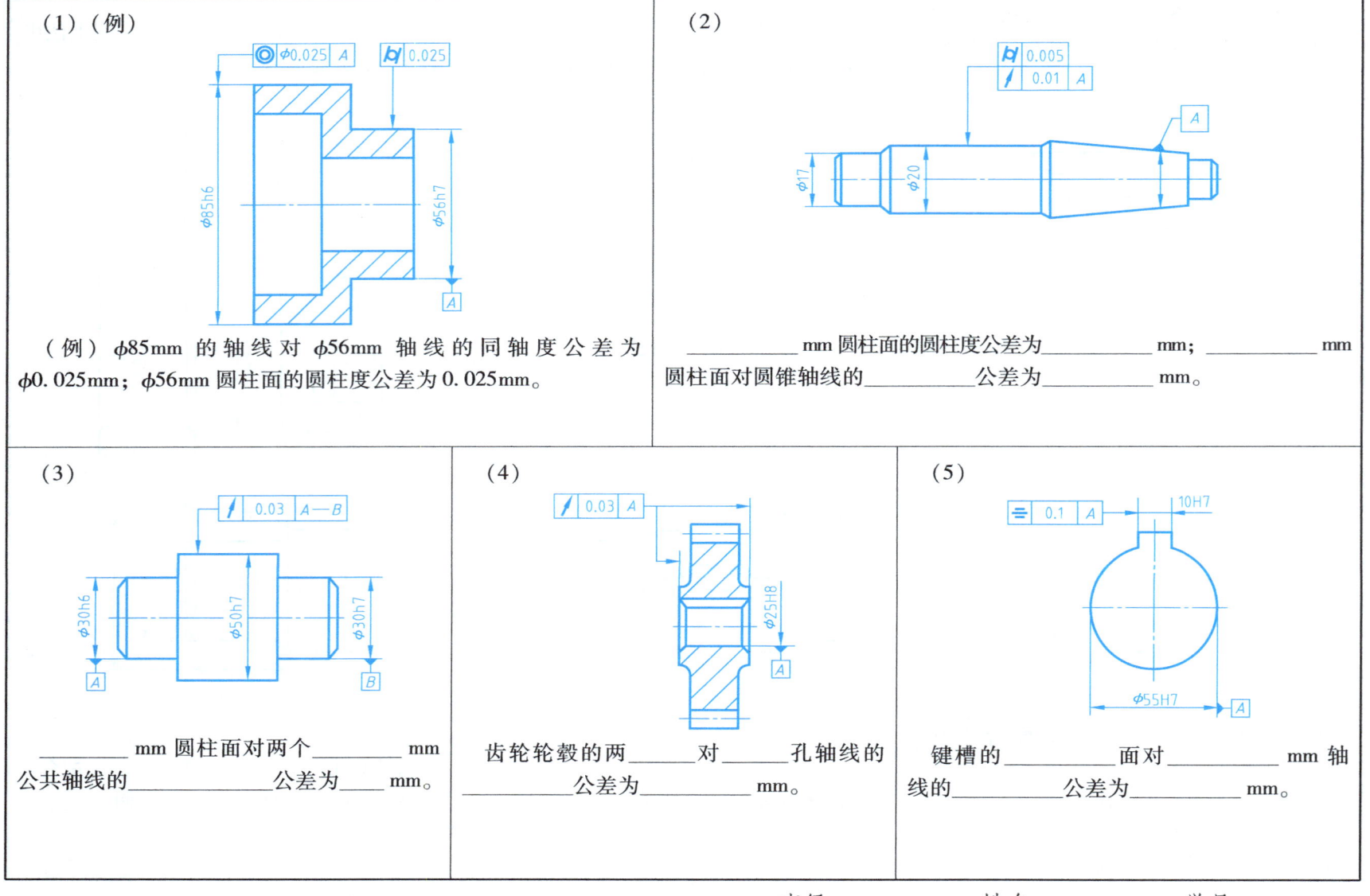

7-4-4 表面粗糙度的基本知识

1. 分析图中表面粗糙度标注的错误，在下图中正确标注。

2. 按给定的要求在图形上标注表面粗糙度。

（1）要求孔为 $\sqrt{Ra3.2}$，底面为 $\sqrt{Ra6.3}$，其余表面均为铸造表面。

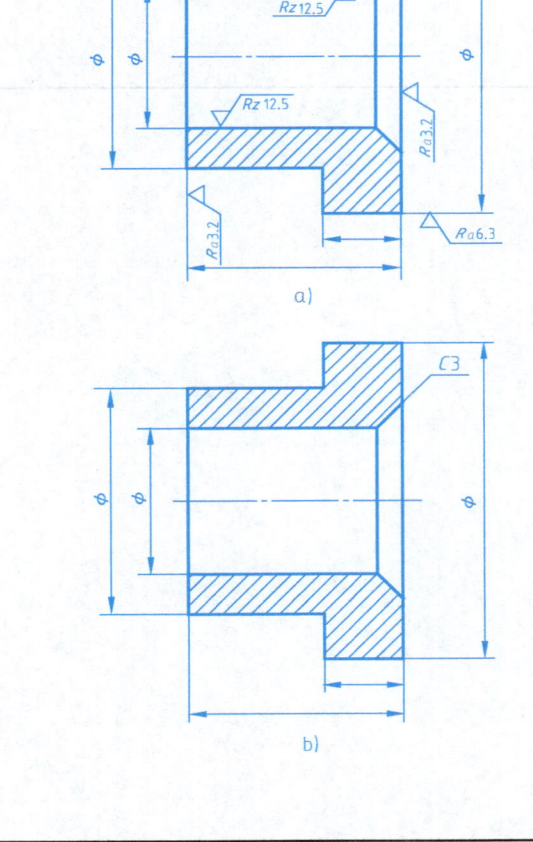

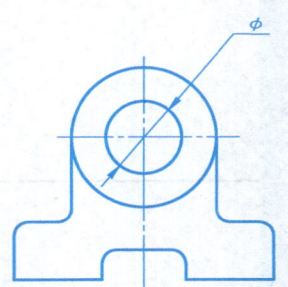

（2）要求左、右表面为 $\sqrt{Ra6.3}$，上、下底面为 $\sqrt{Ra3.2}$，前、后表面为 $\sqrt{Ra6.3}$，孔为 $\sqrt{Ra1.6}$。

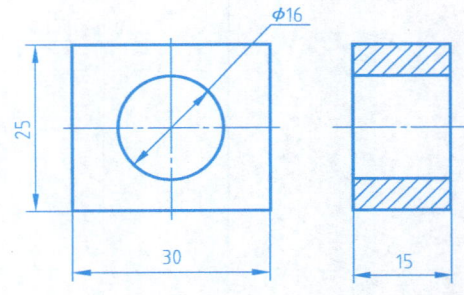

项目八

识读零件图

→ 任务一 识读轴套类零件图

8-1-1 分析轴的表达方案,完成填空题

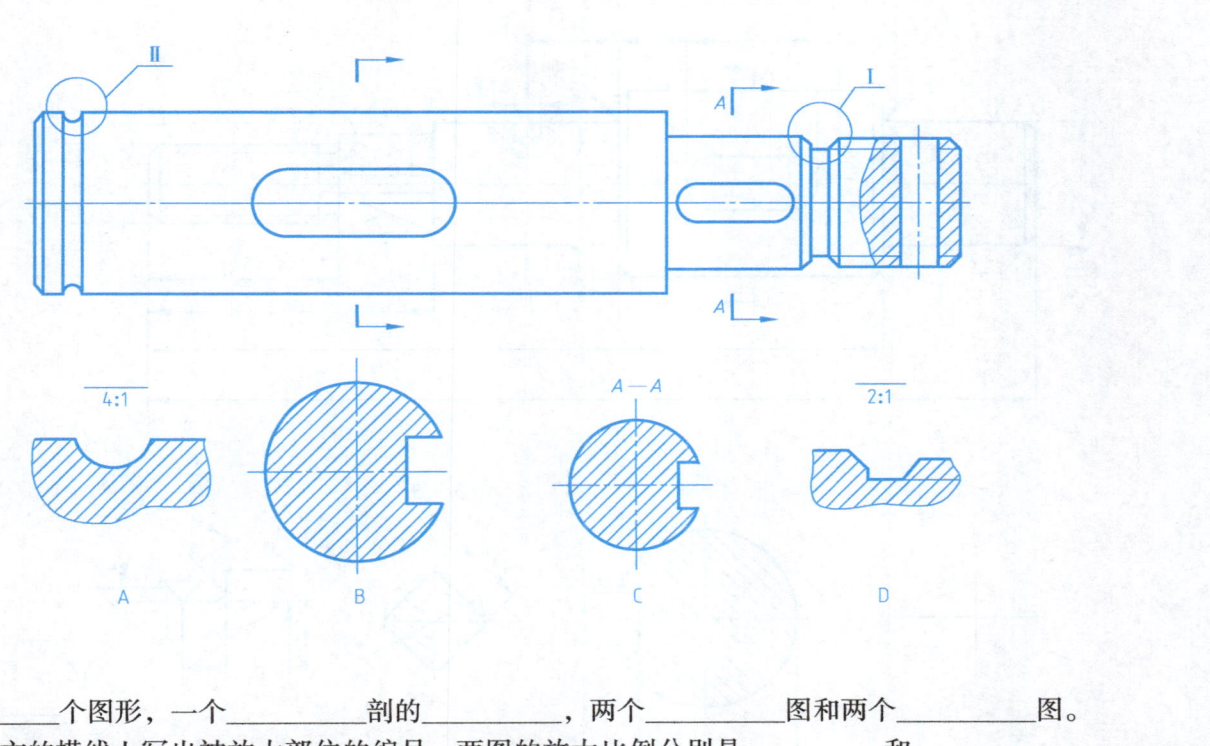

(1) 表达轴共用了_____个图形,一个_____剖的_____,两个_____图和两个_____图。

(2) 在 A、D 两个图形上方的横线上写出被放大部位的编号。两图的放大比例分别是_____和_____,_____图的放大比例大。

(3) B 图因为配置在_____的延长线上,图形_____,所以要标注_____和_____,但_____不必标注;而 C 图_____是_____配置的_____图形,所以要完整标注_____、_____和_____。

(4) 为了表达轴的最右端销孔的结构,采用了_____;最右轴段是_____结构。

班级_____ 姓名_____ 学号_____

8-1-2 识读轴的零件图，按下页的要求作题

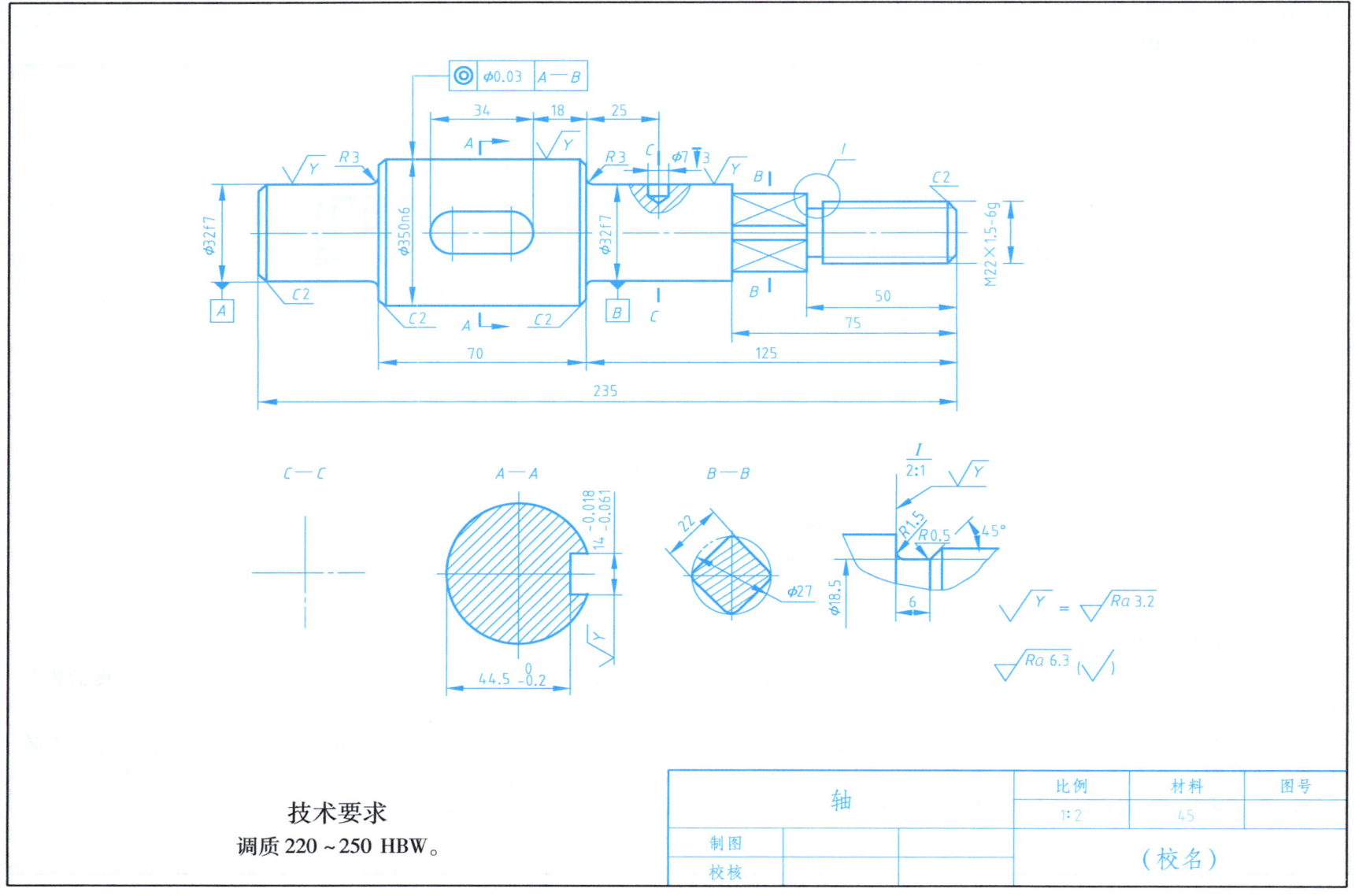

8-1-3 识读轴的零件图,完成填空题

(1) 轴的材料为_____,属于_____钢,碳的质量分数为_____。

(2) 轴用了_____个基本视图表达主要结构;还有两个_____图和一个_____图。

(3) 轴的左端是直径为_____ mm、长度为_____ mm 的圆柱体;右端是长度为_____ mm 的螺纹,螺纹的代号是_____,表示大径是_____ mm、螺距是_____ mm 的_____螺纹。

(4) 轴上键槽的长度是_____ mm、宽度是_____ mm,定位尺寸是_____ mm,表面粗糙度要求是 Ra 为_____。

(5) 轴的总长尺寸为_____ mm,总宽(总高)尺寸为_____ mm。

(6) $14_{-0.061}^{-0.018}$ mm 表示的公称尺寸是_____ mm,上极限偏差是_____ mm,下极限偏差是_____ mm,上极限尺寸是_____ mm,下极限尺寸是_____ mm,尺寸公差是_____ mm。

(7) 轴上表面粗糙度要求是 Ra 为 $3.2\mu m$ 的有_____处。

(8) ◎ $\phi 0.03$ $A-B$ 表示的基准要素是_____,被测要素是_____,几何特征是_____,公差值为_____ mm。

(9) 该零件需进行_____处理,其_____硬度为_____。

(10) 在指定位置画出移出断面图。

班级_____ 姓名_____ 学号_____

8-1-4　分析轴套的表达方案，完成填空题

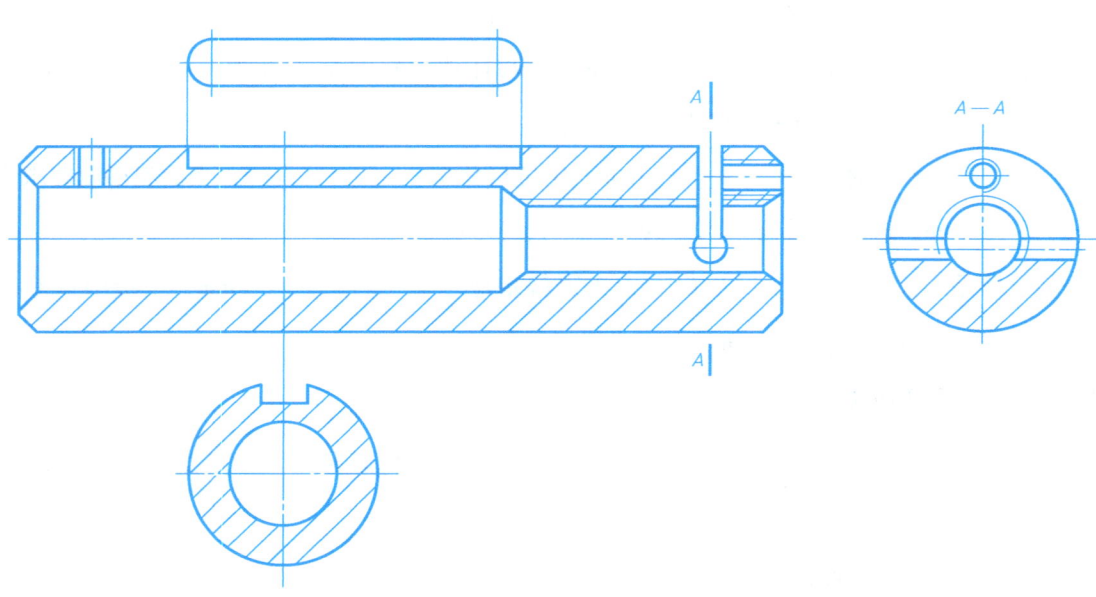

（1）表达轴套用了_____个基本视图，分别是_____剖的_____视图和_____视图。还有一个_____图和一个_____图。

（2）最上方的是_____图，表达_____的形状。

（3）轴套上有_____个螺纹孔，其中轴向有_____个，径向有_____个。

（4）最下方的是_____图，因图形_____，且配置在_____延长线上，所以省略了一切标注。

班级_____　姓名_____　学号_____

8-1-5　识读套筒的零件图，完成下页的填空题

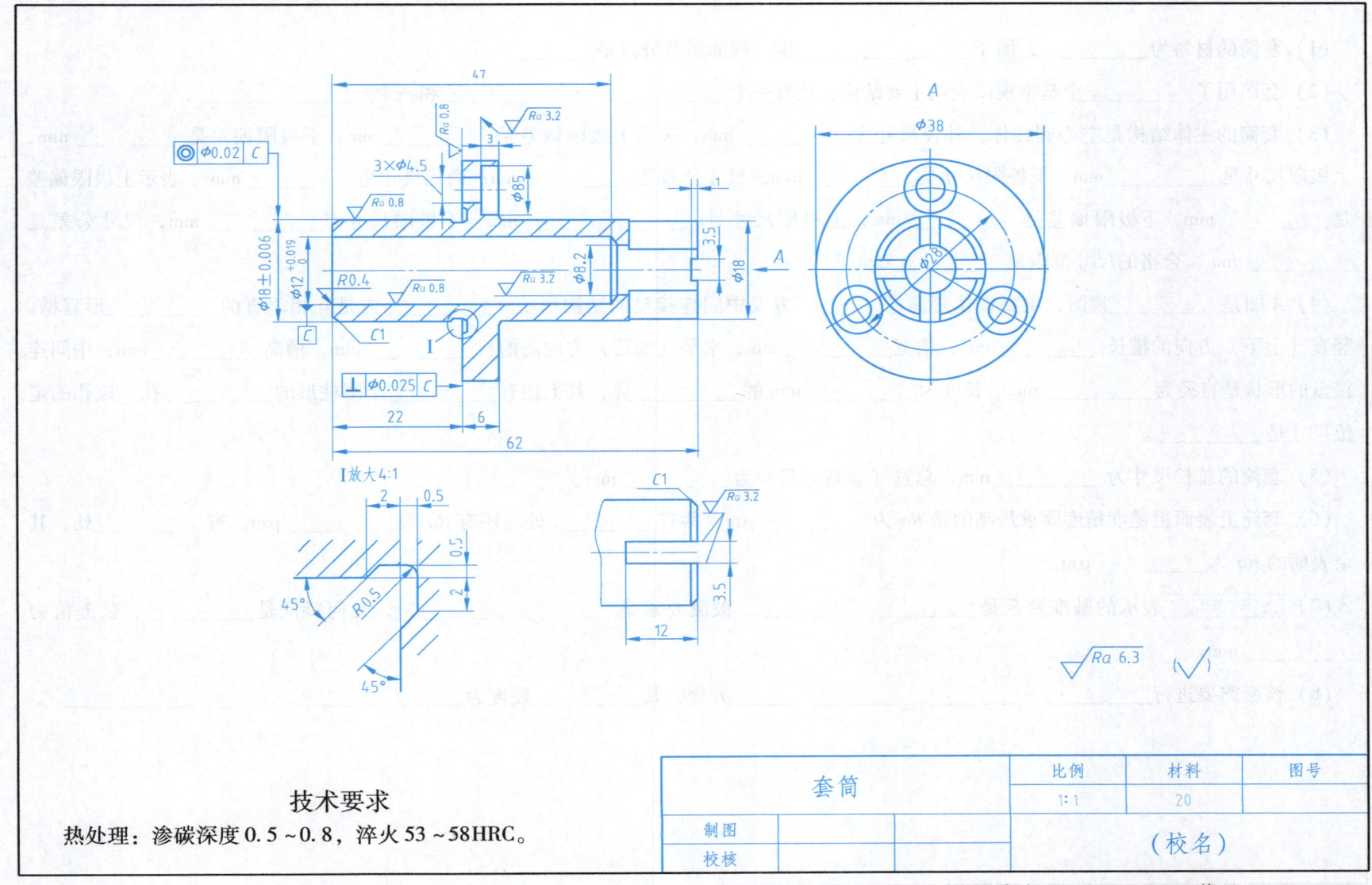

技术要求
热处理：渗碳深度0.5~0.8，淬火53~58HRC。

套筒　比例 1:1　材料 20

8-1-6　识读轴套的零件图，完成填空题

（1）套筒的材料为_____，属于_____钢，碳的质量分数是_____。

（2）套筒用了_____个基本视图表达主要结构，还有一个_____、一个_____和一个_____。

（3）套筒的主体结构是空心圆柱体，外径尺寸为_____ mm，表示上极限偏差是_____ mm，下极限偏差是_____ mm，上极限尺寸是_____ mm，下极限尺寸是_____ mm，尺寸公差是_____ mm；内径尺寸是_____ mm，表示上极限偏差是_____ mm，下极限偏差是_____ mm，上极限尺寸是_____ mm，下极限尺寸是_____ mm，尺寸公差是_____ mm，合格的尺寸范围是_____ mm。

（4）A 图是_____视图，主要表达套筒_____方及中间连接盘的结构形状。_____方是互相垂直的_____形直槽，竖直（上下）方向的槽长_____ mm，槽宽_____ mm，水平（前后）方向的槽长_____ mm，槽高_____ mm；中间连接盘的形状是直径为_____ mm、长度为_____ mm 的_____体，其上还有_____个圆柱形的_____孔，该孔的定位尺寸是_____。

（5）套筒的总长尺寸为_____ mm，总宽（总高）尺寸为_____ mm。

（6）套筒上表面粗糙度精度要求最高的是 Ra 为_____ μm，共有_____处；还有 Ra 为_____ μm，有_____处，其余表面的 Ra 为_____ μm。

（7）⊥ ϕ0.025 C 表示的基准要素是_____，被测要素是_____，几何特征是_____，公差值为_____ mm。

（8）该套筒要进行_____处理，其_____硬度为_____。

班级_____　姓名_____　学号_____

→ 任务二　识读盘盖类零件图

8-2-1　分析轴承盖的表达方案，完成填空题

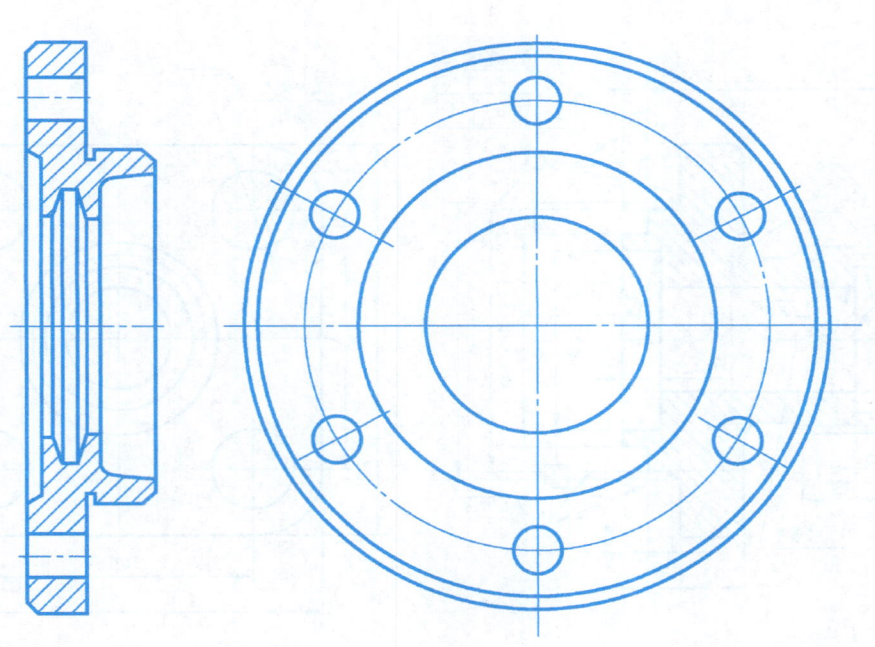

（1）表达轴承盖共用了_____个图形，一个_____剖的_____图，一个_____图。

（2）轴承盖的外形是两段圆柱体，左端圆柱体的_____方和右端圆柱体的_____方有倒角。两圆柱体中间的结构是_____槽。

（3）轴承盖上有_____个小孔，在圆周上_____分布。

班级_____　姓名_____　学号_____

8-2-2　识读阀盖的零件图，回答下页的问题

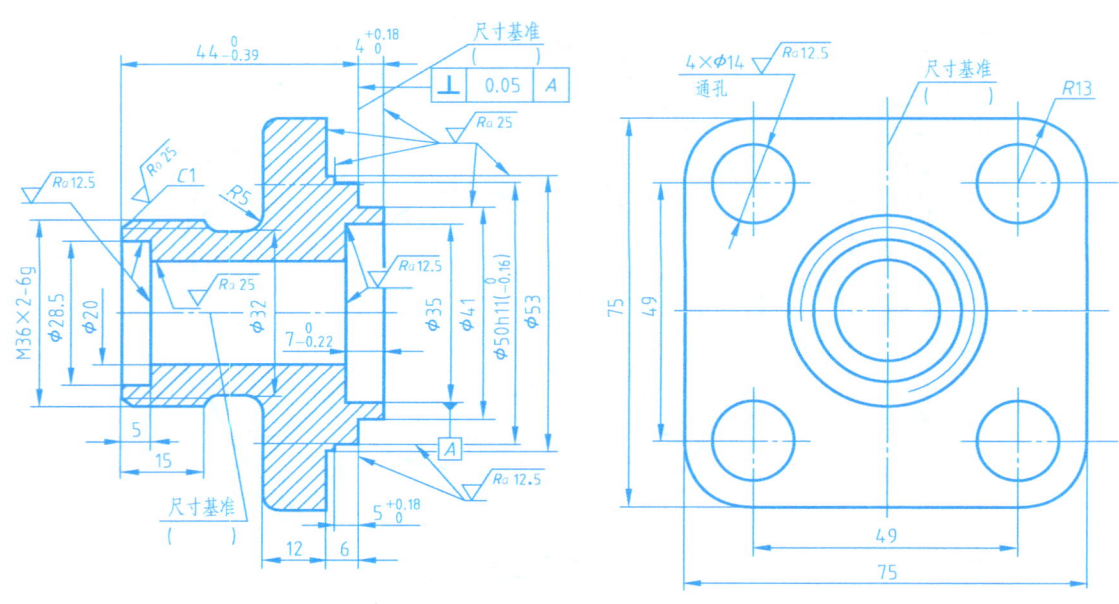

技术要求
1. 铸件应经时效处理，消除内应力。
2. 未注铸造圆角 $R1 \sim R3$。

	比例	材料	图号
阀盖		ZG230-450	
制图			
校核		（校名）	

班级_____　姓名_____　学号_____

8-2-3　识读阀盖的零件图，完成填空题

（1）零件的名称是_____，材料为 ZG230-450，其中"ZG"表示_____，230 表示_____，450 表示_____。

（2）零件共用了_____个基本视图表达，主视图采用了_____，主要表达阀盖的_____，左视图主要表达阀盖上连接盘的形状为带圆角的_____，其上还有_____个安装孔，分布在_____。该孔的直径是_____mm，定位尺寸是_____mm 和_____mm，表面粗糙度代号是_____。

（3）阀盖的左方是代号为_____的外螺纹，螺纹的大径是_____mm，螺距是_____mm，公差带代号是_____，基本偏差代号是_____，公差等级为_____级，螺纹长度是_____mm。

（4）$\phi 50h11$（$^{~~0}_{-0.16}$）表示的公差带代号是_____，基本偏差代号是_____，公差等级为_____级，公称尺寸是_____mm，上极限偏差是_____mm，下极限偏差是_____mm，公差是_____，上极限尺寸是_____mm，下极限尺寸是_____mm，合格的尺寸范围是_____mm。

（5）$\phi 20$mm 内孔的表面粗糙度要求是 Ra 值为_____，该孔两端的台阶孔直径分别是_____mm 和_____mm，深度分别是_____mm 和_____mm。

（6）⊥ 0.05 A 是_____公差，属于_____公差中的_____，被测要素是_____，基准要素是_____，公差值是_____mm。

（7）在图中括号内填写"长度、宽度、高度"。

班级_____　姓名_____　学号_____

8-2-4 识读手轮的零件图，完成下页的作业

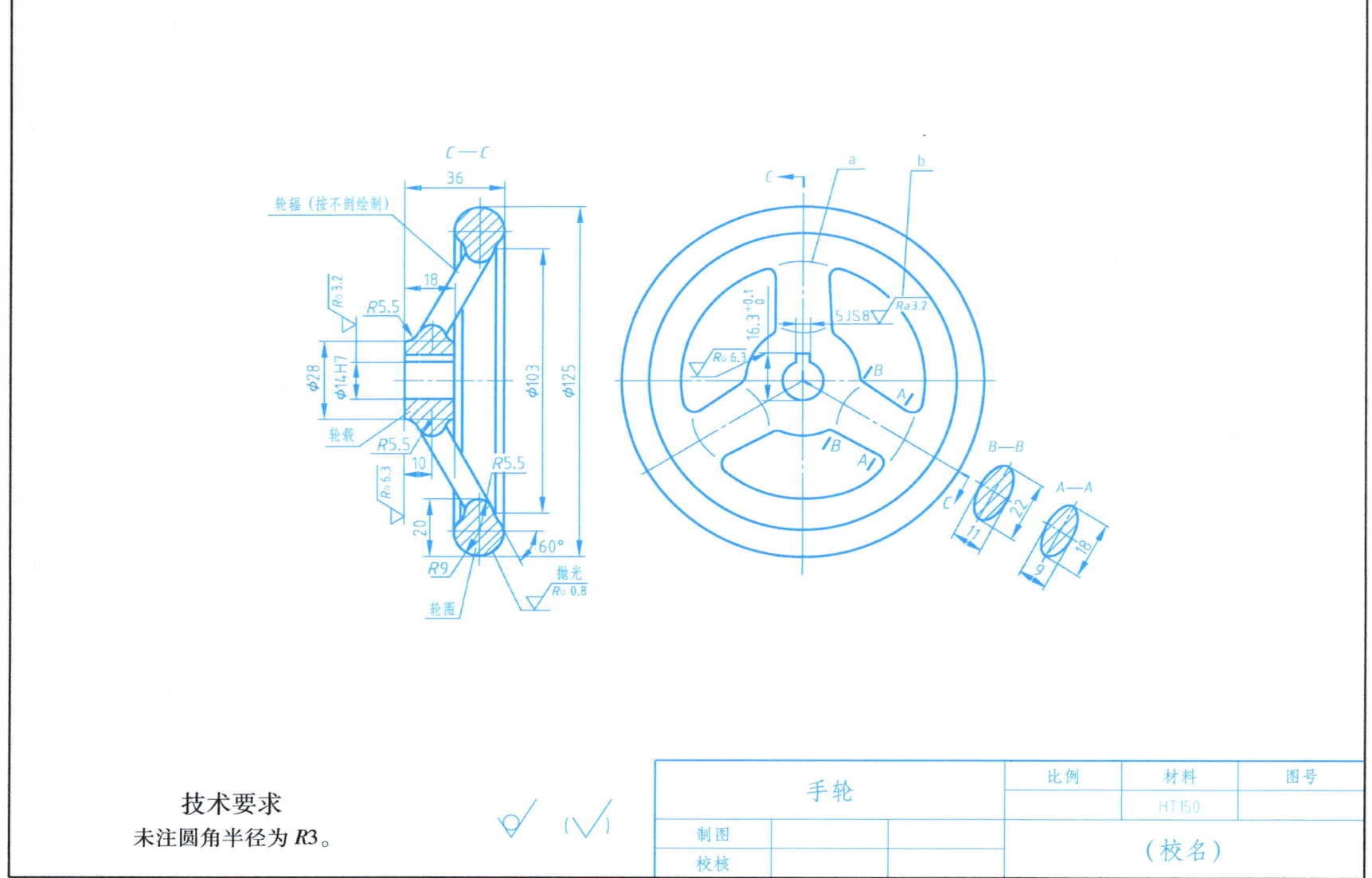

(1) 手轮采用了_____个图形表达，其中主视图是采用了_____个_____的剖切面剖得的_____剖视图，另外还有_____个_____图。

(2) 手轮的主体结构由三部分所组成，最左端的部分叫_____，该部分的内孔里有_____，其宽度尺寸是_____mm；轮圈部分的形状是_____形，外径尺寸是_____mm；中间部分叫_____，在图中按_____绘制。

(3) 用文字在图中指出长、宽、高三个方向的主要尺寸基准。

(4) $16.3_{\ 0}^{+0.1}$ mm 表示公称尺寸是_____mm，上极限偏差是_____mm，下极限偏差是_____mm，公差是_____mm，上极限尺寸是_____mm，下极限尺寸是_____mm，合格的尺寸范围是_____mm。

(5) 在加工表面中，表面粗糙度精度要求最高的是_____表面，Ra 为_____；其他加工表面中 Ra 的上限值分别为_____和_____，其余为_____表面。

(6) 图中 a 所指处是_____线，b 所指处的表面粗糙度是对键槽_____的要求。

班级_____ 姓名_____ 学号_____

→ **任务三** 识读叉架类零件图

8-3-1 分析支架的表达方案，完成填空题

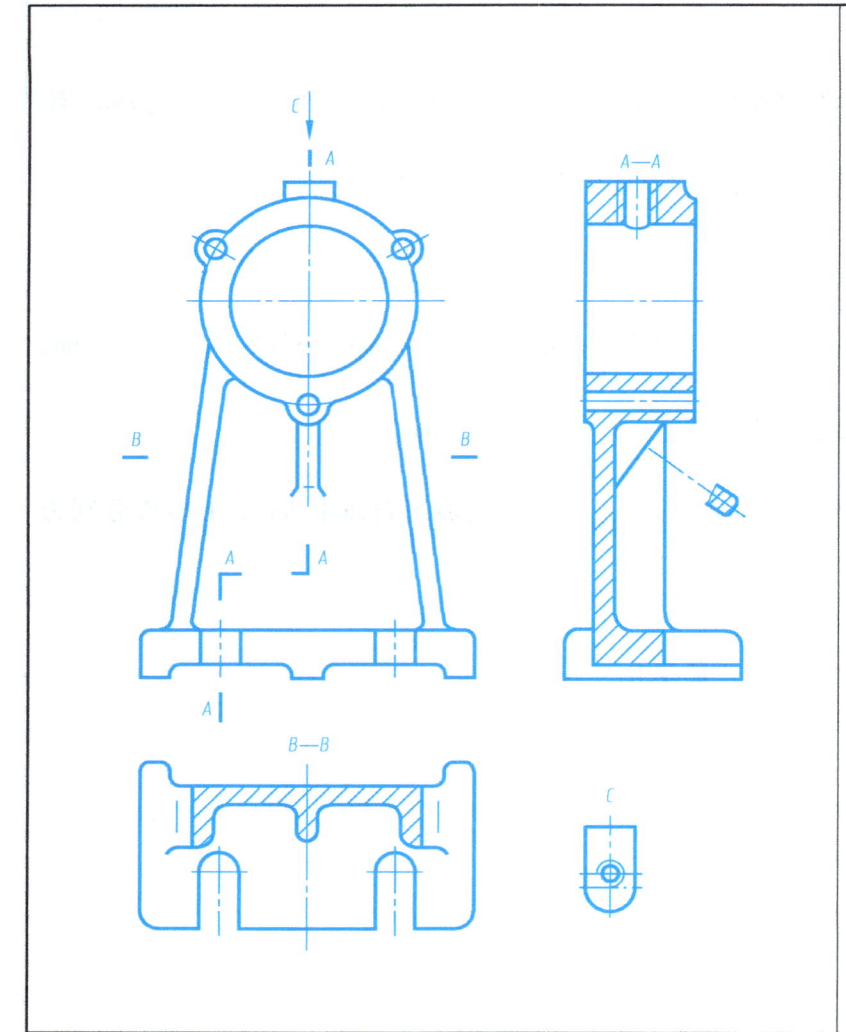

（1）表达支架共用了_____个基本视图，还有一个_____图和一个_____图。

（2）主视图的安放位置符合_____，A-A 为_____视图，采用了_____个_____的剖切面剖得的_____剖视图，主要表达上部圆筒和中间连接部分的结构及其各组成部分的位置关系。B-B 是_____剖的_____视图，主要表达底板的形状和中间连接部分的形状特征；C 图是_____视图，主要表达_____方凸台的形状，凸台的_____方是半圆形，其上还有_____孔。左视图外侧的图形是_____图，主要表达_____的形状和厚度尺寸。

（3）圆筒上有_____个轴向小孔，底板上有_____个 U 形槽。

班级_____ 姓名_____ 学号_____

8-3-2 识读托架的零件图，按要求作题

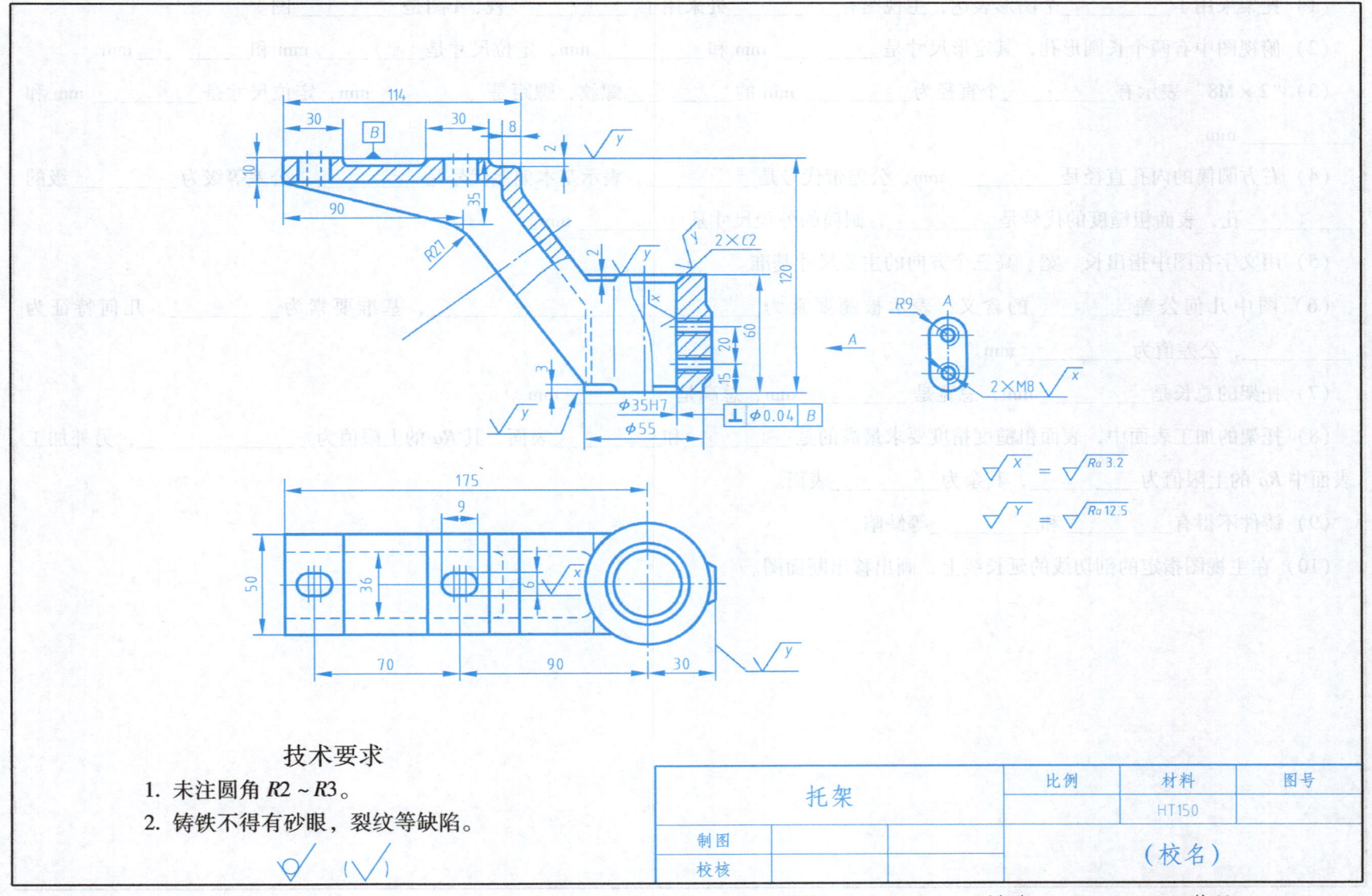

（1）托架采用了_____个图形表达，主视图有_____处采用了_____视，A 图是_____图。

（2）俯视图中有两个长圆形孔，其定形尺寸是_____mm 和_____mm，定位尺寸是_____mm 和_____mm。

（3）"2×M8"表示有_____个直径为_____mm 的_____螺纹，螺距是_____mm，定位尺寸是_____mm 和_____mm。

（4）右方圆筒的内孔直径是_____mm，公差带代号是_____，表示基本偏差代号是_____，公差等级为_____级的_____孔，表面粗糙度的代号是_____，圆筒的外径尺寸是_____mm。

（5）用文字在图中指出长、宽、高三个方向的主要尺寸基准。

（6）图中几何公差 ⊥ φ0.04 B 的含义：表示被测要素为_____，基准要素为_____，几何特征为_____，公差值为_____mm。

（7）托架的总长是_____mm，总宽是_____mm，总高是_____mm。

（8）托架的加工表面中，表面粗糙度精度要求最高的是_____和_____表面，其 Ra 的上限值为_____；另外加工表面中 Ra 的上限值为_____，其余为_____表面。

（9）铸件不得有_____和_____等缺陷。

（10）在主视图指定的剖切线的延长线上，画出移出断面图。

班级_____ 姓名_____ 学号_____

8-3-3 识读拨叉的零件图，完成下页的填空题

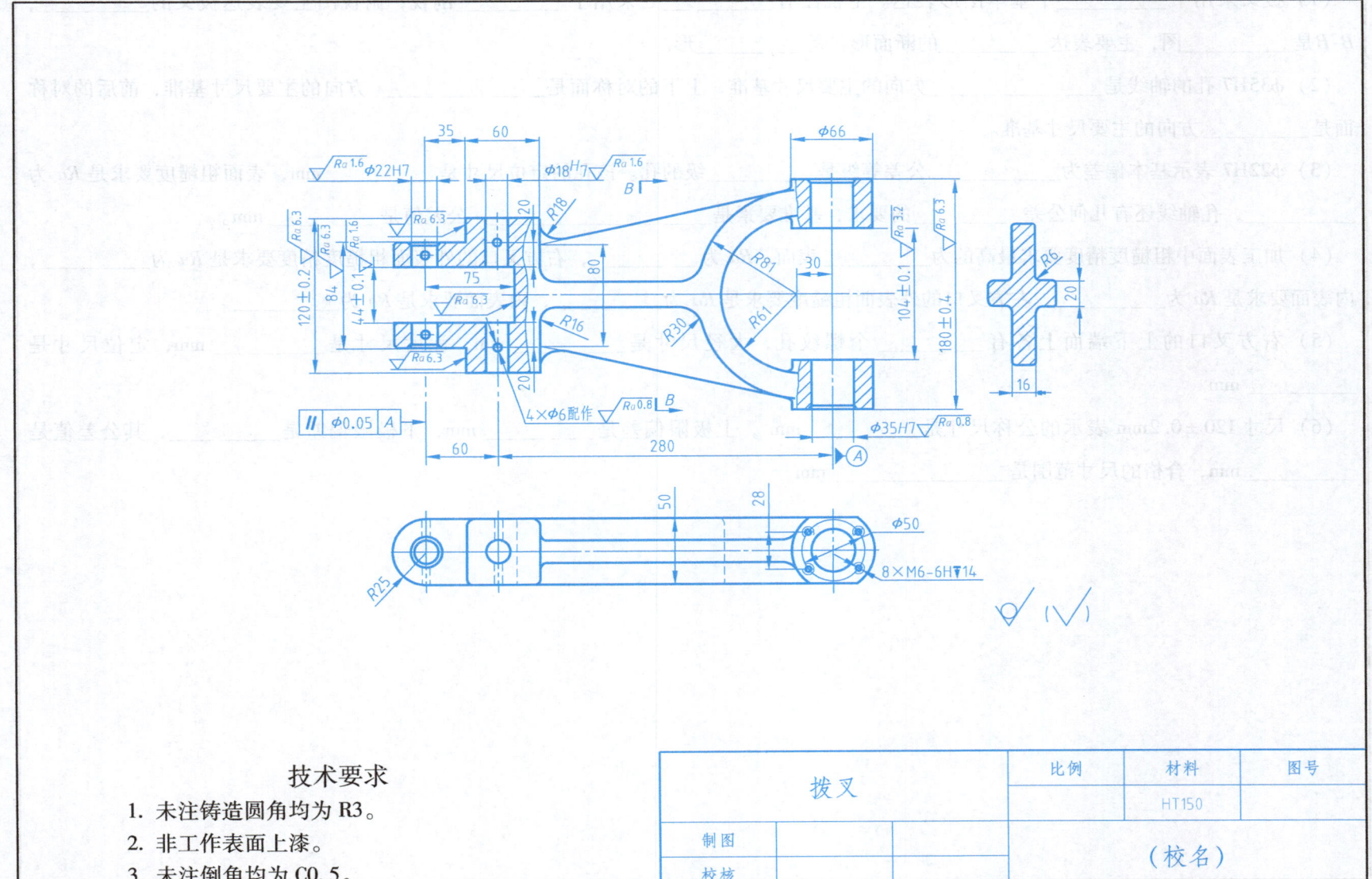

技术要求
1. 未注铸造圆角均为 R3。
2. 非工作表面上漆。
3. 未注倒角均为 C0.5。

	比例	材料	图号
拨叉		HT150	
制图			(校名)
校核			

班级_____ 姓名_____ 学号_____

（1）拨叉采用了_____个基本图形表达。主视图有_____处采用了_____剖视，俯视图主要表达拨叉的_____，B-B是_____图，主要表达_____的断面形状是_____形。

（2）φ35H7 孔的轴线是_____方向的主要尺寸基准，上下的对称面是_____方向的主要尺寸基准，前后的对称面是_____方向的主要尺寸基准。

（3）φ22H7 表示基本偏差为_____、公差等级是_____级的孔。该孔的定位尺寸是_____mm，表面粗糙度要求是 Ra 为_____，孔轴线还有几何公差_____的要求，基准要素是_____，公差值是_____mm。

（4）加工表面中粗糙度精度要求最高的为_____表面，Ra 为_____，右方叉口的外表面粗糙度精度要求是 Ra 为_____，内表面要求是 Ra 为_____，左方叉口的外表面粗糙度要求是 Ra 为_____，内表面要求是 Ra 为_____。

（5）右方叉口的上下端面上各有_____个螺纹孔，大径尺寸是_____mm，深度尺寸是_____mm，定位尺寸是_____mm。

（6）尺寸 120±0.2mm 表示的公称尺寸是_____mm，上极限偏差是_____mm，下极限偏差是_____，其公差值是_____mm，合格的尺寸范围是_____mm。

班级_____ 姓名_____ 学号_____

→ 任务四 识读箱壳类零件图

8-4-1 分析蜗轮箱的表达方案，完成填空题

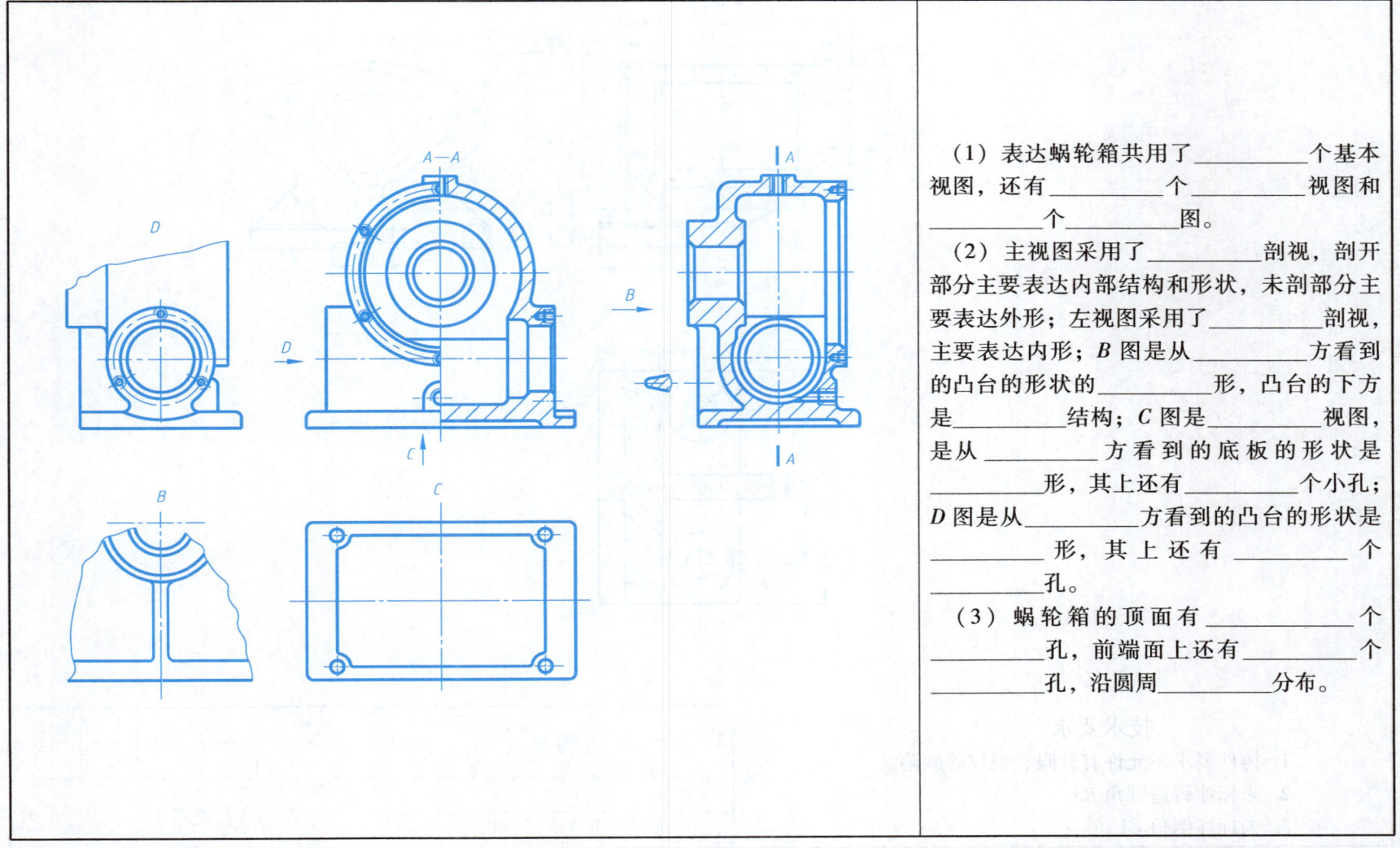

（1）表达蜗轮箱共用了_____个基本视图，还有_____个_____视图和_____个_____图。

（2）主视图采用了_____剖视，剖开部分主要表达内部结构和形状，未剖部分主要表达外形；左视图采用了_____剖视，主要表达内形；B 图是从_____方看到的凸台的形状的_____形，凸台的下方是_____结构；C 图是_____视图，是从_____方看到的底板的形状是_____形，其上还有_____个小孔；D 图是从_____方看到的凸台的形状是_____形，其上还有_____个_____孔。

（3）蜗轮箱的顶面有_____个_____孔，前端面上还有_____个_____孔，沿圆周_____分布。

班级_____ 姓名_____ 学号_____

8-4-2 识读阀体的零件图，完成下页填空题

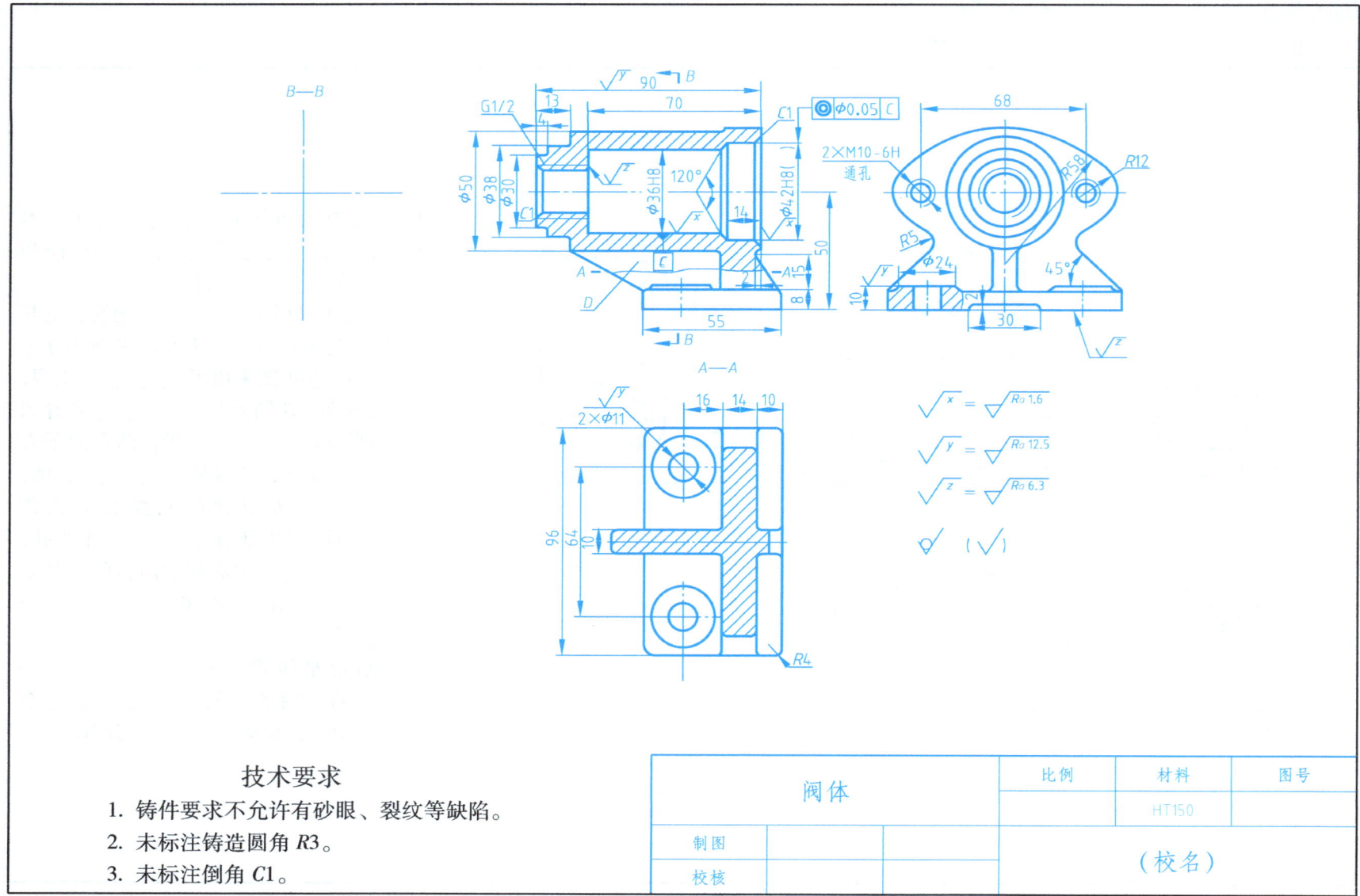

（1）阀体采用了_____个视图表达，主视图采用了_____剖视，D 处为_____结构；俯视图采用了_____剖视。左视图中有_____处_____剖视。

（2）用文字在图中指出长、宽、高三个方向的主要尺寸基准。

（3）阀体的总长度是_____mm，总宽是_____mm。

（4）说明下列尺寸的类型（定形、定位）：70mm 是_____尺寸，ϕ50mm 是_____尺寸，68mm 是_____尺寸，R58mm 是_____尺寸，16mm 是_____尺寸。

（5）"2×M10-1-6H" 的 M 表示的是_____螺纹，10 表示_____；G1/2 表示的是_____螺纹，_____为 1/2。

（6）ϕ42H8 是基_____制的_____孔，公称尺寸为_____mm，基本偏差代号为_____，公差等级为_____级，查表确定其公差值为_____，上极限偏差是_____，下极限偏差是_____，在图中的括号内填写上、下极限偏差值。

（7）图中几何公差 ◎ ϕ0.05 C 的含义：表示被测要素为_____，基准要素为_____，几何特征为_____，公差值为_____mm。

（8）阀体的加工表面中，表面质量要求最高的是_____和_____表面，其代号为_____；另外还有_____和_____。

（9）阀体底板上的安装孔有_____个，孔的直径是_____mm，定位尺寸是_____mm 和_____mm；底板底部做成凹槽是为了减少_____面，凹槽的宽度尺寸是_____mm，高度尺寸是_____mm，长度尺寸是_____mm。

（10）在图中按指定位置作 B-B 剖视图。

班级_____ 姓名_____ 学号_____

· 195 ·

8-4-3 识读泵体的零件图，完成下页的填空题

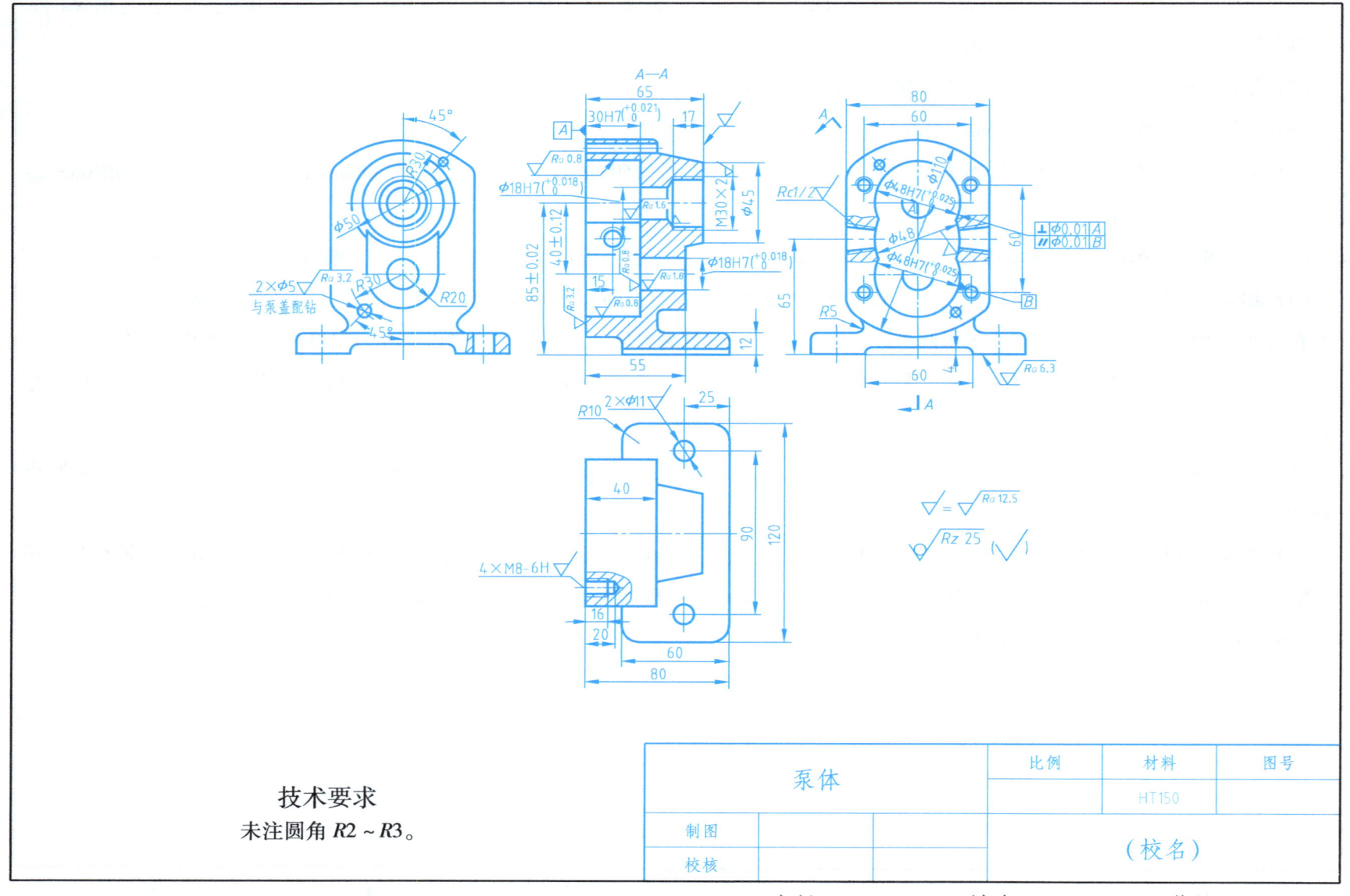

（1）泵体采用了_____个基本视图表达。主视图采用了_____个_____的剖切面剖得的_____视图，主要表达内部结构；俯视图为_____剖视，未剖部分主要表达泵体的外形及底板的形状特征，剖开部分主要表达_____的结构。左视图有_____处采用了_____剖视，剖开部分主要表达进、出油孔的结构，未剖部分反映泵体的_____端面上_____个螺纹孔及_____个销孔的分布情况；最左边的图形是_____图，主要反映泵体的_____方凸台形状和位置，并补充表达外形。

（2）用文字在图中指出长、宽、高三个方向的主要尺寸基准。

（3）泵体的总长尺寸是_____mm，总宽尺寸是_____mm，总高是_____mm。

（4）底板的长度尺寸是_____mm，宽度尺寸是_____mm，高度尺寸是_____mm，其上有_____个小孔，小孔的直径是_____mm；用于装齿轮的内腔的直径是_____mm，长度是_____mm。

（5）"4×M8-6H"中的 M 表示的是_____螺纹，8 表示_____，6H 是螺纹_____径的公差带代号，该螺纹孔的深度是_____mm，定位尺寸是_____mm 和_____mm；销孔的直径是_____mm，定位尺寸是_____mm 和_____。Rp1/2 表示的是_____螺纹，_____为 1/2。

（6）用于装齿轮的轴孔的直径尺寸是_____mm，表示公称尺寸是_____mm，上极限偏差是_____mm，下极限偏差是_____mm，上极限尺寸是_____mm，下极限尺寸是_____mm，公差值是_____mm，合格的尺寸范围是_____mm，定位尺寸分别是_____mm 和_____mm。

（7）图中几何公差 ⊥ φ0.01 A 的含义是：表示被测要素为_____，基准要素为_____，几何特征是_____，公差值为_____mm； ∥ φ0.01 B 的含义是：表示被测要素为_____，基准要素为_____，几何特征是_____，公差值为_____mm。

（8）泵体的加工表面中，表面粗糙度精度要求最高的是_____和_____表面，其代号为_____；用于装齿轮的轴孔的表面粗糙度要求的代号是_____，Ra 值要求是_____；加工表面中要求最低的代号是_____。

班级_____ 姓名_____ 学号_____

8-4-4 识读蜗轮箱的零件图，完成下页的作业

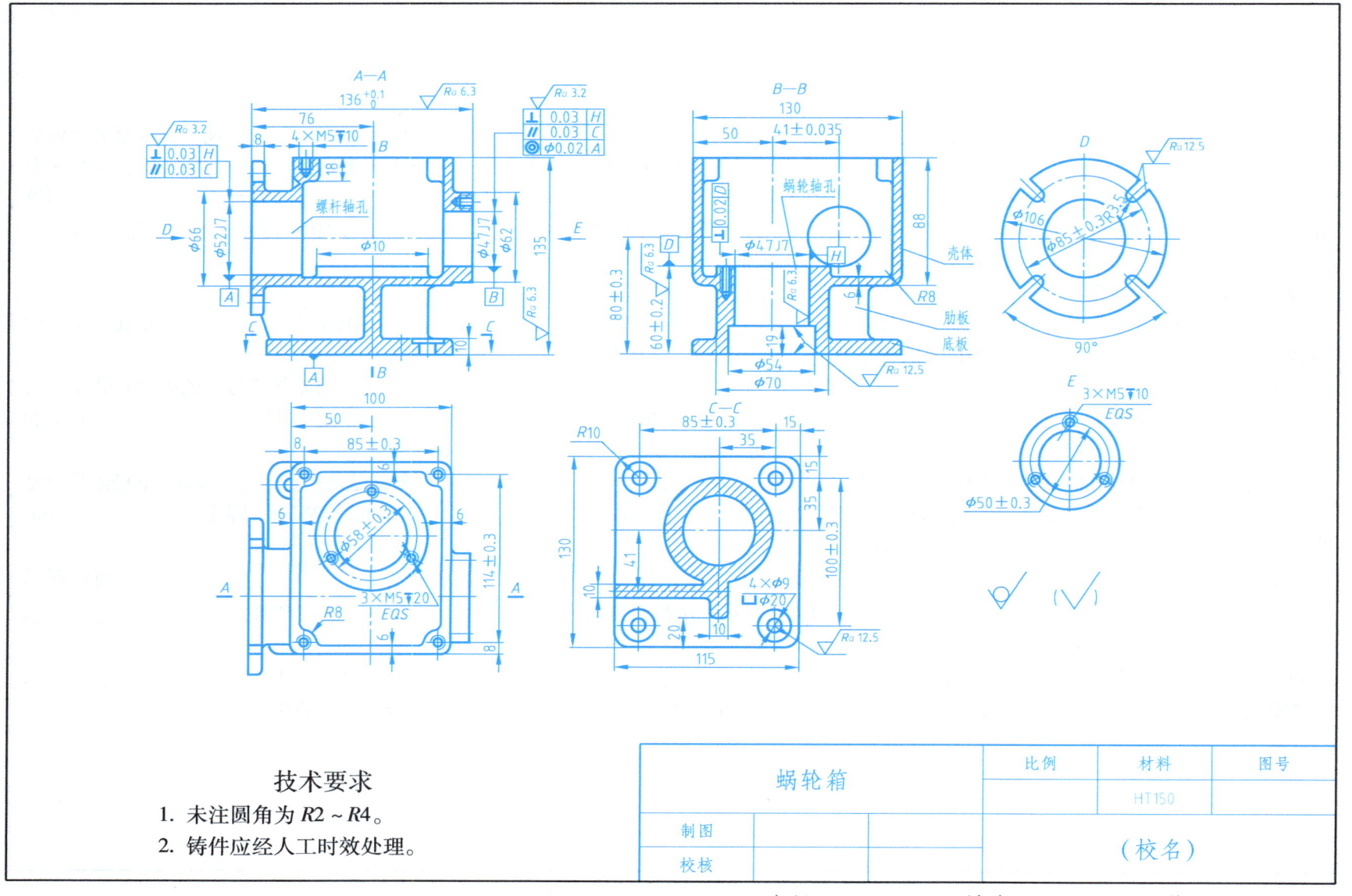

（1）蜗轮箱采用了_____个基本视图表达，还有_____个_____视图和_____个_____视图。主视图采用了_____剖视，主要表达内部结构中壳体与蜗杆轴孔及底板与肋板的相对位置；俯视图主要表达上方端面的形状特征，其外形是_____形，同时反映了蜗杆轴孔与蜗轮轴孔的相对位置，蜗轮轴孔在蜗杆轴孔之_____方；左视图采用了_____剖视，补充表达内部结构及各组成部分的相对位置；C-C是_____剖视图，主要表达蜗轮轴孔与肋板的相对位置及底板的形状特征，底板是_____形。D图是从_____方看到的连接板的形状，E图是从_____方看到的凸台的形状。

（2）用文字在图中指出长、宽、高三个方向的主要尺寸基准。

（3）蜗轮箱的总长尺寸是_____mm，总宽是_____mm，总高尺寸是_____mm。

（4）"4×M5↓10"表示有_____个_____螺纹孔，5表示_____mm，螺纹孔的定位尺寸_____mm和_____mm，深度是_____mm；底板上有_____个安装孔，定位尺寸是_____mm和_____mm，表面粗糙度要求是Ra为_____；左方连接板上有_____个U形槽，定形尺寸是_____mm，定位尺寸是_____mm和_____mm。

（5）蜗轮箱上肋板的厚度尺寸是_____mm。

（6）"41±0.035"是_____与_____的_____尺寸，表示公称尺寸是_____mm，上极限偏差是_____mm，下极限偏差是_____mm，上极限尺寸是_____mm，下极限尺寸是_____mm，尺寸公差是_____mm，合格的尺寸范围是_____mm。

（7）蜗杆左方轴孔的轴线有_____项几何公差要求，分别是_____和_____，右方轴孔的轴线有_____项几何公差要求，分别是_____、_____和_____；这两个孔的表面粗糙度要求均为Ra_____，在所有的加工表面中，精度要求是_____的。

（8）图中未注圆角为_____mm，热处理要求是_____。

班级_____ 姓名_____ 学号_____

项目九

识读装配图

→ 任务一 认知装配图

9-1-1 看懂左图序号所指处的规定画法和简化画法，完成填空题。

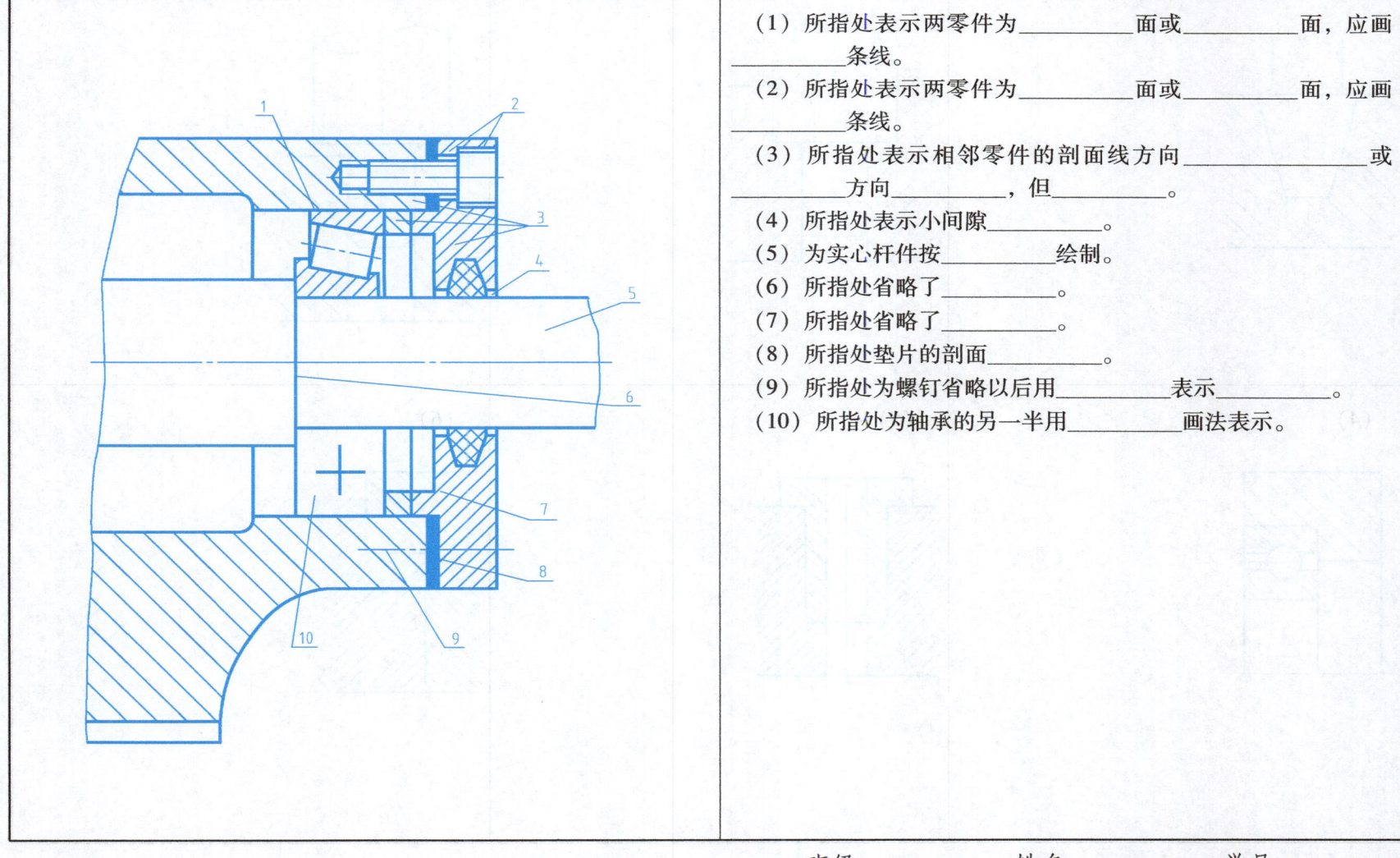

（1）所指处表示两零件为_____面或_____面，应画_____条线。

（2）所指处表示两零件为_____面或_____面，应画_____条线。

（3）所指处表示相邻零件的剖面线方向_____或_____方向_____，但_____。

（4）所指处表示小间隙_____。

（5）为实心杆件按_____绘制。

（6）所指处省略了_____。

（7）所指处省略了_____。

（8）所指处垫片的剖面_____。

（9）所指处为螺钉省略以后用_____表示_____。

（10）所指处为轴承的另一半用_____画法表示。

班级_____ 姓名_____ 学号_____

9-1-2 分析下列装配结构的不合理之处，在右边的空白处画出正确的图形

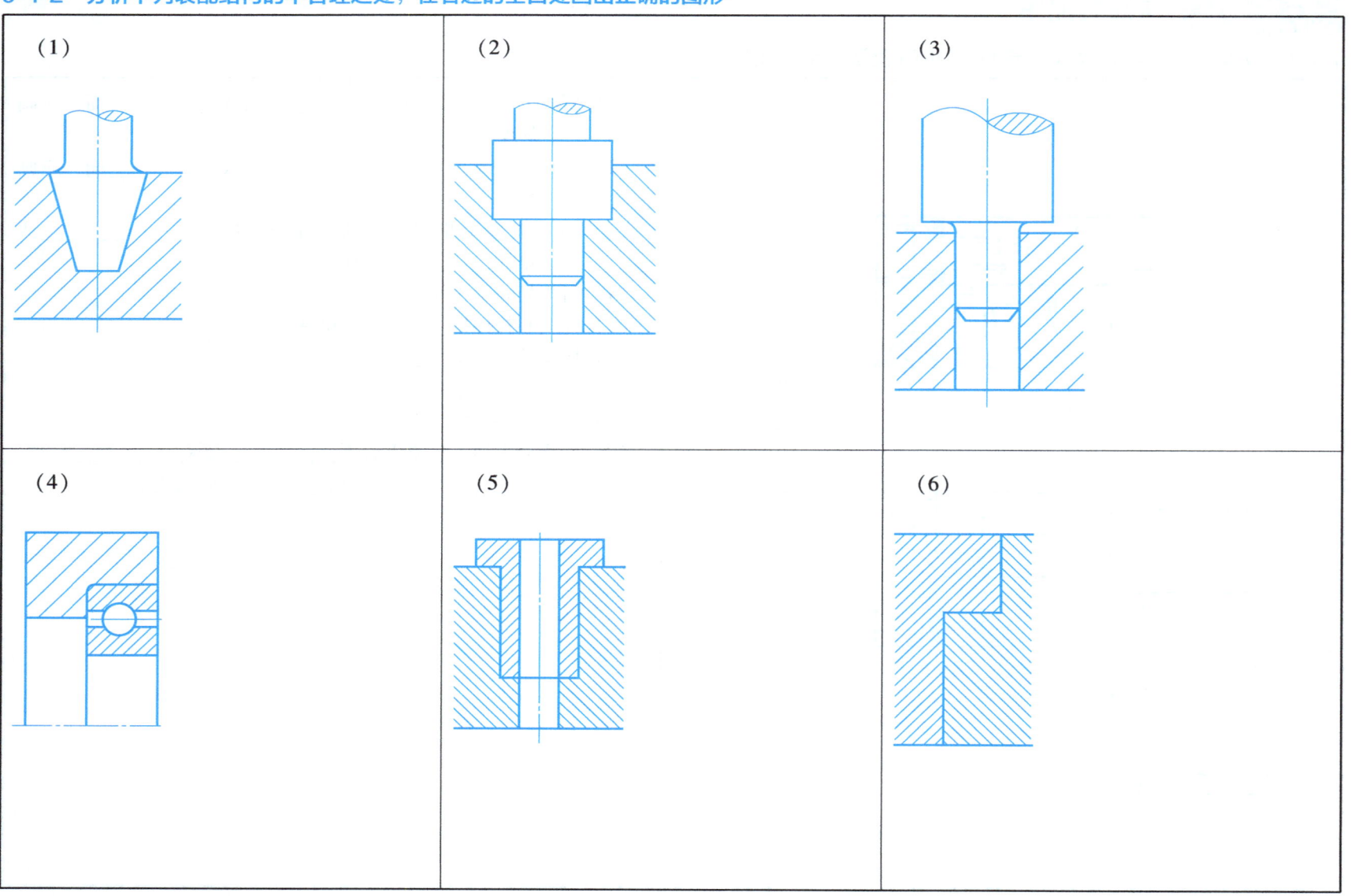

班级_____ 姓名_____ 学号_____

9-1-3　看懂传动器的装配图，完成填空题

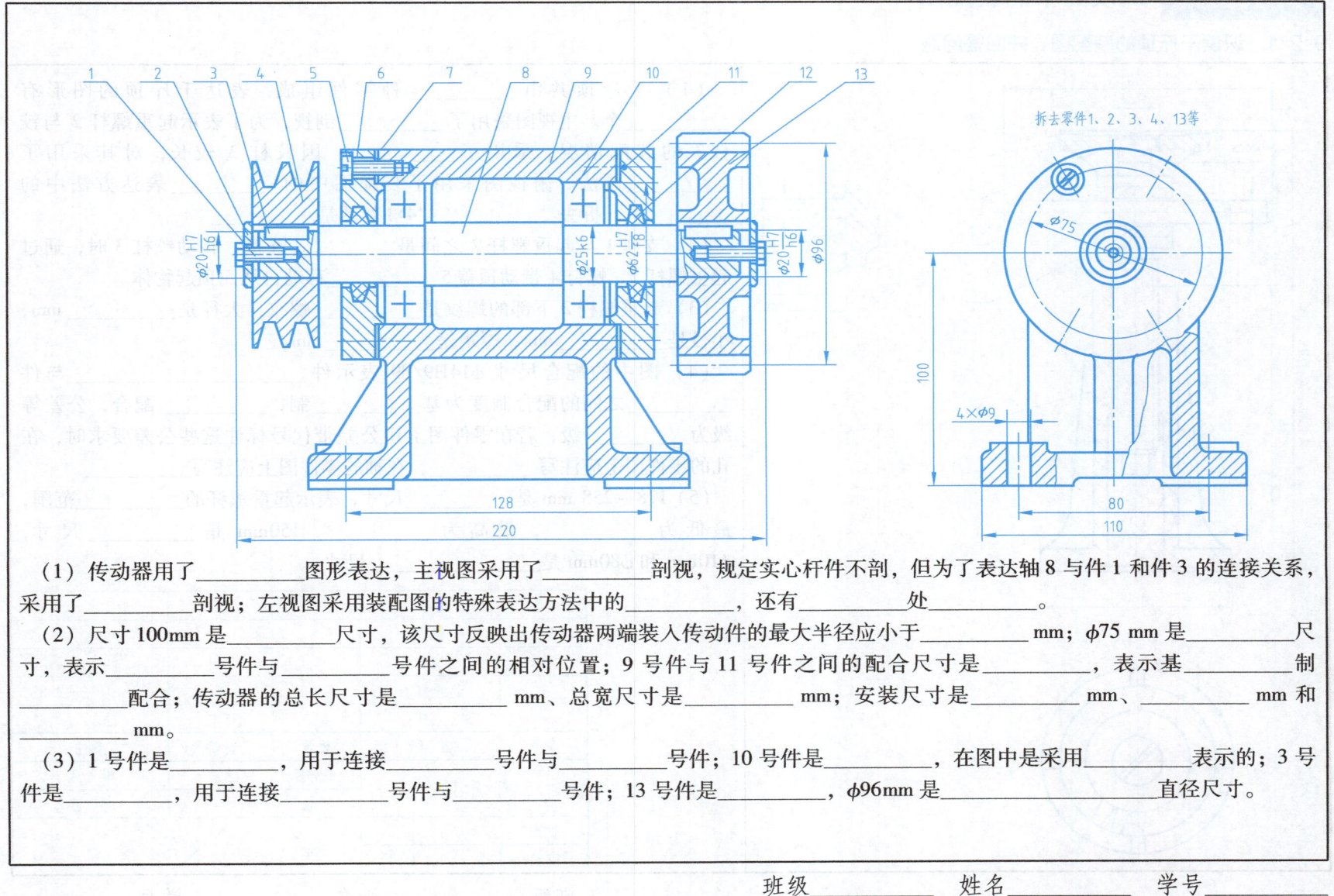

（1）传动器用了_____图形表达，主视图采用了_____剖视，规定实心杆件不剖，但为了表达轴 8 与件 1 和件 3 的连接关系，采用了_____剖视；左视图采用装配图的特殊表达方法中的_____，还有_____处_____。

（2）尺寸 100mm 是_____尺寸，该尺寸反映出传动器两端装入传动件的最大半径应小于_____mm；$\phi 75$ mm 是_____尺寸，表示_____号件与_____号件之间的相对位置；9 号件与 11 号件之间的配合尺寸是_____，表示基_____制_____配合；传动器的总长尺寸是_____ mm、总宽尺寸是_____ mm；安装尺寸是_____ mm、_____ mm 和_____ mm。

（3）1 号件是_____，用于连接_____号件与_____号件；10 号件是_____，在图中是采用_____表示的；3 号件是_____，用于连接_____号件与_____号件；13 号件是_____，$\phi 96$mm 是_____直径尺寸。

班级_____　姓名_____　学号_____

→ 任务二　识读简单的装配图

9-2-1　识读千斤顶的装配图，并回答问题

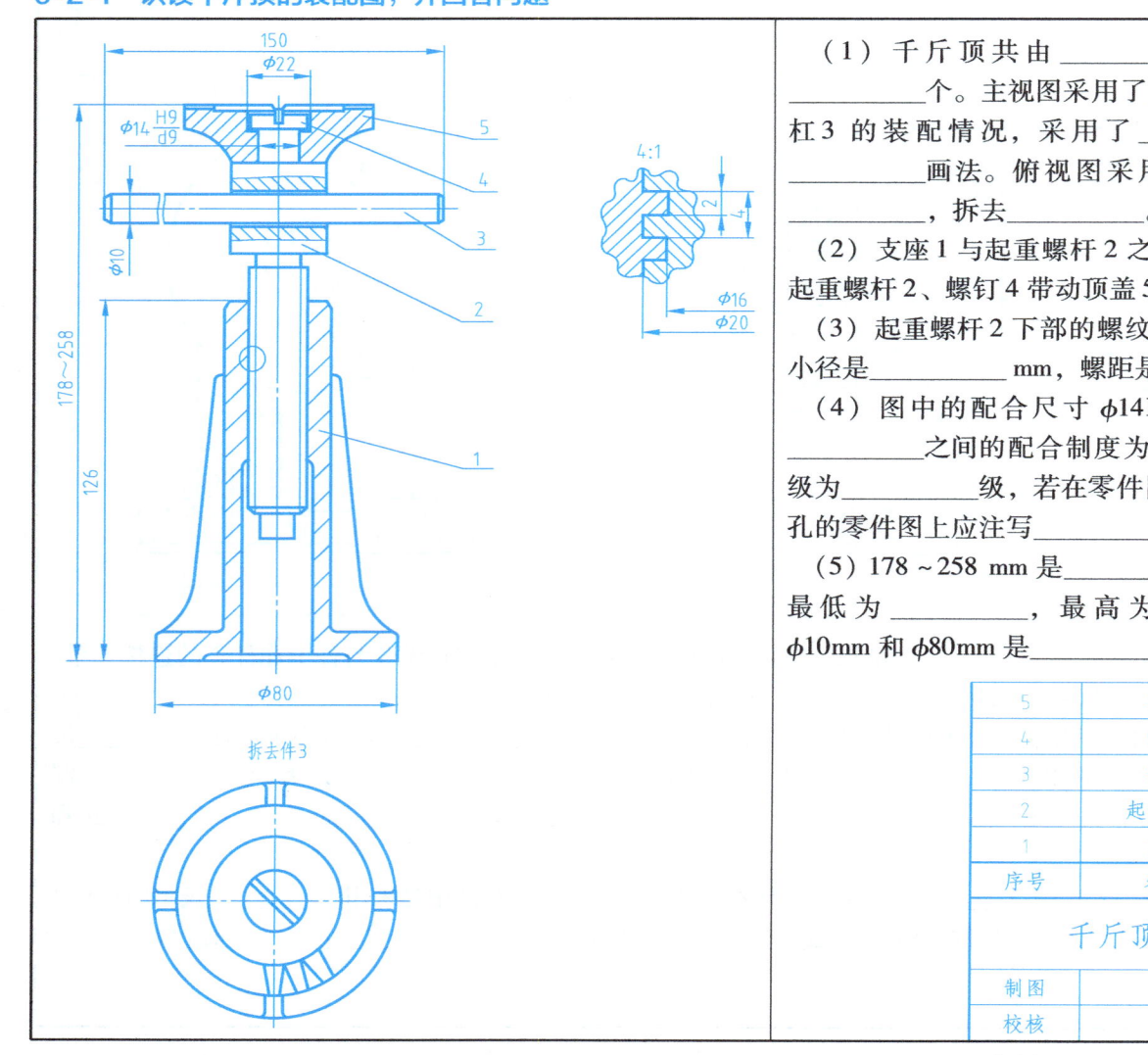

（1）千斤顶共由_____种零件组成，表达千斤顶的图形有_____个。主视图采用了_____剖视，为了表示起重螺杆2与铰杠3的装配情况，采用了_____；因铰杠3较长，对其采用了_____画法。俯视图采用了装配图中的_____表达方法中的_____，拆去_____。"4：1"图是_____。

（2）支座1与起重螺杆2之间是_____连接，转动铰杠3时，通过起重螺杆2、螺钉4带动顶盖5_____移动，从而顶起物体。

（3）起重螺杆2下部的螺纹是_____螺纹，大径是_____mm，小径是_____mm，螺距是_____mm。

（4）图中的配合尺寸 φ14H9/d9 表示件_____与件_____之间的配合制度为基_____制，_____配合，公差等级为_____级，若在零件图上用公差带代号标注这些公差要求时，在孔的零件图上应注写_____，在轴的零件图上应注写_____。

（5）178～258 mm 是_____尺寸，表示起重螺杆的_____范围，最低为_____，最高为_____。150mm 是_____尺寸，φ10mm 和 φ80mm 是_____尺寸。

5	顶盖	1	45	4
4	螺钉	1	45	4
3	铰杠	1	35	
2	起重螺杆	1	35	GB/T85—1988
1	支座	1	HT150	
序号	名　称	数量	材料	备注
千斤顶		比例		共1张
		质量		第1张
制图			校名	
校核				

班级_____　姓名_____　学号_____

9-2-2 识读泄气阀的装配图，完成下页的填空题

工作原理说明

推动阀杆6，顶起钢球4，打开阀口，从而达到泄气的目的。

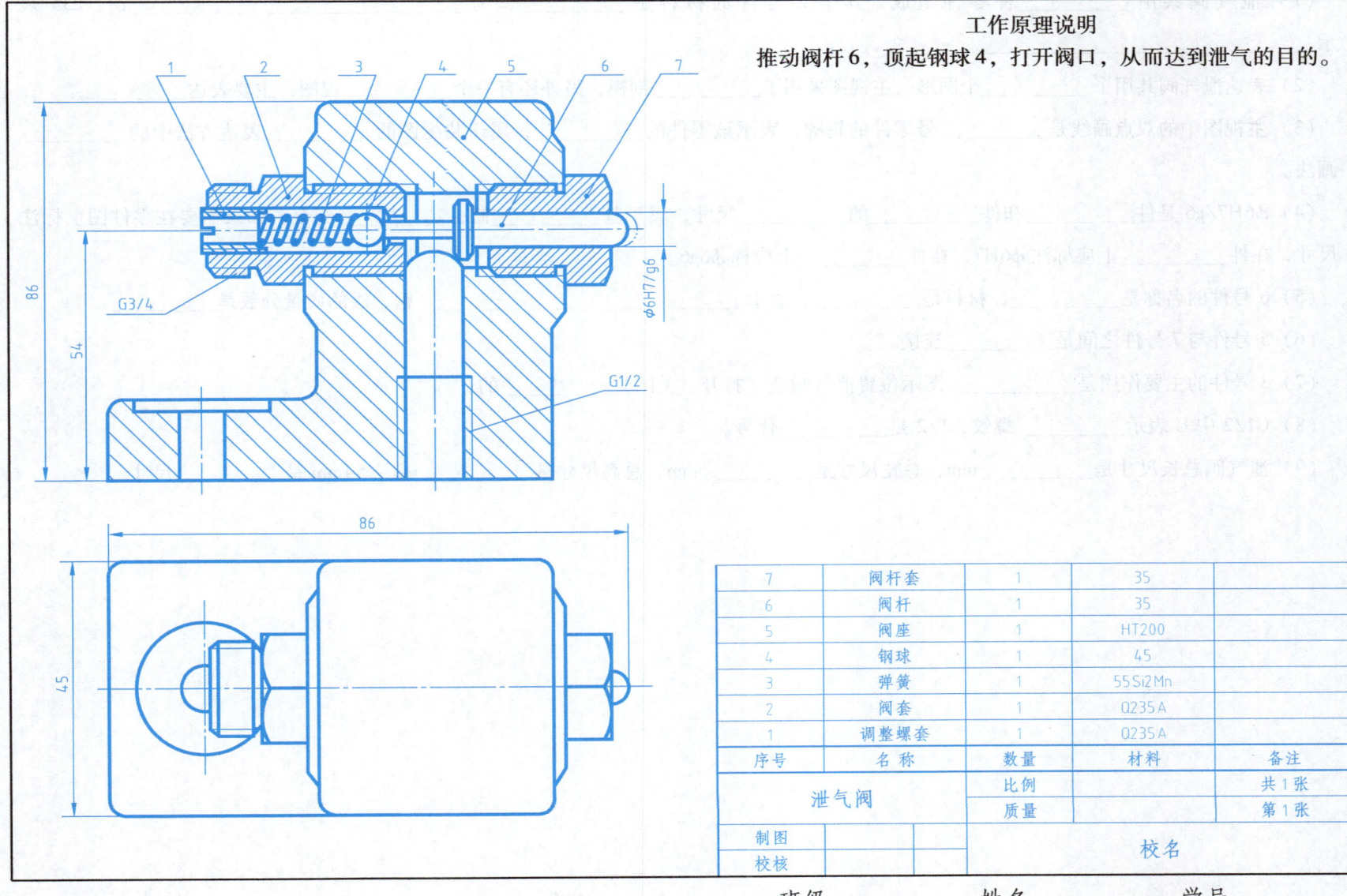

（1）泄气阀共由_____种零件组成，其中 2 号件的材料是_____，为_____钢，235 表示_____。

（2）表达泄气阀共用了_____个图形，主视图采用了_____剖视，另外还有一个_____视图，主要表达_____。

（3）主视图中的双点画线是_____号零件的轮廓，表示该零件的_____，属于装配图的_____表达方法中的_____画法。

（4）φ6H7/g6 是件_____和件_____的_____尺寸，属于基_____制，_____配合，如果需要在零件图上标注尺寸，在件_____上应标注 φ6H7，在件_____上应标 φ6g6。

（5）6 号件的名称是_____，材料是_____，表示_____钢，碳的质量分数是_____。

（6）5 号件与 7 号件之间是_____连接。

（7）3 号件的主要作用是_____。图示位置泄气阀是（打开、关闭）_____的。

（8）G1/2 中 G 表示_____螺纹，1/2 是_____代号。

（9）泄气阀总长尺寸是_____mm，总宽尺寸是_____mm，总高尺寸是_____mm，54mm 是_____尺寸。

班级_____ 姓名_____ 学号_____

9-2-3 识读钻模的装配图，完成下页的填空题

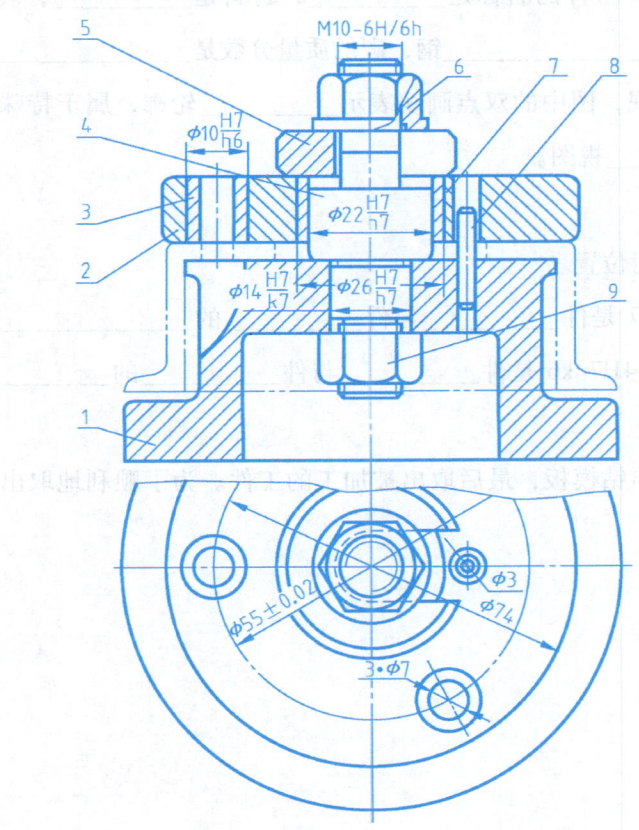
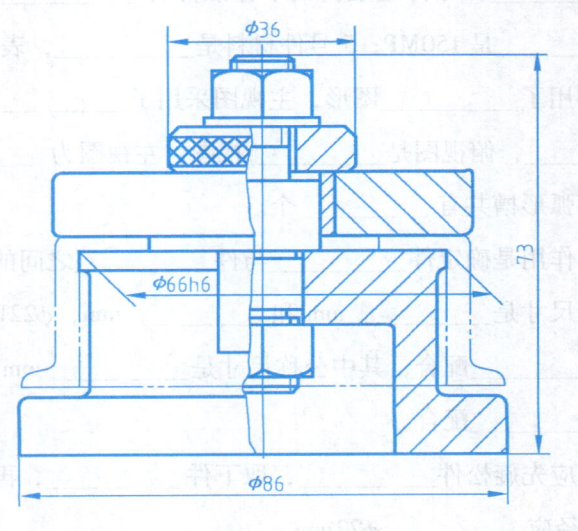

工作情况说明

钻模是在钻床上钻孔的夹具，用于对工件中孔的加工。

将工件（图中双点画线所示）放在底座 1 上，装上钻模板 2，钻模板通过圆柱销 8 定位后，再放置开口垫圈 5，并用特制螺母 6 压紧。钻头通过钻套 3 的内孔，准确地在工件上钻孔。

9	六角螺母	1	35	GB/T 6170—2002
8	销 3m6×28	1	40	GB/T 119.1—2000
7	衬套	1	45	
6	特制螺母	1	35	
5	开口垫圈	1	40	
4	轴	1	40	
3	钻套	3	T8	
2	钻模板	1	40	
1	底座	1	HT150	
序号	名称	数量	材料	备注
钻模		比例		共1张
		质量		第1张
制图			校名	
校核				

班级_____ 姓名_____ 学号_____

（1）钻模由_____种零件组成，其中标准件有_____种；1号件的名称是_____，材料是_____，表示_____铸铁，_____是150MP；5号件材料是_____，表示_____钢，碳的质量分数是_____。

（2）表达钻模共用了_____图形，主视图采用了_____剖视，图中的双点画线表示_____轮廓，属于特殊表达方法中的_____，俯视图是_____视图，左视图为_____视图。

（3）底座1侧面弧形槽共有_____个。

（4）件8的主要作用是确定件_____与件_____之间的相对位置。

（5）钻模的外形尺寸是_____mm和_____mm，$\phi 22H7/h7$ 是件_____与件_____的_____尺寸，属于_____制，_____配合，其中公称尺寸是_____mm；$\phi 14H7/k6$ 是件_____与件_____的_____尺寸，属于_____制，_____配合。

（6）拆卸工件时应先旋松件_____，取下件_____，再取出钻模板，最后取出被加工的工件。为了顺利地取出工件，特制螺母6下方的最大直径应_____ $\phi 22$mm。

班级_____ 姓名_____ 学号_____

→ 任务三 识读复杂的装配图

9-3-1 识读齿轮泵的装配图，完成下页的填空题

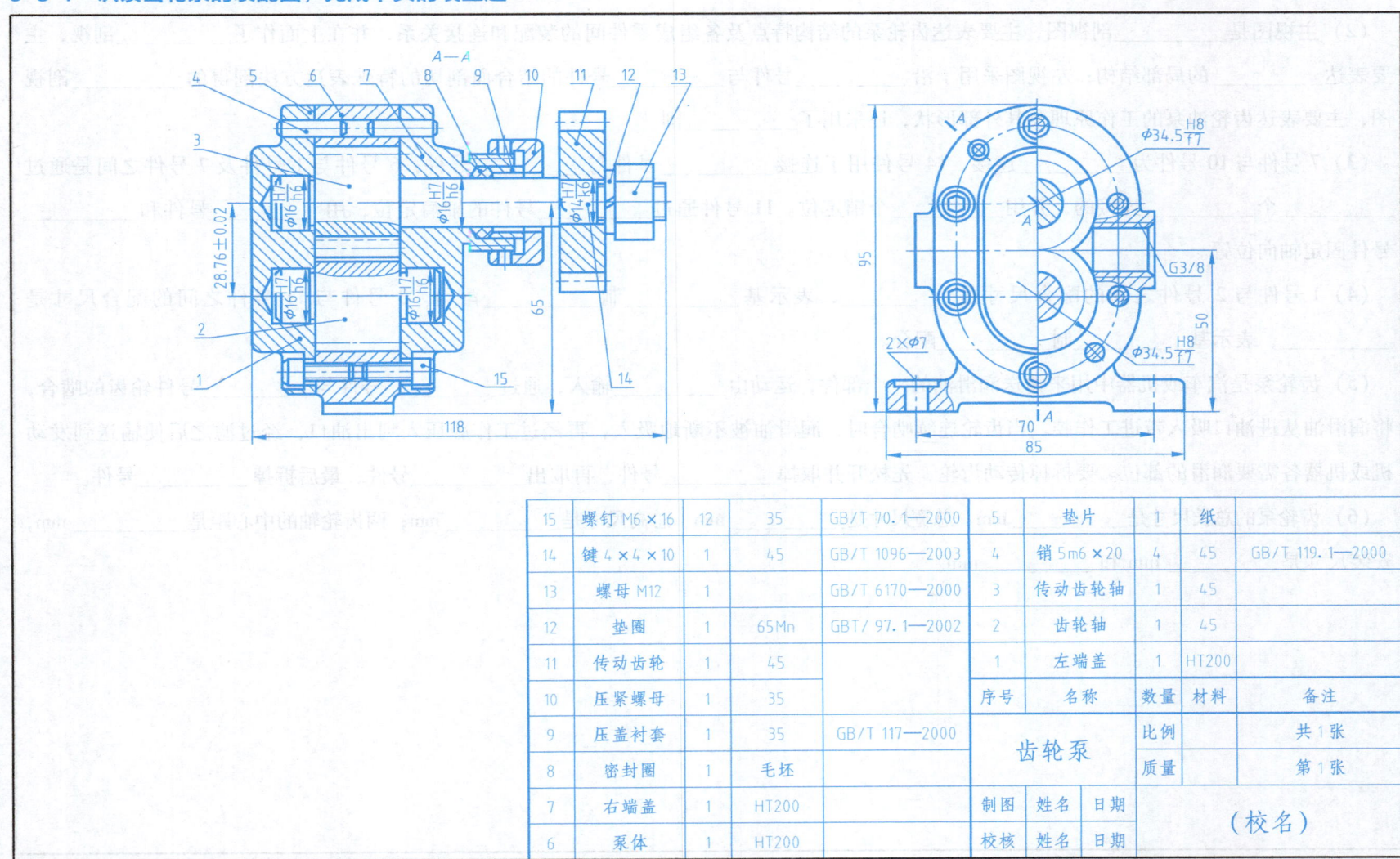

（1）齿轮泵共由_____种零件组成，其中有_____种标准件；2号件的名称是_____，材料是_____，表示_____钢，碳的质量分数是_____。

（2）主视图是_____剖视图，主要表达齿轮泵的结构特点及各组成零件间的装配和连接关系，并在上面作了_____剖视，主要表达_____的局部结构；左视图采用了沿_____号件与_____号件的结合面剖切的特殊表达方法剖得的_____剖视图，主要表达齿轮油泵的工作原理及其外部形状，还采用了_____剖。

（3）7号件与10号件为_____连接，14号件用于连接_____号件与_____号件；6号件与1号件及7号件之间是通过_____个_____连接的，并用_____个销定位。11号件通过_____号件的轴肩定位，用_____号件和_____号件固定轴向位置。

（4）1号件与2号件之间的配合尺寸是_____，表示基_____制_____配合。3号件与11号件之间的配合尺寸是_____，表示基_____制_____配合。

（5）齿轮泵是汽车或机器中用来输送润滑油的一个部件，运动由_____输入，通过_____号件与_____号件轮齿的啮合，将润滑油从进油口吸入带进工作腔。当齿轮连续啮合时，润滑油被不断地吸入，再经过工作腔压入到出油口，经过滤之后便输送到发动机或机器各需要润滑的部位。要拆掉传动齿轮，先松开并取掉_____号件，再取出_____号件，最后拆掉_____号件。

（6）齿轮泵的总长尺寸是_____mm、总宽尺寸是_____mm、总高尺寸是_____mm；两齿轮轴的中心距是_____mm，安装尺寸是_____mm和_____mm。

班级_____ 姓名_____ 学号_____

9-3-2 识读转子液压泵的装配图及主要零件图,并完成后续页码的填空题

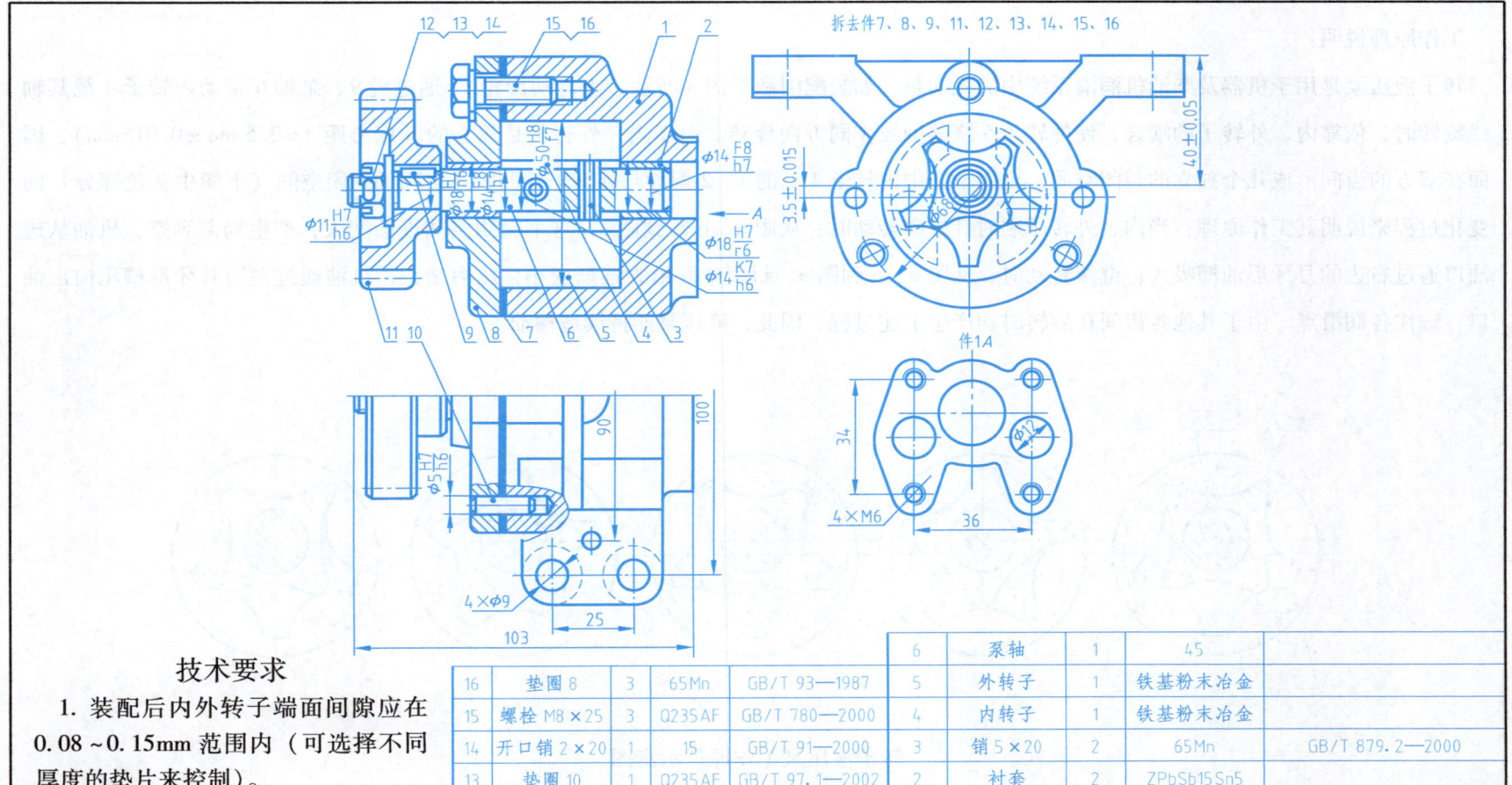

技术要求

1. 装配后内外转子端面间隙应在 0.08~0.15mm 范围内(可选择不同厚度的垫片来控制)。

2. 装配部件后,用手转动齿轮,在转动时应均匀,无任何卡阻现象。

3. 装配后,除泵盖体和轴之间的间隙有少量油外溢,其余部分不应有漏油现象。

9-3-3 转子液压泵的工作原理

工作原理说明：

　　转子液压泵是用于机器及柴油机润滑系统中的机油泵。如装配图和下图 a 所示，当传动齿轮 11 通过键 9、泵轴 6 带动内转子 4 绕其轴线旋转时，依靠内、外转子的啮合，使外转子 5 绕其轴线作同方向旋转。由于内、外转子是偏心的（偏心距 $e=3.5\text{mm}\pm 0.015\text{mm}$），因而在双方的齿间形成几个独立的封闭空间。现以下图中内转子 4 上的 1、2 两齿与外转子 5 凹腔 A 之间的封闭空间（下图中灰色部分）的变化过程来说明其工作原理：当内、外转子顺时针方向转动时，从图 a、b 转到图 c，这个封闭空间逐渐变大，产生局部真空，机油从进油口通过右边的月牙形油槽吸入；继续转动时，从图 c、d 到图 e，封闭空间由大逐渐变小，压力增大，机油通过左边月牙形槽压向出油口，输往各润滑点。由于其他各齿间在旋转时均产生上述过程，因此，液压泵能持续地输油。

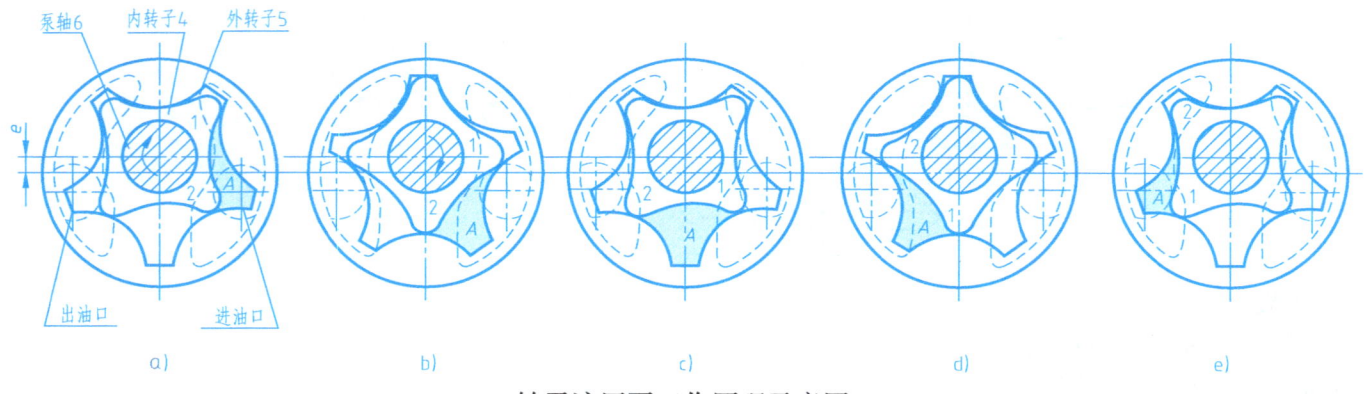

转子液压泵工作原理示意图

9-3-4　识读转子液压泵的装配图，完成填空题

（1）装配体的名称是_____，共由_____种零件组成，其中标准件有_____种；还有齿轮等常用件和专用件。

（2）转子液压泵共用了_____个图形表达：_____基本视图及一个_____表达零件的_____视图。主视图采用了通过泵轴_____的剖切面剖得的_____视图，主要表达转子液压泵的内部结构和各组成零件之间的相对位置关系、连接方式、配合关系、传动路线及工作原理；俯视图采用_____剖视及_____画法，主要表达安装孔的位置及销的连接情况；左视图采用了_____画法，将垫片7、泵盖8、键9等零件拆掉，以显示出内转子4、外转子5的装配关系、相对位置及进、出油口的位置。"件1A"图是单独表达_____号零件的_____视图，是从_____方看到的_____号零件的形状，其上有_____个螺纹孔。

（3）齿轮11与泵轴6是通过_____连接的，并用_____紧固，用_____防松；泵体1与泵盖8是用_____连接的，并用_____定位。

（4）图中的尺寸 $\phi11H7/h6$ 表示_____的内孔与_____的外圆柱面之间的配合为基_____制_____配合；尺寸 $\phi14F8/h7$ 表示_____的内孔与_____的外圆柱面之间的配合为基_____制_____配合；尺寸 $\phi14K7/h6$ 表示_____的外圆柱面与_____的内孔表面之间的配合为基_____制_____配合。

（5）内转子4通过_____固定在泵轴6上，外转子5在泵体内可以自由转动，两者之间的偏心距为_____；内转子4的外表面上有_____个凸齿，外转子5的内表面上有_____个凹齿，内、外转子在任何位置，两者之间都可形成四个相互独立的工作腔。

（6）"件1A"图中的尺寸 $\phi12mm$，为进出油孔的_____尺寸；左视图中的尺寸 $3.5\pm0.05mm$ 为内外转子之间的_____，这个尺寸直接决定了转子液压泵的排量大小，为_____尺寸；尺寸34mm、36mm为_____尺寸；尺寸 $4\times\phi9mm$、25mm、110mm 为_____尺寸；尺寸103mm为_____尺寸。

班级_____　姓名_____　学号_____

9-3-5 识读转子液压泵中泵轴的零件图，完成下页的填空题

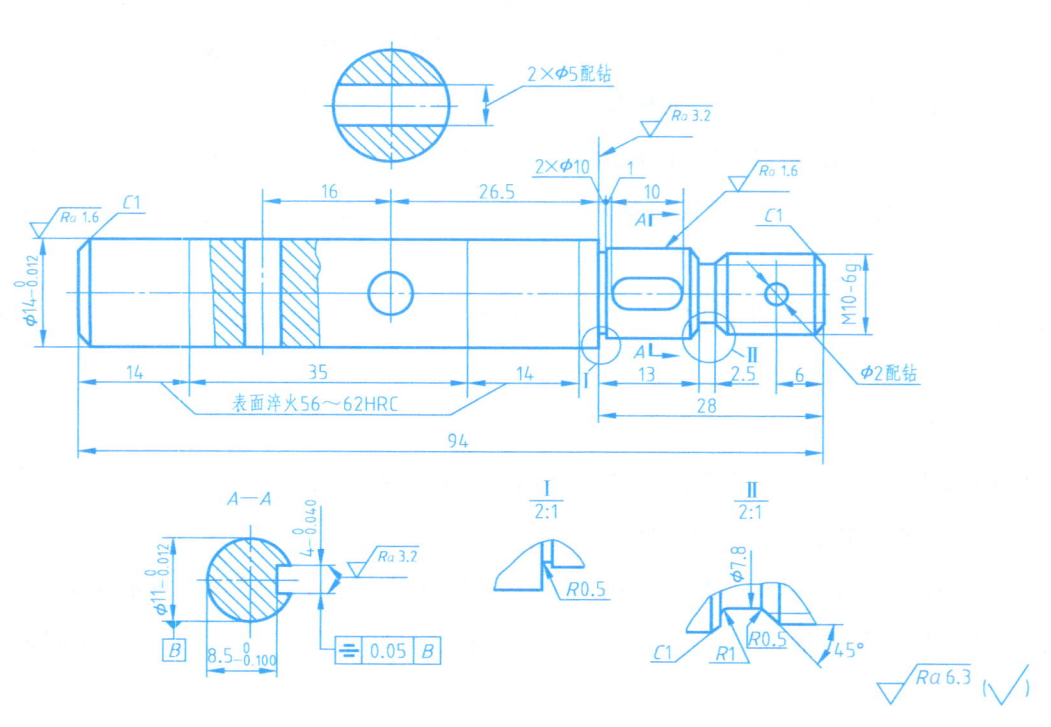

技术要求
1. 调质处理 220~250HBW。
2. 去毛刺锐边。

	比例	材料	图号
泵轴		45	6
制图			
校核			（校名）

班级_____ 姓名_____ 学号_____

（1）泵轴的材料为_____，属于_____钢，该泵轴属于_____类零件。

（2）泵轴共用了_____个基本视图来表达泵轴的主要结构；还采用了两个_____图和两个_____图。

（3）泵轴的主要结构为：左端是直径为_____mm、长度是_____mm的圆柱体，中间是直径为_____mm、长度是_____mm的圆柱体，右端是长度为_____mm的螺纹，其代号是_____，表示大径是_____mm的_____螺纹。

（4）泵轴上键槽的作用是装入_____并通过其与_____连接，实现运动的输入。

（5）该零件的总长尺寸为_____mm，总宽（总高）尺寸为_____mm。轴向的主要尺寸基准是_____，径向的主要尺寸基准是_____。

（6）$\phi 14_{-0.012}^{0}$ mm 表示公称尺寸是_____mm，上极限偏差是_____mm，下极限偏差是_____mm，上极限尺寸是_____mm，下极限尺寸是_____mm，尺寸公差是_____mm。

（7）该零件上表面粗糙度精度要求最高的有_____处，其表面粗糙度的代号为_____，要求最低的表面粗糙度的代号为_____。

（8）⌿ 0.05 B 表示的基准要素是_____，被测要素是_____，几何特征是_____，公差值为_____mm。

（9）该零件的 $\phi 14_{-0.012}^{0}$ mm 轴段的两端需进行_____，其_____硬度值为_____。

（10）该零件的整体需进行_____处理，其_____硬度值为_____。

班级_____ 姓名_____ 学号_____

9-3-6 识读泵盖的零件图，并完成下页填空题

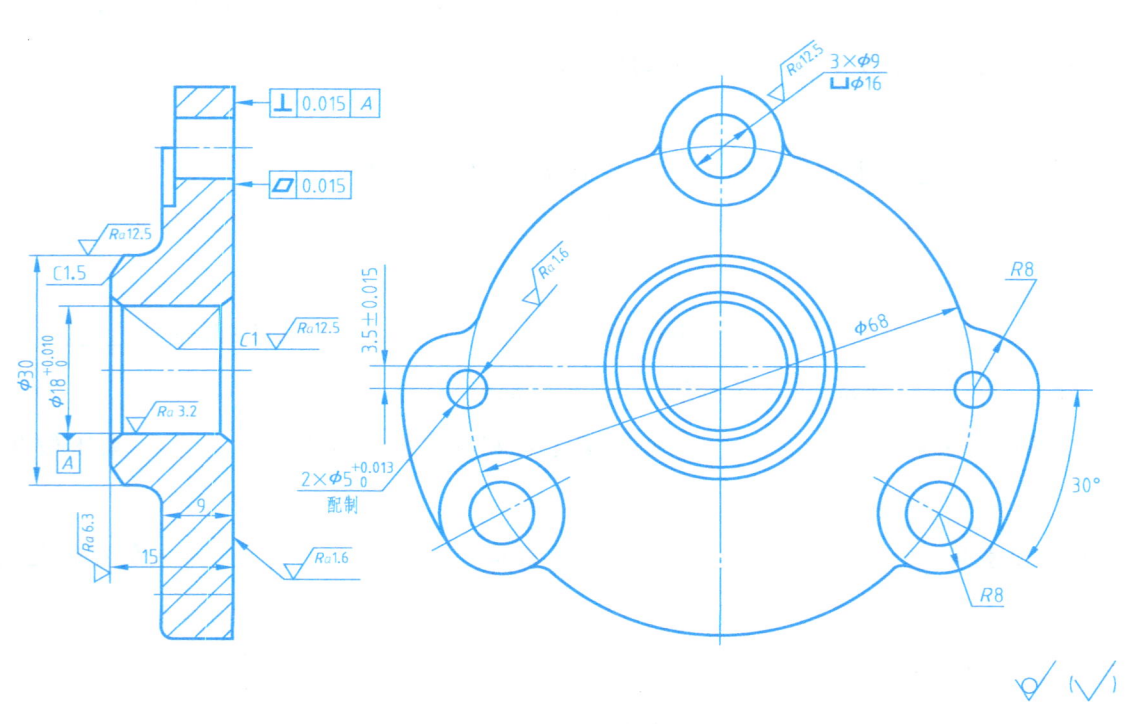

技术要求
1. 铸件需进行时效处理。
2. 未注圆角 R2～R4。

泵盖　材料 HT200　图号 8

（1）表达泵盖采用了_____个基本视图，其名称分别是_____图和_____图，其中_____视图采用的是_____剖视。

（2）零件的内孔直径尺寸是_____ mm，表示的上极限偏差是_____ mm，下极限偏差是_____ mm，上极限尺寸是_____ mm，下极限尺寸是_____ mm，尺寸公差是_____ mm，其表面粗糙度的代号为_____，表示 Ra 为_____。

（3）泵盖的总长尺寸为_____ mm，两个销孔的直径是_____ mm，销孔与内孔的偏心距是_____ mm。

（4）⊥ 0.015 A 表示：基准要素是_____，被测要素是_____，几何特征是_____，公差值为_____ mm，属于（形状、位置、方向）_____公差。

（5）⌗ 0.015 表示：被测要素是_____，几何特征是_____，公差值为_____ mm，属于（形状、位置、方向）_____公差。

（6）3×φ9 ⌴φ16 表示有_____个直径为_____ mm 的_____形的_____孔，该孔的定位尺寸分别是_____ mm 和_____ mm。

（7）泵盖的材料是 HT200，其中 HT 表示_____，200 表示_____，该零件需进行_____处理。

班级_____ 姓名_____ 学号_____

参 考 文 献

[1] 马德成. 机械制图与识图范例手册［M］. 北京：化学工业出版社，2016.
[2] 曹静，李亚平. 汽车机械制图习题集［M］. 北京：机械工业出版社，2017.
[3] 曹静，陈金炆. 汽车机械识图习题册［M］. 北京：机械工业出版社，2011.
[4] 曹静，贾雨顺. 机械制图习题集［M］. 北京：机械工业出版社，2011.
[5] 钱可强. 机械制图习题集［M］. 2版. 北京：机械工业出版社，2016.
[6] 金大鹰. 机械制图［M］. 9版. 北京：机械工业出版社，2016.
[7] 王新年. 机械制图习题集［M］. 北京：电子工业出版社，2017.
[8] 陈世芳. 机械制图习题集［M］. 北京：北京大学出版社，2016.